JÜRGEN PAUL
Mit Fotografien von Frank Höhler

Görlitz

ARCHITEKTUR · KUNST · GESCHICHTE

Herausgegeben vom Kulturhistorischen
Museum Görlitz und
der Ostdeutschen Sparkassenstiftung

Sandstein Verlag

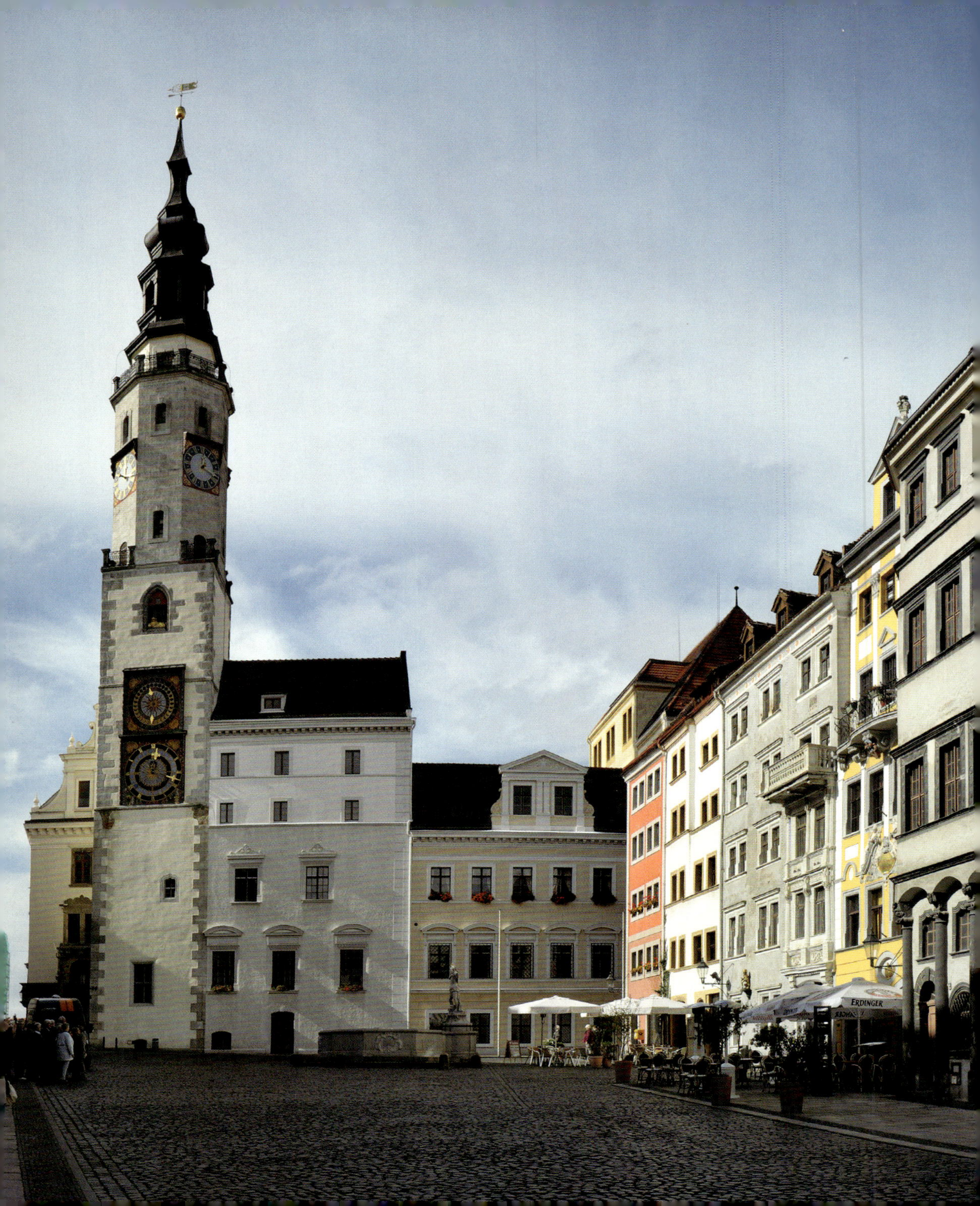
ERDINGER

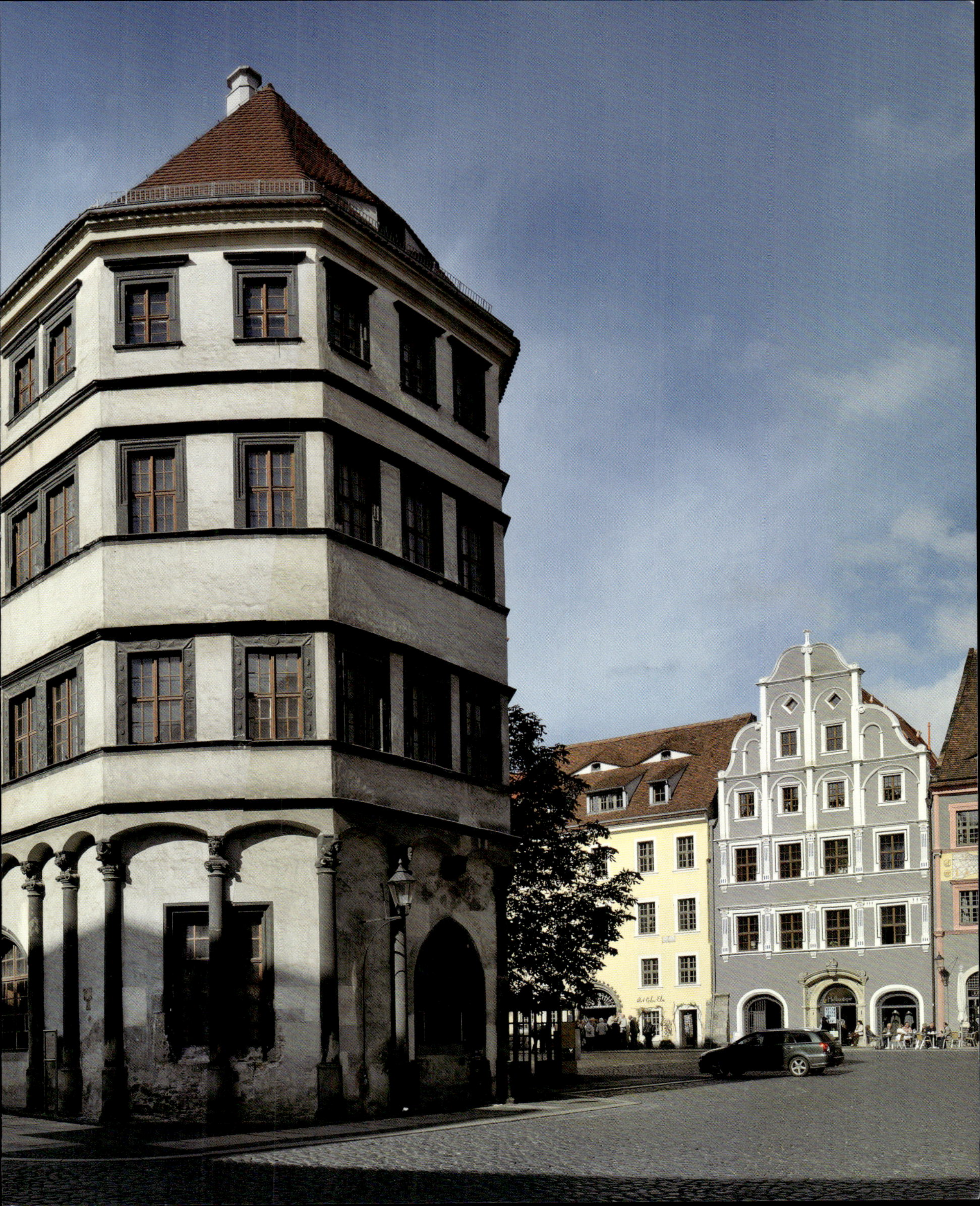

CLAUS FRIEDRICH HOLTMANN

Geschäftsführender Präsident
des Ostdeutschen Sparkassenverbandes
und Vorsitzender des Vorstands
der Ostdeutschen Sparkassenstiftung

Eine Stadt wie aus dem Bilderbuch

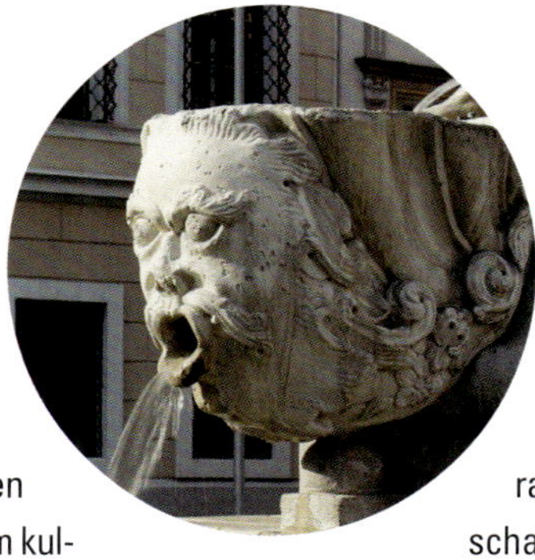

Kaum ein anderes mittel- oder ostdeutsches Stadtzentrum strahlt eindrucksvoller und selbstbewusster den gediegenen Patriziergeist des Spätmittelalters und der frühen Neuzeit aus wie Görlitz. Seit Langem kulturelles und touristisches Zentrum der schlesischen Oberlausitz, gehört Görlitz zu den originellsten urbanistischen Gesamtkunstwerken nördlich der Alpen.

Seit 1945 ins Dreiländereck von Deutschland, Polen und Tschechien gerückt, markiert die alte Kaufmannsstadt deutsche Geschichte wie die Kaiserstadt Aachen im äußersten Westen der Bundesrepublik. Und auch Görlitz liegt heute inmitten einer Grenzregion, die die Chancen und Herausforderungen europäischer Integration im konkreten Zusammenleben auslotet.

Die Ostdeutsche Sparkassenstiftung freut sich daher besonders, zur Entstehung des vorliegenden Kunst- und Kulturführers Görlitz beigetragen zu haben. Mit ihm stehen Görlitz und sein reicher Baubestand erstmals im gemeinsamen Blick sowohl des wissenschaftlich besonders ausgewiesenen Architekturhistorikers als auch des meisterlichen Fotografen.

Schließlich bietet das Görlitzer Stadtzentrum auf wenigen Quadratkilometern eine Geschichtslandschaft von einzigartiger Dichte. Man sollte es zu Fuß erkunden und dabei keinesfalls den Abstecher über die Neiße ins polnische Zgorzelec versäumen.

Die Ostdeutsche Sparkassenstiftung fühlt sich dem wiedererwachten Bürgersinn und Geschichtsbewusstsein der Görlitzer seit Jahren verpflichtet. Auch uns geht es mit unseren Fördermaßnahmen seit 1996 darum, scheinbar Peripheres ins rechte Licht seiner verdienten Bedeutung zu rücken.

Im Jahr 2011 unterstützen wir beispielsweise die 3. Sächsische Landesausstellung zur »via regia« in Görlitz. Seit dem Mittelalter verband diese altehrwürdige Handelsstraße das westliche Europa via Görlitz mit Schlesien, Polen und Russland. »800 Jahre Bewegung und Begegnung« lautet der Untertitel der ambitionierten Ausstellung. Ein schöneres Motto lässt sich für eine Stadt wie Görlitz kaum denken.

JASPER VON RICHTHOFEN

Direktor des Kulturhistorischen Museums Görlitz
Städtische Sammlungen für Geschichte und Kultur

Ein frischer Blick

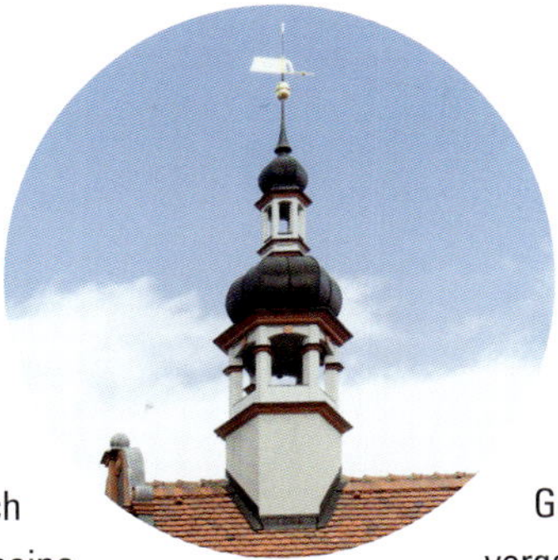

Fast endlos erscheint die bereits 1850 beginnende Reihe der zur Stadt Görlitz erschienenen Touristik-, Kunst- und Architekturführer. Brauchen wir also wirklich noch einen weiteren Stadtführer? Ich meine mit großer Entschiedenheit ja! In wohl kaum einer anderen Stadt findet eine vergleichbar dynamische Entwicklung statt wie in Görlitz – und dies gilt bei Weitem nicht nur für die sukzessive Restaurierung des einzigartig geschlossenen Stadtbildes. Die Öffnung der ehemaligen, lange scharf bewachten »Friedensgrenze« entlang von Neiße und Oder sowie der Wegfall der Passkontrollen durch den Beitritt Polens zum Schengener Abkommen zwingen ständig zu einer erneuten Standortbestimmung der Stadt und ihrer Bürger. Die wechselhafte Geschichte von der selbstbewussten Kaufmannsstadt des Sechstädtebundes und der pittoresken Metropole im Schnittpunkt zwischen Prag, Breslau, Dresden und Berlin zur geteilten Grenzstadt und wieder zurück verhinderte stets dauerhafte Stagnation und Lethargie. Der »zweite Siegerplatz« bei der Bewerbung um den Titel »Europäische Kulturhauptstadt 2010«, aber auch Enthusiasten wie der deutschlandweit berühmte, anonyme »Millionen-Spender« oder der anerkannte Denkmalschützer Gottfried Kiesow haben Görlitz in den vergangenen Jahren als lohnenswertes Reiseziel bekannt gemacht und vor allem das durch die lange Randlage geprüfte Selbstbewusstsein der Görlitzer gestärkt. All das spiegelt sich bis heute auch im Görlitzer Stadtbild wider. Ein erneuter und frischer Blick darauf lohnt sich also immer wieder!

Knapp und prägnant ist der vorliegende, vom ausgewiesenen Dresdner Kunsthistoriker Jürgen Paul verfasste Stadtführer. In mehreren klar gegliederten und reich bebilderten Rundgängen widmet sich Paul in ebenso klarer Sprache der städtischen Architektur- und Kunstgeschichte. Er beschränkt sich dabei anders als die meisten vorangegangenen Stadtführer nicht nur auf die inzwischen als sehenswert bekannte Altstadt. Neu ist der Blick auf die um die Wende vom 19. zum 20. Jahrhundert entstandene, kaum weniger sehenswerte Südstadt, aber auch auf Zgorzelec und die Umgebung.

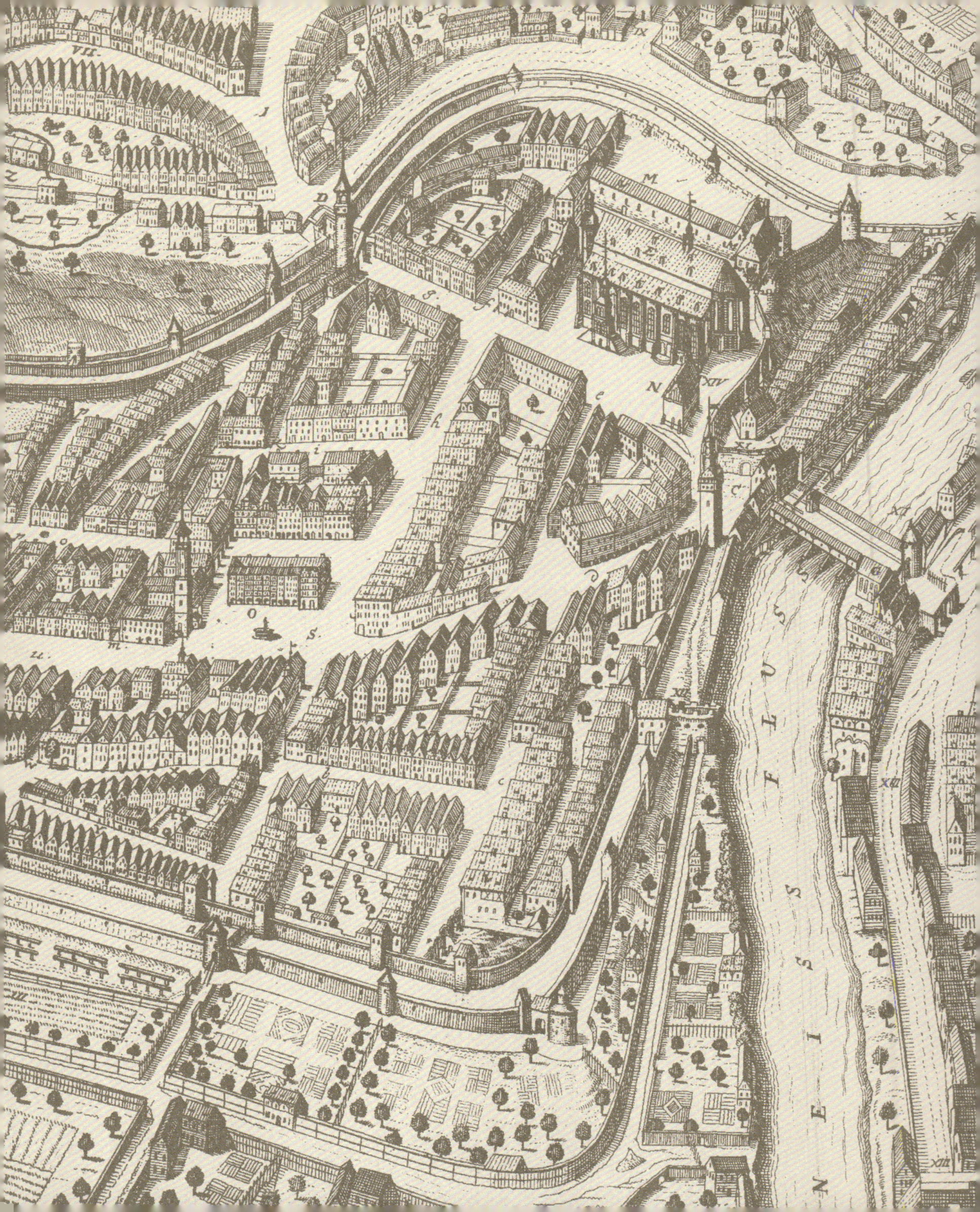

Einleitung

GESCHICHTE UND STADTGESTALT

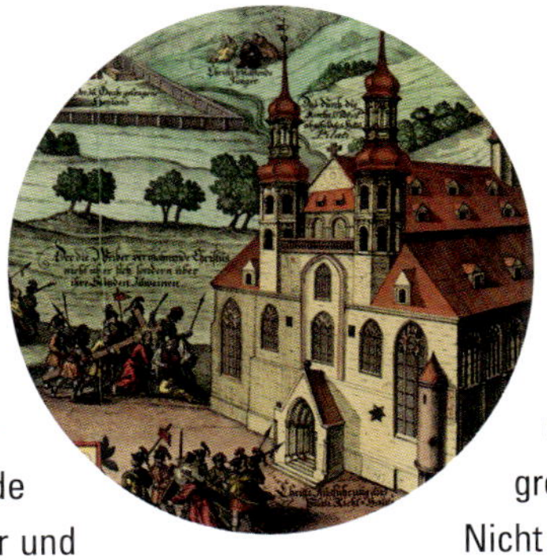

Görlitz ist einzigartig unter den deutschen Städten. Die östlichste größere Stadt der Bundesrepublik hat eine bedeutende Geschichte. Sie war eine florierende Handelsstadt seit dem Mittelalter und eine bedeutende Industriestadt im 19. Jahrhundert. All dies hat sich in Wohlstand niedergeschlagen, und dieser Wohlstand bildet sich in der Architektur der Stadt und in ihrer Kultur ab. Von den Zerstörungen des Zweiten Weltkriegs weitgehend unberührt geblieben, besitzt Görlitz heute die größte zusammenhängende historische Altstadt in Deutschland. Nur Regensburg ist vergleichbar. Neben den herausragenden historischen Baudenkmalen – der Peterskirche, der Dreifaltigkeitskirche und der Frauenkirche sowie dem Rathaus – ist es vor allem der reiche Bestand an Bürgerhäusern der Spätgotik, der Renaissance und des Barock, der die Besonderheit der historischen Altstadt ausmacht.

links: Plan der Stadt Görlitz, von Daniel Petzold, 1714 (Ausschnitt) · damals aktualisiert nach einem Kupferstich von Matthäus Merian, 1650

Spezifisch für Görlitz ist der Typus des Hallenhauses mit seinen großzügigen, eindrucksvollen Innenräumen, von denen sich eine große Zahl bis heute erhalten hat.

Nicht minder bedeutend als die historische Altstadt sind in Görlitz die Stadtviertel des 19. Jahrhunderts und ihre Bauten. Das wohlhabende Bürgertum wohnte komfortabel, oft auch sehr vornehm in großen Wohnungen hinter noblen Fassaden oder in geräumigen Villen. Eine stattliche Zahl repräsentativer öffentlicher Bauten, seien es Kirchen und die große Synagoge, seien es die Gebäude des preußischen Staates oder der Stadtkommune, vom Theater über die Stadthalle bis zu den Schulbauten, zeugen noch heute vom hohen Anspruch, der in dieser Stadt an die Architektur gestellt wurde. Einen Höhepunkt bildet die sogenannte Ruhmeshalle, das monumentale Denkmal des nationalen Selbstbewusstseins des wilhelminischen Kaiserreiches. Und es symbolisiert auch den historischen Weg, auf den das überhebliche Selbstbewusstsein des damaligen Deutschland geführt hat, dass dieses deutschnationale Denkmal

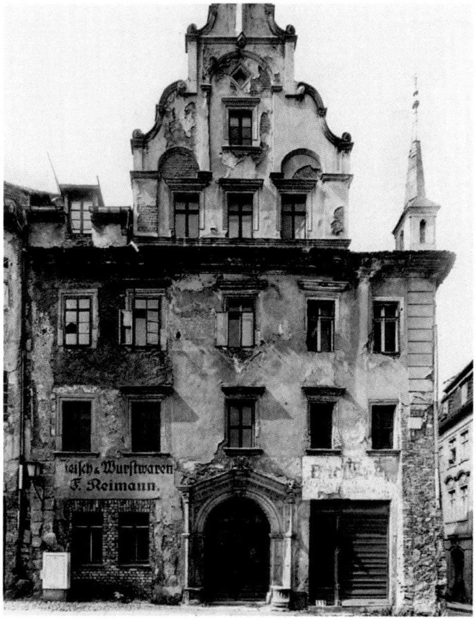

Peterstraße 7 · im Jahr 1982
(vgl. S. 32)

heute nicht mehr in Deutschland, sondern in Polen steht. Denn 1945 wurde die Stadt geteilt. Görlitz in der DDR und Zgorzelec in der Volksrepublik Polen lebten jahrzehntelang – durch die Staatsgrenze und die Neiße – getrennt, Rücken an Rücken, nebeneinander her. Seit 1990, seit der politischen Wende, seit dem Beitritt Polens zur Europäischen Union im Jahre 2004 und der Aufnahme Polens in den Kreis der Schengen-Staaten, rückt das Leben der beiden Städte einander näher. Seit 1998 erklären sich Görlitz und Zgorzelec gemeinsam zur »Europastadt«.

Die Jahrzehnte der Stagnation nach dem Zweiten Weltkrieg haben die meisten der Bauten des 19. Jahrhunderts in schlechtem Zustand, aber in ihrer Struktur und Erscheinung unverändert gelassen. Görlitz war 1990 baulich heruntergekommen. Nicht dass nicht auch in den Jahren der DDR denkmalpflegerische Maßnahmen durchgeführt worden waren, doch sie betrafen fast nur die großen und öffentlichen Baudenkmäler. Die ungeheure Fülle der Wohnbauten, der in der historischen Altstadt ebenso wie der in den Vierteln des 19. Jahrhunderts, war einem fortschreitenden Verfallsprozess ausgesetzt. Görlitz war in weiten Teilen zu einer grauen, kaputten Stadt geworden, deren Schönheit mehr zu erahnen als zu erfahren war. Seitdem hat Görlitz so etwas wie eine Wiedergeburt erlebt. Fast die gesamte Bausubstanz im deutschen Görlitz ist inzwischen saniert und denkmalpflegerisch restauriert worden, und auch im polnischen Zgorzelec schreitet die Wiederherstellung voran. Die Schönheiten dieser Stadt sind wieder ans Licht zurückgekommen.

Geschichte

Die Stadtentstehung von Görlitz und deren Vor- und Frühgeschichte lässt viele offene, in der Forschung mit unterschiedlichen Hypothesen beantwortete Fragen. Fest steht, dass 1071 ein slawisches Dorf »villa Gorelic«, das Kaiser Heinrich IV. an den Bischof von Meißen vergab, urkundlich erwähnt wird. Es war Teil des Gaues Milsca, des Landes der slawischen Milzener (Sorben), das zum Machtbereich der (weltlichen) Markgrafen von Meißen gehörte.

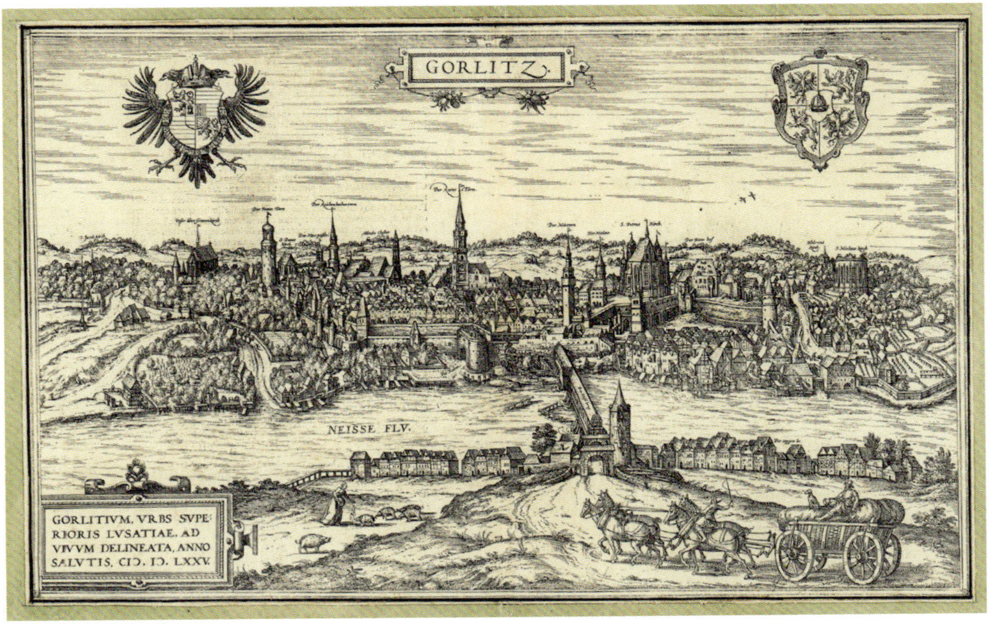

Ansicht von Görlitz · Kupferstich
aus Georg Braun und Frans Hogenberg,
Theatrum Orbis Terrarum, 1576

Umstritten ist allerdings die Frage, wo dieses Dorf lag, ob unten, nördlich der späteren Altstadt, im Vorfeld der späteren Nikolaivorstadt oder oben auf dem Grauwackenfelsen im Bereich des späteren Vogtshofs und der Peterskirche. Für die untere Lage spräche, dass hier, entlang des Lunitzbaches, in der Linie des heutigen Nikolaigrabens, der seit 1252 als via regia bezeichnete West-Ost-Handelsweg verlief, bevor er sich mit dem Süd-Nord-Weg (von Böhmen bis an die Ostsee) kreuzte und etwas weiter flussabwärts von der späteren historischen Neißebrücke (im Bereich der Tischbrücke) durch eine Furt den Fluss durchquerte. Für die Lage auf der Höhe spräche, neben wenigen archäologischen Funden, der Bericht, dass 1126 und 1131 der böhmische Herzog eine offenbar ältere slawische Befestigung namens »Yzcorelik« erneuern ließ. Gleichzeitig ist für die Vorgängerburg der Name »Drenow« überliefert. Dieses slawische Wort bedeutet so viel wie Holzstätte. Es könnte im deutschen Namen der Straße »Hainwald«, die südlich der Peterskirche über den Höhenrücken verläuft, stecken.

Seit 1076 waren die böhmischen Herzöge Herren des Milzener Landes, für das sich im Spätmittelalter die Bezeichnung »Oberlausitz« durchsetzte. Görlitz, die Stadt am Schnittpunkt der beiden wich-

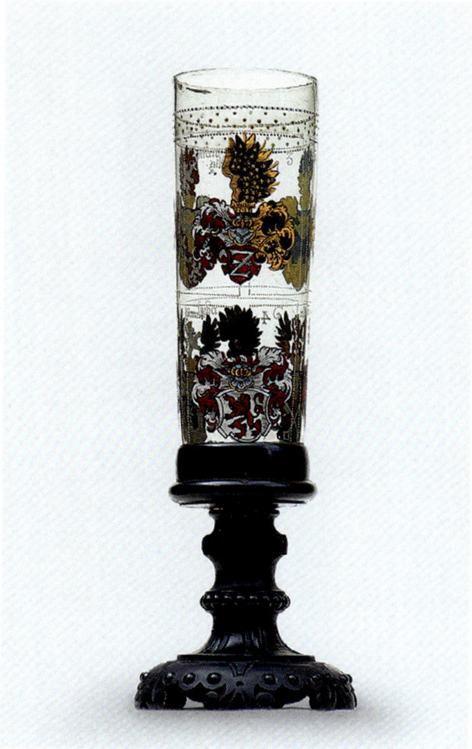

»Sechsstädtebundpokal«
Nordböhmen um 1650, mit den Wappen der Städte des Oberlausitzer Bundes

tigen Handelswege, war für sie von besonderer Bedeutung. Zwar gehörte die Oberlausitz 1144 bis 1157 wieder zu Meißen, war 1253 bis 1319 als Heiratsgut an die Askanier – Markgrafen von Brandenburg – verpfändet und wurde nach dem Aussterben der Askanier 1319 bis 1329 von den Herzögen von Schweidnitz-Jauer beansprucht, doch blieb die Stadt die meiste Zeit bis 1635 Teil des Königreichs Böhmen. 1377 wurde Görlitz Mittelpunkt eines eigenständigen Herzogtums unter Johann, einem Sohn Kaiser Karls IV. Diese Eigenständigkeit endete mit dem Tod Johanns schon 1396 wieder.

Schon unter Ottokar I. von Böhmen wurden seit dem mittleren 12. Jahrhundert deutsche Siedler aus Franken, Thüringen und der Markgrafschaft Meißen gerufen. Damals bildete sich eine Kaufmannssiedlung am Stein, dem Steinweg der heutigen Nikolaivorstadt, und um 1200 entstanden südlich der Burg an der Peterstraße bis zum Untermarkt die Häuser der Fernkaufleute, die mit Tuchen und dem Tuchfärbemittel Waid aus Thüringen handelten. Bis in die jüngste Vergangenheit bildeten die Tuchmacherei, später die Textilindustrie, sowie der Tuchhandel das wirtschaftliche Rückgrat von Görlitz.

Verfassungsrechtlich besaß Görlitz das Magdeburger Stadtrecht, das 1303 bestätigt wurde. Verwaltet wurde die Stadt von einem Vertreter des Landesherrn, einem Vogt (villicus, advocatus), doch mehr und mehr Rechte gingen an die Patrizier, die Oberschicht der Stadt aus Großkaufleuten – den »Geschlechtern«, die den Rat beherrschten – über. 1330 erwarb die Stadt das Münzrecht vom Landesherrn, Mitte des 14. Jahrhunderts die Gerichtsbarkeit, nicht nur in der Stadt, sondern auch in mehr als 200 Dörfern der Umgebung. 1346 gründete sich der Oberlausitzer Sechsstädtebund zum Schutz des Landrechts, also der Sicherheit der Kaufleute und der Warentransporte gegen das Raubrittertum. Vorort des Bundes war Bautzen, dazu gehörten Görlitz, Zittau, Lauban, Löbau und Kamenz. Dieser Bund bestand de jure bis 1815. Mit königlicher Billigung zerstörten die sechs Städte Burgen und drängten den Landadel zurück.

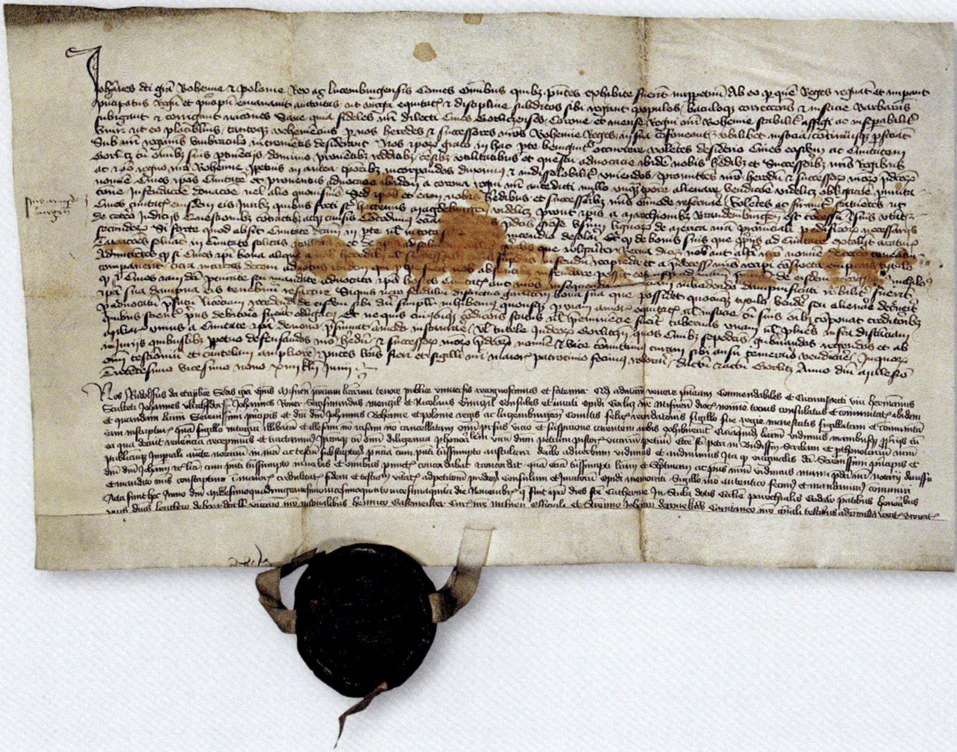

Urkunde vom 19. Mai 1329 · Görlitz wird darin zum Teil der Krone Böhmens erklärt

Auf Veranlassung Kaiser Karls IV. wurde das Oberlausitzer Femegericht (Landfriedensgericht) unter Führung der Görlitzer Geschlechter eingerichtet; es bestand bis 1419.

Gesellschaftlich waren die Jahrhunderte geprägt vom Machtkampf zwischen den Großkaufleuten und den Handwerkern, vor allem in der Textilwirtschaft. Die Tuchhändler verhinderten, dass die Tuchmacher, also die Weber, ihnen im Verkauf und im Handel mit Tuchen Konkurrenz machten. Die Tuchmacher und alle anderen Handwerker waren vom Rat ausgeschlossen. 1369 kam es erstmals zum Aufruhr der Handwerker – unter Führung der Tuchmacher – gegen die Großkaufleute. Mithilfe des Königs konnte der Rat den Aufstand und alle folgenden niederwerfen. Der politische und wirtschaftliche Machtkampf zwischen den Großkaufleuten und den Handwerkern führte auch zum

Gegensatz zwischen der ungarischen und böhmischen Partei. In der Folge der Hussitenkriege, in deren Verlauf Görlitz zweimal, 1430 und 1432, belagert wurde, entbrannte der Kampf um die böhmische Krone zwischen Georg von Podiebrad, der die Partei der Utraquisten, der gemäßigten Hussiten (die das Abendmahl in beiderlei Gestalt feierten), unterstützte, und Matthias Corvinus, dem König von Ungarn, der ebenfalls die böhmische Krone beanspruchte und die römische Partei der Altgläubigen vertrat. Die Patrizier neigten der konservativen Ungarnpartei, die Handwerker der protestantischen böhmischen Partei zu. Erstere setzten sich schließlich durch. 1467 wurde der Aufstand der Anhänger der böhmischen Partei niedergeschlagen, ihre prominenten Mitglieder vertrieben.

Der gesellschaftliche Machtkampf wiederholte sich während der Reformation. Die Handwerker neigten zur neuen lutherischen Lehre, die Ratsgeschlechter blieben altgläubig. 1521 predigte der Stadtpfarrer Franz Rotbart lutherisch, der Rat setzte ihn ab, doch 1525 wurde er auf Druck der Bevölkerung wieder berufen. In den folgenden Jahren wurden auch die Tuchmacher reich. Der Zugang zur politischen Macht blieb ihnen aber verwehrt.

1525 ereignete sich ein verheerender Stadtbrand, der vor allem viele Wohnhäuser zerstörte. Durch den Wiederaufbau entstanden eine bautechnisch solidere Struktur und ein ästhetisch anspruchsvolleres Stadtbild.

Ein wichtiger Einschnitt in der Geschichte war der sogenannte Oberlausitzer Pönfall. Als König Ferdinand I. im Schmalkaldischen Krieg, den sein Bruder Kaiser Karl V. 1546 bis 1547 gegen die lutherischen Fürstentümer führte, von den böhmischen und oberlausitzischen Städten Hilfe verlangte, entzogen sich die lutherischen und utraquistischen Städte in der Entscheidungsschlacht bei Mühlberg der militärischen Unterstützung. Als böhmischer König bestrafte Ferdinand die Städte, nicht zuletzt auf Betreiben des Landadels, hart. Die Städte verloren alle Privilegien, auch die Gerichtsbarkeit, sie mussten alle Landgüter an den Kaiser als böhmischen König abtreten, eine Biersteuer abführen und eine sehr hohe Summe Geldes zahlen. Dies alles hat nicht nur den rechtlichen Status (die Vormacht der Städte über den Adel war ein für alle Mal gebrochen), sondern auch die Wirtschaft der Städte geschwächt. Bis 1560 erhielten die Städte zwar allmählich ihre Rechte zurück und konnten

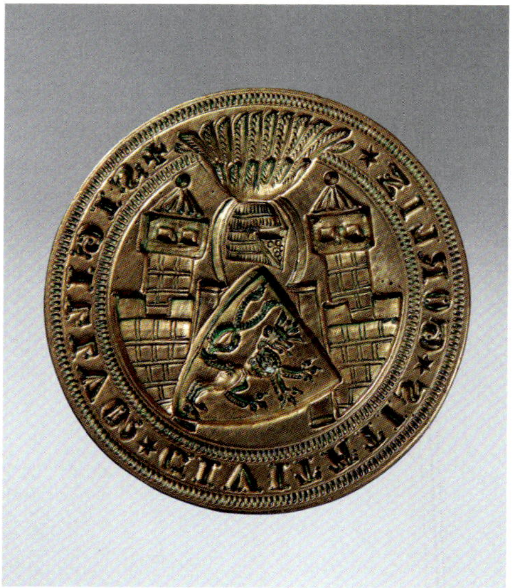

Siegelstock der Stadt Görlitz, nach 1329, mit dem zweischwänzigen böhmischen Löwen

die verlorenen Besitztümer zurückkaufen, doch die Wirtschaft erholte sich nur sehr langsam wieder. Die Einwohnerzahl von ca. 10 000, die Görlitz um 1500 gehabt hatte, wurde erst nach 1800 wieder erreicht. Im Dreißigjährigen Krieg wurde Görlitz mehrfach belagert und geplündert. 1635 ging die Landesherrschaft über die Oberlausitz und Görlitz vom katholischen Böhmen an das protestantische Kurfürstentum Sachsen über. Auf dem Wiener Kongress 1815 wurde dann die Oberlausitz geteilt, der östliche Teil mit Görlitz ging an das Königreich Preußen und wurde als preußische Oberlausitz in die Provinz Niederschlesien eingeordnet, der westliche Teil blieb (jetzt königlich) sächsisch. Görlitz wurde nun nicht nur politisch, sondern auch kulturell von Preußen, von Berlin her, bestimmt. Die Industrialisierung brachte der Stadt neuen Wohlstand und Wachstum. Aus den Tuchmachermanufakturen wurden große Textilfabriken, hinzu kam der Großbetrieb für Waggonbau und Maschinenbau WUMAG, gegründet 1847 von Johann Christoph Lüders als »Eisenbahn-Wagenbau-Anstalt«. Nach vielen Fusionen ist er seit 1996 ein Fabrikationsstandort der kanadischen Firma Bombardier und größter Arbeitgeber der Stadt. Wegen seiner großzügigen Steuerpolitik wurde Görlitz im 19. Jahrhundert auch zu einem bevorzugten Altersruhesitz preußischer Beamter. Die Einwohnerzahl wuchs von 8800 im Jahre 1815 auf 81 000 im Jahre 1900, den Höchststand erreichte sie 1931 mit 94 000. Im Zweiten Weltkrieg blieb die Stadt von Zerstörungen weitgehend verschont. Durch die am 2. August 1945 im Potsdamer Abkommen von den Alliierten beschlossene Grenzziehung wurde Görlitz geteilt. Die jenseits der Neiße gelegenen Stadtteile, ca. 10 Prozent der Gesamtstadt, kamen unter dem Namen Zgorzelec unter polnische Verwaltung und fielen schließlich durch die Anerkennung der Oder-Neiße-Linie durch die DDR 1950 und den deutsch-polnischen Grenzvertrag 1990 an Polen. Heute leidet das deutsche Görlitz unter Bevölkerungsschwund und hatte 2009 nur noch 56 000 Einwohner (1989: 78 000), das polnische Zgorzelec ca. 32 000.

Entwicklung der Stadtgestalt

Dieser Band erschließt die Architektur der Stadt in drei Rundgängen und in zwei Kapiteln, in denen Denkmale in den Stadtteilen südlich und westlich der Altstadt und einige Ausflugsziele in der Umgebung von Görlitz und Zgorzelec vorgestellt werden.

Bis ca. 1260 verlief die West-Ost-Handelsstraße am Nikolaigraben unterhalb des Burgberges, später dann durch das Reichenbacher Tor über den Obermarkt, die Brüderstraße, den Untermarkt und die Neißstraße zur Neißebrücke. Die Altstadt besteht aus zwei Teilen: der ältere Teil entlang der Achse Nikolaistraße, Peterstraße bis zum Untermarkt (1071 – ca. 1200 = »villa gorelic«), Untermarkt, von dort geradeaus in die Weberstraße bzw. in die Querachse Brüderstraße, Neißstraße. Die Bebauungsgrenze verlief im Westen wohl entlang der Büttnerstraße, Plattnerstraße, dem Fischmarkt und der Krischelstraße. Der jüngere Teil, das heißt die nach 1250 angelegte Stadterweiterung, erstreckt sich entlang der Parallelen von Obermarkt und Langenstraße.

Der höchste Punkt der alten Stadt, hoch über der Neiße, wird beherrscht von der Peterskirche, der Hauptkirche der Stadt. Hier nahm die Stadtentwicklung ihren Ausgang. Nördlich neben ihr stand die landesherrliche Burg, der spätere Vogtshof. Um den Platz vor der Südseite der Peterskirche befanden sich die »Freihöfe«, die stadtfreien (d. h. von Abgaben befreiten) Höfe der adeligen böhmischen Dienstmannen. Von hier aus verlief die Straße »Hainwald«, deren Name – wie schon gesagt – möglicherweise vom slawischen Ortsnamen Drenow oder Drewnow abgeleitet ist, zur Neißstraße.

Darüber hinaus gehören zur historischen Stadt die Nikolaivorstadt und das ehemalige Viertel der Gerber und Färber entlang der Neiße unterhalb der Peterskirche (Hotherstraße) ebenso wie der jenseits der Brücke gelegene Teil mit dem (nicht mehr vorhandenen) bereits im 13. Jahrhundert erwähnten Heiliggeistspital.

In einer der Theorien über die Stadtentstehung und Stadtentwicklung wird aus dem gekrümmten Verlauf der Großen und Kleinen Wallstraße in der Nikolaivorstadt auf die Existenz eines slawischen Rundlingsdorfes an dieser Stelle der Nikolaivorstadt geschlossen und dieses mit dem 1071 urkundlich erwähnten slawischen Dorf Gorelic gleichgesetzt. Dem steht die wahrscheinlichere Annahme entgegen, dass das Dorf Gorelic das »suburbium« der Burg (siehe Vogtshof) war. Spätestens seit dem 13. Jahrhundert existierte im Bereich der Nikolaivorstadt eine Handwerkersiedlung von Tuchmachern und Färbern. Hauptstraßen waren die Bogstraße und der Steinweg. Bis um 1220 verlief entlang des Lunitzbaches unter dem heutigen Nikolaigraben die West-Ost-Fernstraße, die via regia. In diesem Areal vollzog sich die Entwicklung von Görlitz über Jahrhunderte, hier sind die Ensembles von Renaissance- und Barockbauten zu finden, für die Görlitz berühmt ist. Im 19. Jahrhundert veränderte dann ein rasantes Wachstum die Stadt grundlegend: Von 1823 bis 1856 wurde die mittelalterliche Stadtbefestigung abgerissen. Die Stadt begann, sich nach außen zu öffnen. Unter dem verdienstvollen Bürgermeister Gottlob Ludwig Demiani (1783 – 1846) – Jurist, 1814 Senator in Görlitz, 1820 Kämmerer, seit 1833 Bürgermeister, dann seit 1844 vom preußischen König ernannter Oberbürgermeister – entwickelte sich Görlitz zu einem Industriestandort. Görlitz wurde an das entstehende Eisenbahnnetz angeschlossen. Bereits 1847 erreichte die Linie der Sächsisch-Schlesischen Eisenbahngesellschaft die Stadt, wenig später war die Verbindung zur Strecke Berlin-Breslau der Niederschlesisch-Märkischen Eisenbahn hergestellt. Die Eisenbahnlinie bildete erst einmal die Grenze für die Erweiterung der Stadt nach Süden. 1848 wurde zwar ein Baustatut für die südliche Vorstadt zwischen Bautzener Straße im Westen vor der Altstadt bis zur Neiße im Südosten erlassen, die Bebauung begann aber hier erst nach 1880. Seit den 1860er Jahren begann die Einwohnerzahl immer schneller zu wachsen. Von 1830 bis 1900 erhöhte sich die Einwohnerzahl von 11 000 auf 81 000.

Es entwickelte sich zunächst das Geschäftszentrum, ausgehend vom heutigen Demianiplatz und vom Postplatz in Richtung Bahnhof. Dadurch blieben der kommerzielle Druck der neuen Cityfunktionen und die damit verbundene Bebauung – bis auf Teile des Obermarktes – außerhalb der Altstadt.

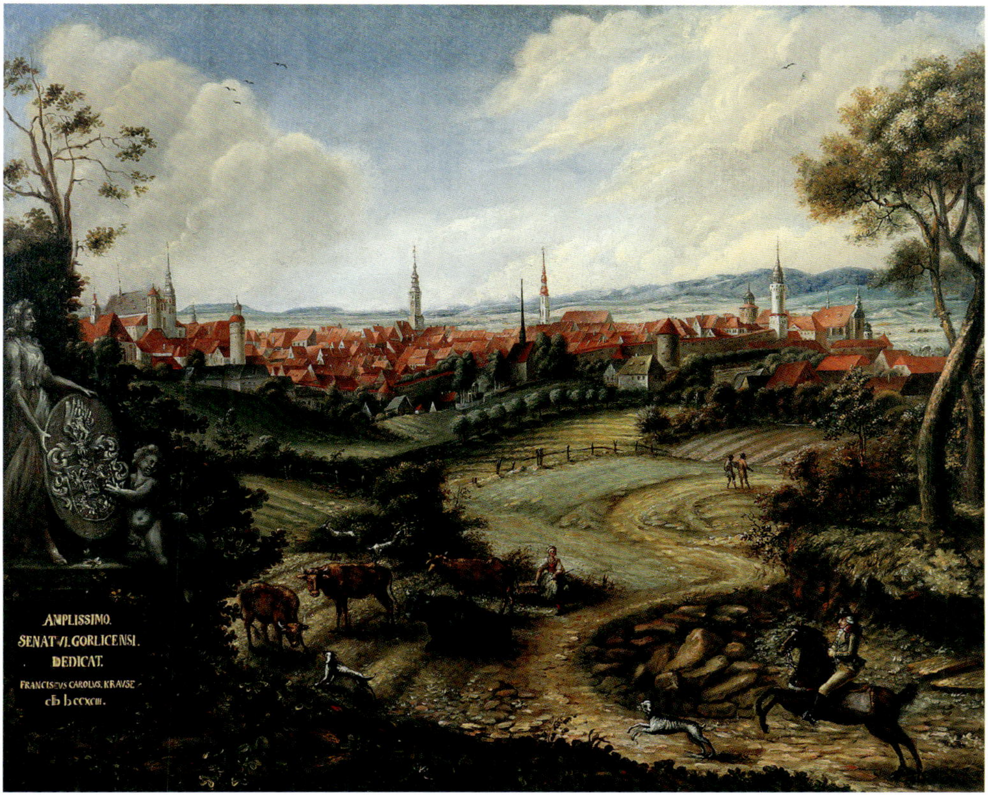

Blick auf Görlitz von Nordwest
Gemälde von Franz Carl Krause, 1793

Seit 1866 wurden dann städtebauliche Planungen für die Gebiete südlich der Eisenbahnlinie und des Bahnhofs erarbeitet. Die Bebauung begann in den 1890er Jahren, teils mit Mietshäusern in geschlossener Straßenrandbebauung, teils mit Villen, nach dem Ersten Weltkrieg mit Siedlungsbau.

Die nächste augenfällige Veränderung erfuhr die Stadtgestalt in den Jahrzehnten der DDR durch den Massenwohnungsbau in Plattenbauweise, vor allem nach dem Anfang der 1970er Jahre entwickelten System WBS 70. Das größte dieser Wohngebiete ist die 1978 bis 1987 gebaute Siedlung Königshufen mit etwa 6000 Wohnungen.

Altstadt

REICHTUM AN RENAISSANCE- UND BAROCKARCHITEKTUR

Ganze Straßenzüge mit Renaissancehäusern, Barockfassaden, reich ausgestatteten Kirchen – bei einem Rundgang durch die Altstadt kann man erleben, welcher Reichtum Görlitz einst zu seiner ersten großen Blüte verholfen hat. Dass dieser vor allem dem florierenden Handel mit Tuchen zu verdanken war, schlug sich in einem eigenen Bautyp, dem Görlitzer Hallenhaus, nieder. Im Areal zwischen Obermarkt und Neiße mit seinen vorbildlich restaurierten Architekturensembles lassen sich die Stilrichtungen deutscher Baukunst des 15. und 16. Jahrhunderts eindrucksvoll erleben.

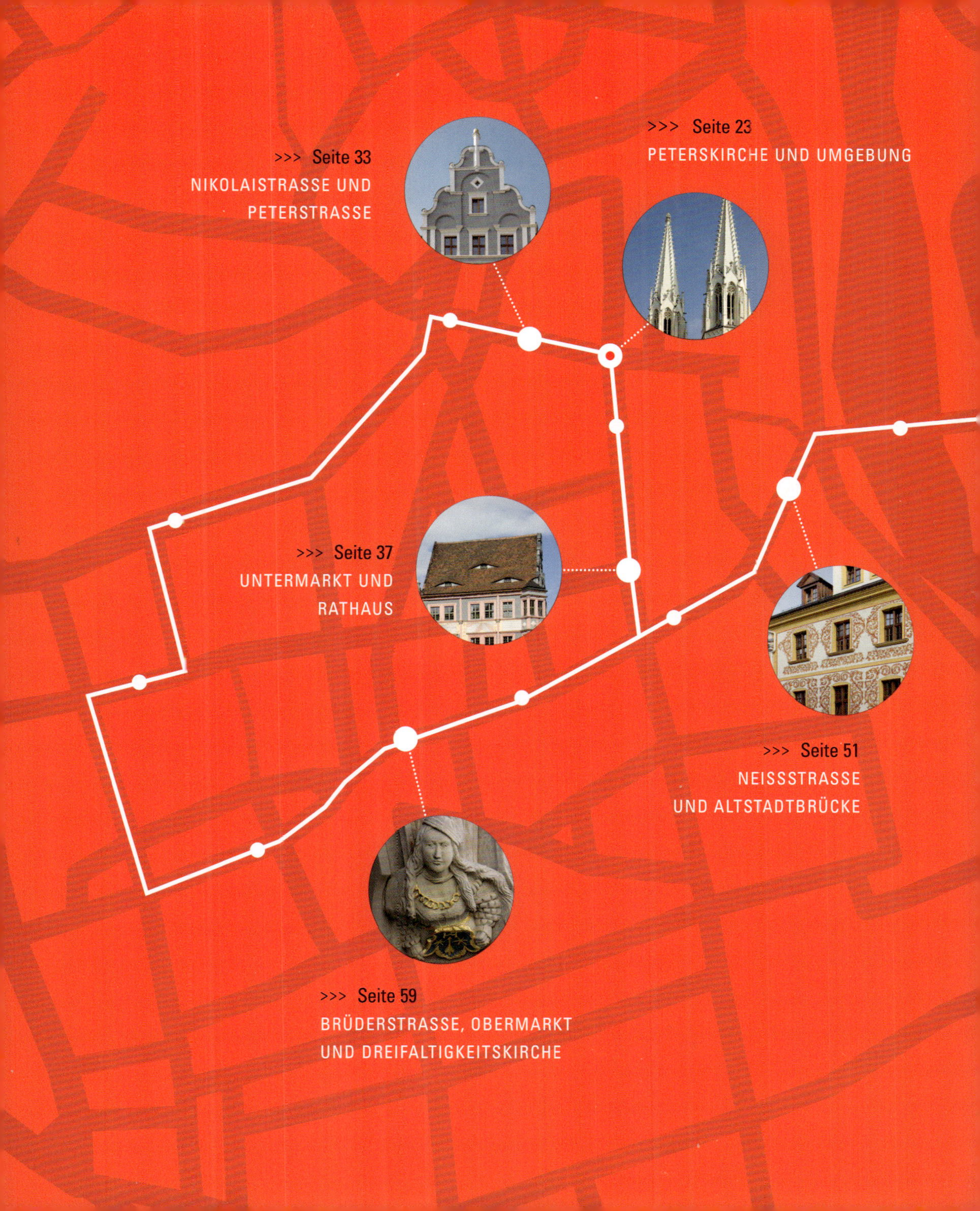
>>> Seite 33
NIKOLAISTRASSE UND
PETERSTRASSE
>>> Seite 23
PETERSKIRCHE UND UMGEBUNG
>>> Seite 37
UNTERMARKT UND
RATHAUS
>>> Seite 51
NEISSSTRASSE
UND ALTSTADTBRÜCKE
>>> Seite 59
BRÜDERSTRASSE, OBERMARKT
UND DREIFALTIGKEITSKIRCHE

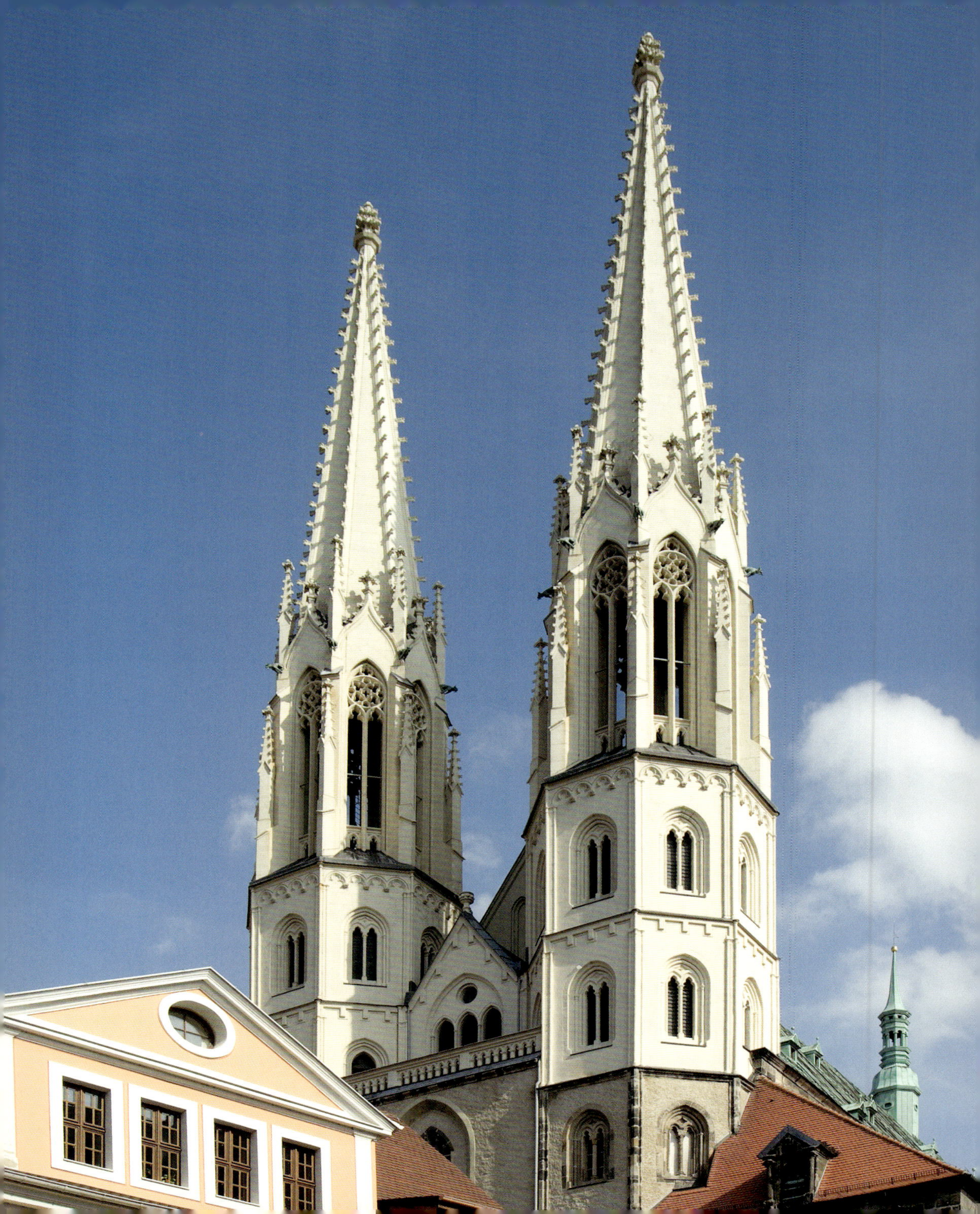

Peterskirche und Umgebung

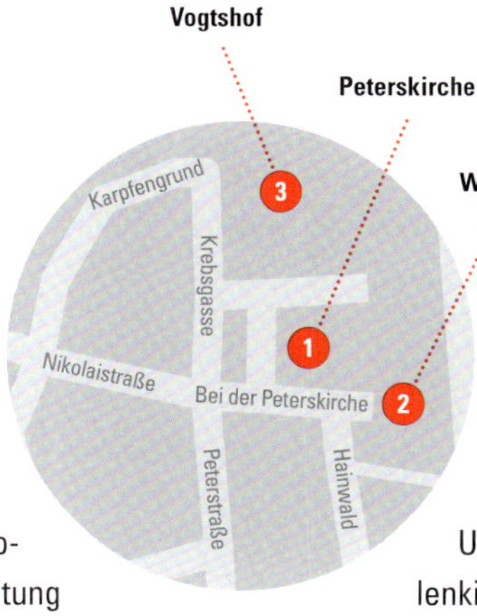

1 Peterskirche

Den Apostelfürsten Petrus und Paulus geweiht, besaß die Kirche ursprünglich wohl den Status einer Burgkapelle. Zur 1394 von Herzog Johann von Görlitz geplanten Einrichtung eines Chorherrenstiftes kam es nicht, weil dieser schon 1396 starb. Im 15. Jahrhundert wurde die Kirche Stadtpfarrkirche.

An der Stelle des jetzigen spätgotischen Baus existierte eine 1298 erstmals erwähnte, wohl um 1235 entstandene spätromanische Kirche. Archäologische Hinweise könnten auf einen im 12. Jahrhundert entstandenen Vorgängerbau hindeuten. Die spätromanische Kirche bestand aus einem kurzen, dreischiffigen, basilikalen Langhaus, Querschiff, quadratischem Chorraum und – auch an den Querarmen – polygonalen Apsiden. Erhalten ist der Westbau mit einem der flächigen Front vorgesetzten Portal. Im 14. Jahrhundert wurde ein neuer Chor mit geradem Abschluss an das spätromanische Langhaus angesetzt. Die heutige gotische Kirche wurde ab etwa 1410 bis 1497 in mehreren Etappen von West nach Ost gebaut. Um 1450 stand die fünfschiffige Hallenkirche, wenn auch noch ohne Gewölbe. 1454 rutschte der östliche Hang hinter der Kirche ab. Davon war auch die Stadtmauer betroffen, für deren Neubau auf dem Osthang nun umfangreiche Substruktionen nötig waren. Dies eröffnete die Möglichkeit, den Chor der Kirche nach Osten zu erweitern. 1461 wurde der Hallenchor mit der daruntergelegenen, konstruktiv als Substruktion dienenden Georgenkapelle begonnen. Als Architekt des Chores wird neuerdings der große Arnold von Westfalen (um 1425/30 – 1480/81), sächsischer Landeswerkmeister und Architekt der Albrechtsburg in Meißen, in Betracht gezogen. 1490 standen die Umfassungsmauern der gesamten Kirche, bis 1497 wurde sie dann durch Conrad Pflüger (um 1450 – 1506/07), einen der bedeutendsten Architekten der Spätgotik in Sachsen, Schüler Arnolds von Westfalen und seit 1490 Stadtwerkmeister von Görlitz, eingewölbt. 1691 zerstörte ein

links: Peterskirche · die neugotischen Türme auf dem Westbau

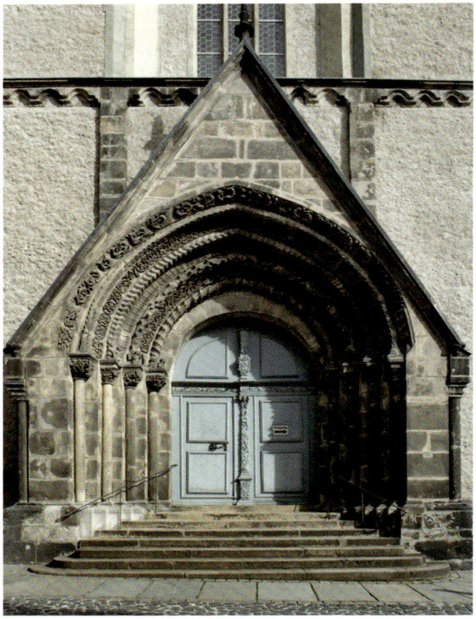

Peterskirche · reich geschmücktes Westportal

Brand den Dachstuhl und vernichtete die gesamte wertvolle Innenausstattung mit 36 Altären. Bis 1715 zogen sich der Wiederaufbau und die Neuausstattung hin. Die spätgotische Hallenkirche ist ursprünglich praktisch turmlos gewesen. Die Türme des alten romanischen Westbaus, die nach dem Brand 1691 runde, barocke Hauben erhielten, hatten das Dach des spätgotischen Langhauses nicht überragt. Den vertikalen Akzent bildeten lange Zeit drei nadelspitze Dachreiter, die auf dem Chordach aufragten. Mit ihnen bot sich eine wirkungsvolle Ansicht der Kirche aus dem Flusstal und über den Dächern der Stadt. Nach dem Brand 1691 wurden die Dachreiter nicht wiederhergestellt, aber zwischen 1889 und 1891 setzte man im Zuge der an vielen mittelalterlichen Kirchen in Deutschland vollzogenen Turmvollendungen den Oktogonen des romanischen Westbaus neugotische Türme mit Spitzhelmen im Stil des 14. Jahrhunderts auf – allerdings nur aus Kunstgussstein –, die seitdem das Stadtbild beherrschen.

Äußeres

Der romanische Westbau besteht aus verputztem Bruchsteinmauerwerk mit flachen Lisenen und bildet einen massiven Kubus. Ihm vorgesetzt ist das Westportal mit seinem reichen ornamentalen und figürlichen Schmuck in den Archivolten, der 1595 überarbeitet wurde.

Das gotische Langhaus ist – weil die Längenausdehnung wegen des abschüssigen Geländes begrenzt war – mit seinen fünf Schiffen breit gelagert. Die mittleren drei Schiffe liegen unter einem gemeinsamen Dach, die äußeren haben angelehnte Pultdächer und umfassen den romanischen Westbau seitlich mit Kapellen. An den Längsseiten führen Portale mit Vorhallen in das Innere: eins im Norden, zwei im Süden. Die Südseite ist die repräsentative Ansichtsseite der Kirche. Hier zogen durch die sogenannte Große Halle – die südwestliche, zwischen 1426 und 1430 gebaute, von einem achteckigen Turmstumpf mit barocker Haube überragte und über zwei gegenläufige Treppen zugängliche Portalhalle – der Rat und die Bürger in die Kirche ein, während das romanische Westportal der Geistlichkeit vorbehalten war. Der Chor, der mit drei gestaffelten polygonalen Schlüssen endet, wird durch hohe, schlanke Fenster belichtet.

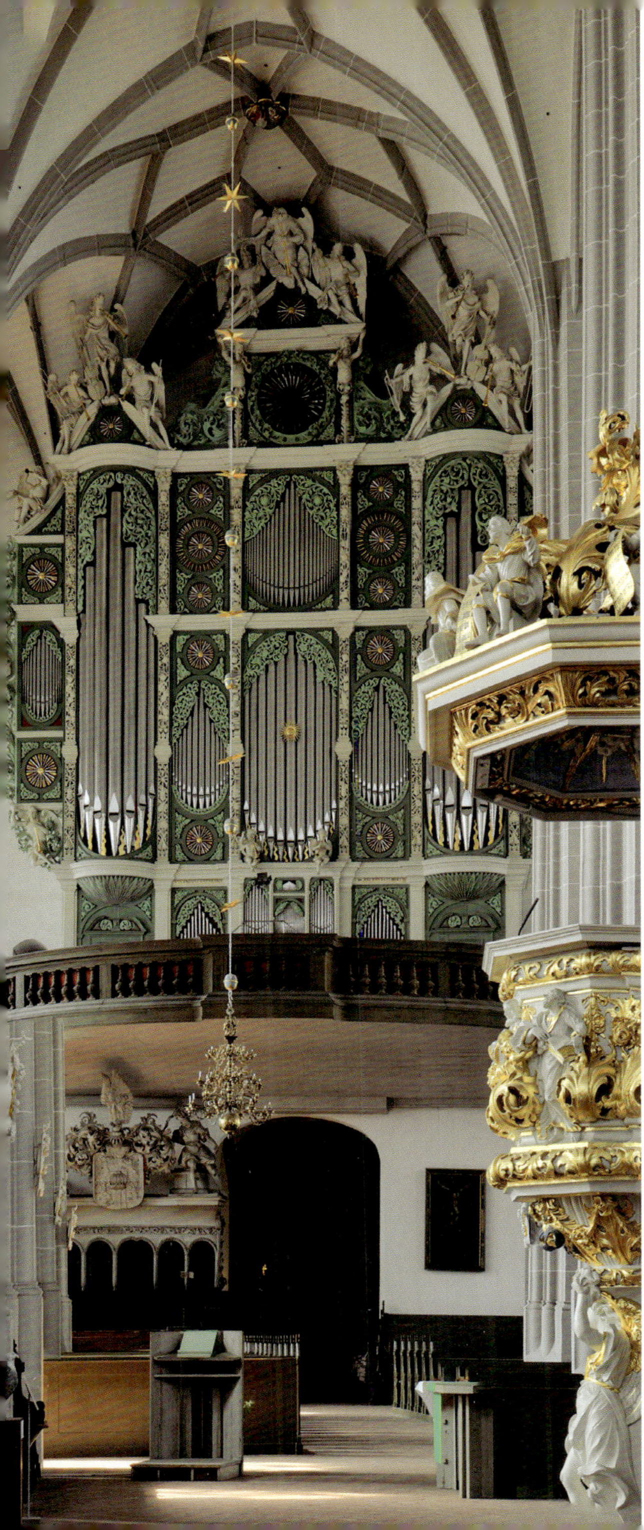

Inneres

Mit seiner lichten Weite (72 m Länge, 39 m Breite, 24 m Höhe) und dem feingliedrigen Aufbau der Pfeiler unter den grazilen Gewölben gilt das Innere der Görlitzer Peterskirche als einer der schönsten Räume der deutschen Spätgotik. Die beiden äußeren Seitenschiffe sind niedriger als die drei inneren. Dadurch wird die Längsrichtung verstärkt. Außerdem steigt das Bodenniveau zum Chor leicht an. Das von den schlanken Pfeilern getragene Netzgewölbe formt im Chor ein Sternenmuster, die Schlusssteine des Mittelschiffs zeigen in farbigen Reliefdarstellungen Szenen aus dem Leben Jesu, das Pfingstwunder und den Gnadenstuhl.

Zwischen den beiden nördlichen Seitenschiffen haben sich zwei Joche der ehemaligen Nordwand der Choranlage des 14. Jahrhunderts erhalten. Gegenüber werden die südöstlichen drei Joche von der Sakristei ausgefüllt, darüber erstreckt sich eine große Sängerempore. Nach Westen befinden sich Kapellen zwischen den Strebepfeilern, in den westlichsten Jochen unter gewölbten Emporen, die nach 1691 in Holz nach Osten weitergeführt worden sind. Diese rahmen den Durchgang zur Großen Halle, die später den Ausgangspunkt der Prozessionen zum Heiligen Grab in der Nikolaivorstadt bildete.

Peterskirche · die »Sonnenorgel« mit achtzehn strahlenförmig angeordnete Pfeifen

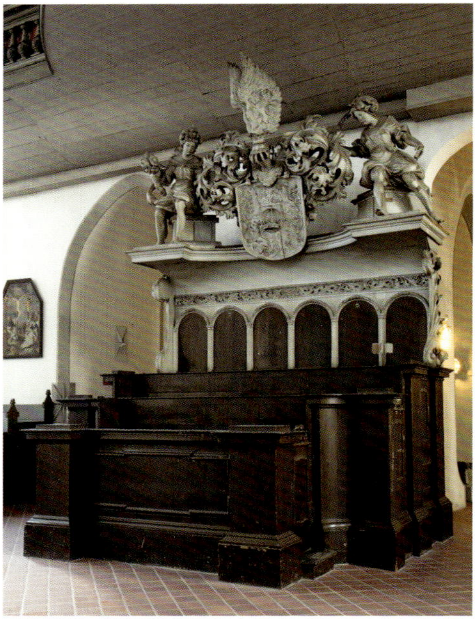

Peterskirche · geschnitztes Ratsgestühl
mit dem Ratswappen

Ausstattung

Der monumentale, breit ausschwingende Hauptaltar wurde 1695 von dem Dresdner Bildhauer George Heermann geschaffen. Die seitlich stehenden Engelsfiguren beziehen sich mit ihren leidenschaftlichen Bewegungen auf die darüber gemalten Leidenswerkzeuge Christi. Oben befinden sich die Figuren der vier Evangelisten und der Christlichen Tugenden. Das Hauptbild mit der Darstellung der Himmelfahrt Christi stammt von einem unbekannten Maler (Philipp Ernst John?).

An der linken Seite der Hauptapsis stand bis zu seiner Vernichtung durch den Brand 1691 das um 1460 bis 1470 entstandene, neun Meter hohe, mit figürlichem Schmuck reich ausgestattete spätgotische Sakramentshaus. In den drei Apsiden der Seitenschiffe findet man geschnitzte barocke Beichtstühle (bis ins 19. Jahrhundert wurde auch im Luthertum die Beichte praktiziert) – diejenigen in den beiden Nebenapsiden entstanden 1694 und zeigen den bußfertigen Zöllner und den verlorenen Sohn (im Norden) und die biblischen Könige David und Manasses (im Süden). Den Beichtstuhl in der Apsis des nördlichsten Seitenschiffs – mit den Figuren des seine Verleugnung Christi bereuenden Apostels Petrus und der reuigen Sünderin Magdalena – schuf 1717 der für Görlitz wichtigste, bei Balthasar Permoser in Dresden geschulte Barockbildhauer Caspar Gottlob von Rodewitz. Am Übergang vom Langhaus zum Chor ragt die 1693 wohl von Johann Conrad Buchau aus Görlitz gefertigte, prachtvolle steinerne Kanzel in den Raum hinein. Ganz in Weiß und Gold, wird sie von einem großen Engel getragen, am Kanzelkorb befinden sich zwischen reichen vegetabilischen Ornamenten die vier Evangelisten, am hölzernen Deckel Apostel und Propheten. Auf der Westempore steht die sogenannte »Sonnenorgel«. Deren Werk wurde 1703 von dem kaiserlichen Orgelbauer Eugenio Casparini (der aus Sorau in der Niederlausitz stammte, aber lange in Padua tätig war, wo er seinen Namen italianisierte) geschaffen und jetzt neu von der Firma Mathis in Näfels/Schweiz gebaut. Die den prachtvollen Prospekt bekrönenden Engelsfiguren stammen ebenfalls von Buchau. 18 Sonnengesichter mit strahlenförmig angeordneten Pfeifen haben der

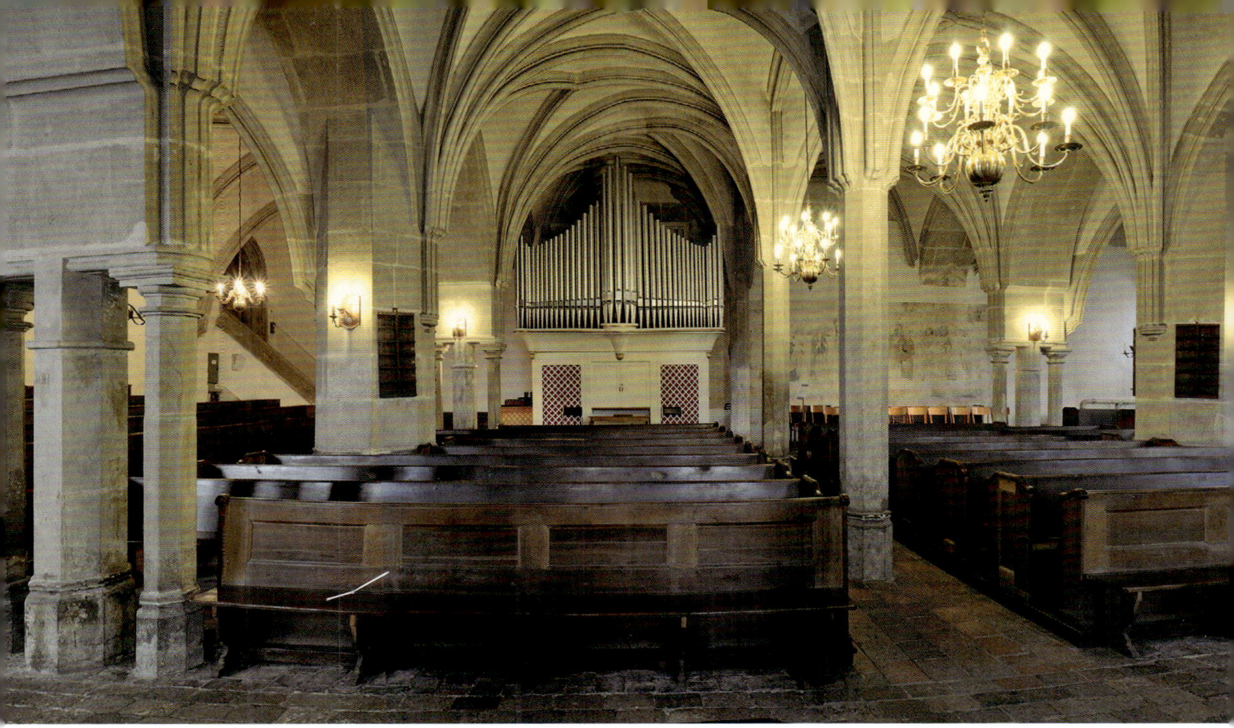

Orgel den Namen gegeben. Unter der Empore steht das Ratsgestühl mit dem von den Personifikationen der Justitia und der Abundantia (Wohlstand) flankierten Ratswappen, geschnitzt um 1700. Mehrere barocke Epitaphien befinden sich im Kirchenraum, hervorzuheben ist vor allem im nördlichen Seitenschiff das für den Stadtschreiber Christian Moller von Mollerstein († 1714), wahrscheinlich von Caspar Gottlob von Rodewitz entworfen. Außerdem sind seit 1960 an den Wänden einige Grabsteine vom Nikolaifriedhof aufgestellt. Das schöne, farbige Glasfenster in der Mitte der Nordwand mit der Darstellung des zwölfjährigen Jesus im Tempel – in einer reichen gotischen Architekturrahmung – wurde 1893 gestiftet. Am Westende des nördlichen Seitenschiffs öffnet sich hinter einem 1617 geschaffenen Kunstschmiedegitter die Taufkapelle. Das Bronzetaufbecken aus dem 14. Jahrhundert wurde nach Ende des Zweiten Weltkriegs von seinem Auslagerungsort ins Nationalmuseum in Warschau verbracht und ist jetzt durch eine hölzerne, dörfliche Taufe aus dem 17. Jahrhundert ersetzt. Ebenso erging es den Schnitzfiguren von Petrus und Paulus, die ehemals in Nischen der südwestlichen Vorhalle standen. Eine Anzahl weiterer bedeutender Ausstattungsstücke der Peterskirche befinden sich als Deposita im Kulturhistorischen Museum der Stadt.

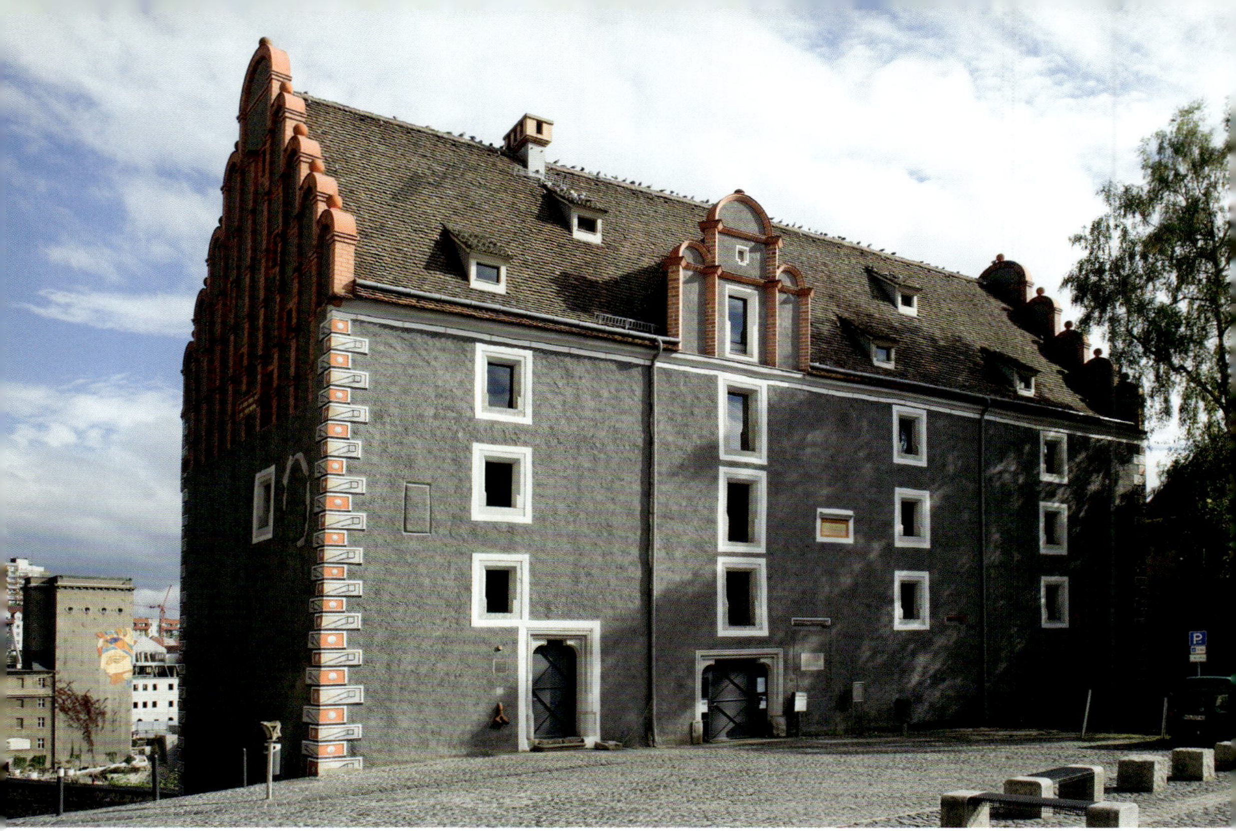

Das Waidhaus · ältestes profanes
Steingebäude der Stadt

Georgenkapelle

Die Unterkirche bildete den konstruktiven Unterbau für den Chor der Peterskirche und diente gleichzeitig als geweihte Kapelle. Aufgrund der ungewöhnlichen Raumform und der dichten Gewölbestruktur wirkt sie höchst eindrucksvoll. Die drei Apsiden entsprechen denen im darüberliegenden Chor, jedoch ist in der Mitte eine vierte Pfeilerreihe eingefügt, woraus sich eine vierschiffige Halle ergibt. An der Westwand wird der Spitzbogenfries des Ostabschlusses des Chores aus dem 14. Jahrhundert sichtbar. Die inneren Schiffe sind von Springgewölben, die äußeren von Netzgewölben überdeckt. Die dreigliedrigen Pfeiler, die im Wechsel mit den oktogonalen stehen, stammen von dem damaligen Stadtwerkmeister Jonas Roskopf (um 1550 – 1603), dessen Initialen IR 1590 am südöstlichen Pfeiler stehen. Das Kapitell des Pfeilers vor der Hauptapsis zeigt einen humorvollen Fries mit Tieren und einem Henkersknecht, die sich beißend verfolgen. Möglicherweise handelt es sich um eine sinnbildliche Darstellung der Todsünden. Die sehr verblasste Wandmalerei an der Westwand, die Christus und die Apostel zeigt, stammt aus der Zeit um 1515.

Nahe der Peterskirche stehen zwei Gebäude, die wegen ihrer Bedeutung für die Görlitzer Geschichte von Interesse sind, deren Baugestalt allerdings durch zahlreiche Umbauten im Laufe der Jahrhunderte stark verändert wurde.

2 Waidhaus

Das Waidhaus (Bei der Peterskirche 8), das älteste profane Steingebäude der Stadt, war ursprünglich ein adeliger Freihof mit einem Geschlechterturm, der 1426 niedergelegt wurde. Vorübergehend diente das Haus als Wohnung für Bürgermeister und Richter sowie als Lateinschule, während des Neubaus der Peterskirche auch als Bauhütte.

Nach einem Brand 1479 wurde es wiederaufgebaut, 1529 dann umgebaut und erhöht und diente nun als Stapelhaus für Waid, seit 1728 auch als Speicher für das königliche Steuergetreide, daher auch Renthaus genannt. An der Wand im inneren Erdgeschoss haben sich Rötelzeichnungen erhalten, die von Händlern stammen, die das Waidhaus als Warenniederlage nutzten.

Im 19. und 20. Jahrhundert wurde es mehrfach umgebaut, die Backsteingiebel im Stil der mitteldeutschen Renaissance wurden 1930 aufgesetzt.

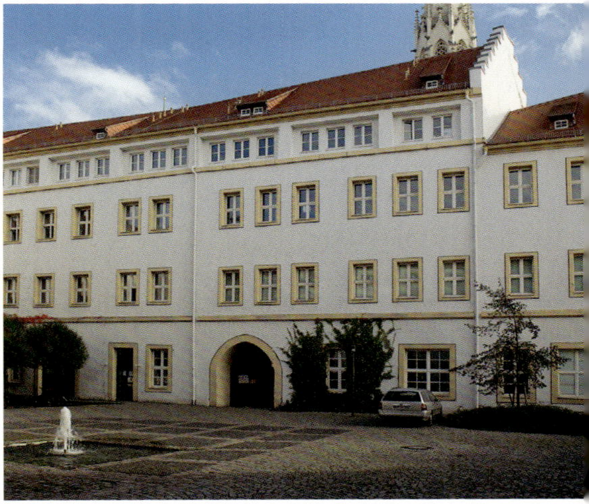

Studentenwohnheim auf dem Gelände des alten Vogtshofs

3 Vogtshof

Seit 1268 befand sich auf dem heutigen Grundstück Bei der Peterskirche 6 und 7 der Vogtshof. Der »Foteshof« war Sitz des für den ganzen Görlitzer Landesteil zuständigen Landvogts, also des obersten Verwaltungsbeamten. In den Stadtansichten des 16. Jahrhunderts ist er als Anlage um einen großen geschlossenen Hof mit herausragendem Haupthaus im Ostflügel dargestellt. Das hier von 1826 bis 1830 entstandene Gebäude der preußischen Garnisonskaserne und des Gefängnisses wurde zwischen 1965 und 1975 zum Studentenheim umgebaut. Der viergeschossige Komplex um einen quadratischen Hof ist architektonisch wenig interessant.

Görlitzer Hallenhaus

DIE MITTELALTERLICHE HAUSARCHITEKTUR

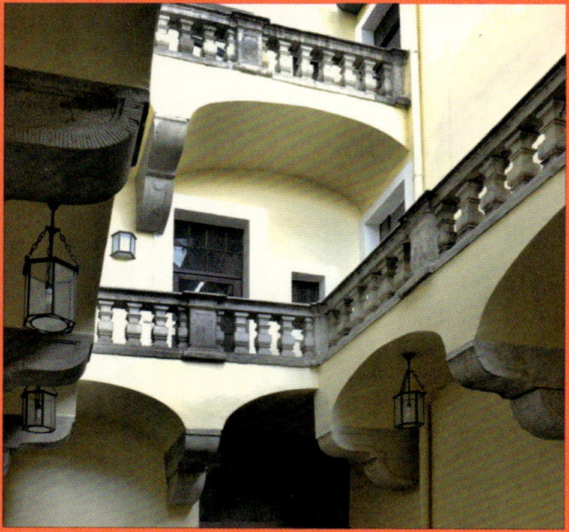

Peterstraße 4 · Innenhof mit Loggien

Die mittelalterlichen Wohnhäuser waren Fachwerkhäuser. Im Laufe der Zeit wurden sie größer und solider: Viele bekamen steinerne Kemenaten – heizbare Räume neben dem Haus – und steinerne Erdgeschosse. Neben den Fachwerkhäusern gab es die steinernen Freihöfe und Wohntürme (»Bergfriede«), die aber bis auf umgebaute Reste völlig aus dem Stadtbild verschwunden sind.

Im 15. Jahrhundert entwickelte sich der Typus des Görlitzer Hallenhauses als Wohn- und Geschäftshaus der Großkaufleute. Bauherren waren die reichen Tuchhändler, von denen die meisten auch das wirtschaftlich wichtige, weil sehr lukrative Braurecht besaßen. Sie bildeten das Patriziat – die führenden Familien, aus denen sich die Ratsmitglieder und die Bürgermeister rekrutierten.

Letztlich geht der Typus des Hallenhauses auf eine einfache bauliche Struktur zurück: auf das Ensemble von Vorderhaus und Hinterhaus mit einem dazwischenliegenden Hof, das auf einem relativ schmalen, aber tiefen Grundstück steht. Dies verschmolz zu einer Einheit.

Etwa 30 Hallenhäuser haben sich bis heute in Görlitz erhalten, die allerdings keine einheitliche Bauform aufweisen. Gemeinsam ist allen die auf halber Höhe und durch mehrere Geschosse reichende, Vorder- und Hinterhaus verbindende Treppenlichthalle. Die räumliche Struktur sieht zumeist so aus: An der Straßenseite führt der seitlich gelegene Eingang in eine große, gewölbte vordere Erdgeschosshalle, in der der Verkauf von Handelswaren und der Bierausschank stattfand. In der Achse des Eingangs führt ein oft abschüssiger Gang weiter unter dem Rückgebäude in den Hof, wo sich Wirtschaftsgebäude und Stallungen befanden. Eingang und Durchgang sind oft für größere Wagen nicht breit genug. Die Anlieferung geschah dann von der rückseitigen Gasse her. In der diagonal gelegenen, hinteren Ecke der Eingangshalle steigt eine Treppe auf zu der großen, gewölbten Treppenlichthalle, durch die meist alle wichtigen Räume des Hauses erschlossen werden. Sie öffnet sich – um ein Geschoss erhoben – zwischen den oberen Stockwerken des Vorder- und Rückgebäudes.

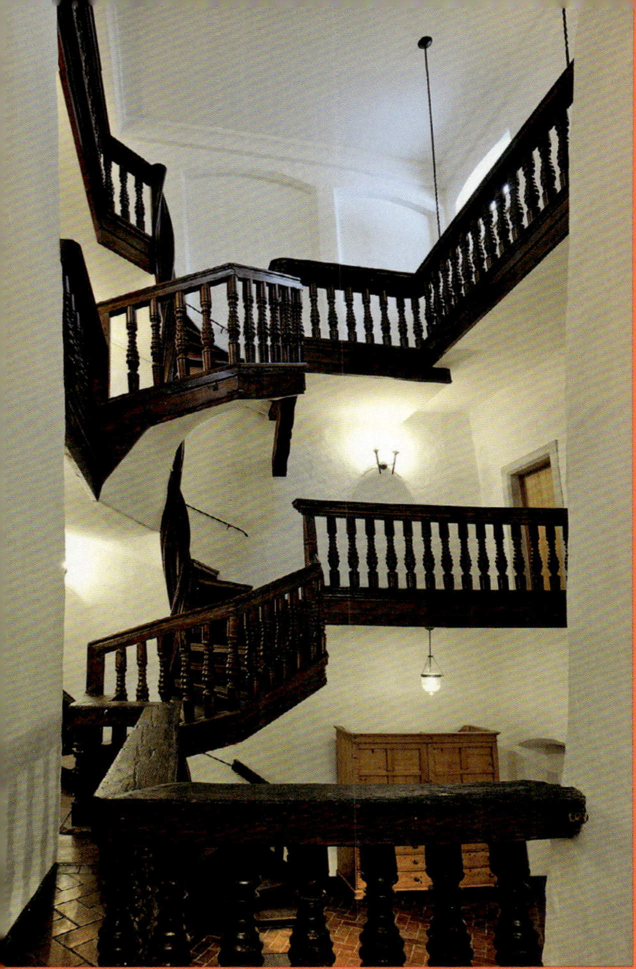

Peterstraße 14 · zentrale Halle
mit Treppen und Galerien

Durch emporenartige Rampen sind hier die straßenseitigen mit den hofseitigen Räumen verbunden. Die obersten Geschosse sind durch eine in die Ecke der Halle eingestellte Treppe zu erreichen. Die hohe Treppenlichthalle war nicht nur repräsentativer Verkehrsraum, sie wurde wohl auch zur Vorführung von Tuchen benutzt. Im Rückgebäude befindet sich im ersten Obergeschoss ein flach gedeckter großer Wohnraum mit Kamin. Von den Grundmauern bis über das Dach ragt eine Esse, die auch den Rauchfang der »Schwarzen (d. h. fensterlosen) Küche« aufnimmt. Die Dachräume dienten als Speicher. In den mehrgeschossigen gewölbten Kellern des Rückgebäudes befanden sich die Bierlager und andere Lagerräume.

Die Herausbildung des Typus des Hallenhauses war bis um 1500 abgeschlossen, doch gab es eine Weiterentwicklung mit unterschiedlichen Varianten, vor allem, was die Lage, Größe und Ausstattung der Räume beiderseits der zentralen Halle betrifft. Der wichtigste Raum blieb der von der Halle aus zugängliche Saal im Obergeschoss des rückwärtigen Gebäudeteils. Er wurde mitunter sehr repräsentativ ausgestattet – mit Kamin und bemalter Holzdecke. Auch der Anspruch der Eingangshalle steigerte sich im Laufe der Zeit. Anfänglich flach gedeckt, wurde er bald mit Gewölben – oft sehr aufwendig gestalteten Netzgewölben – geschlossen. In manchen der Hallenhäuser, besonders Untermarkt 3, 4 und 5 sowie Peterstraße 14 und Neißstraße 29, haben sich sehr anspruchsvolle Raumformen und Ausstattungen bis heute erhalten.

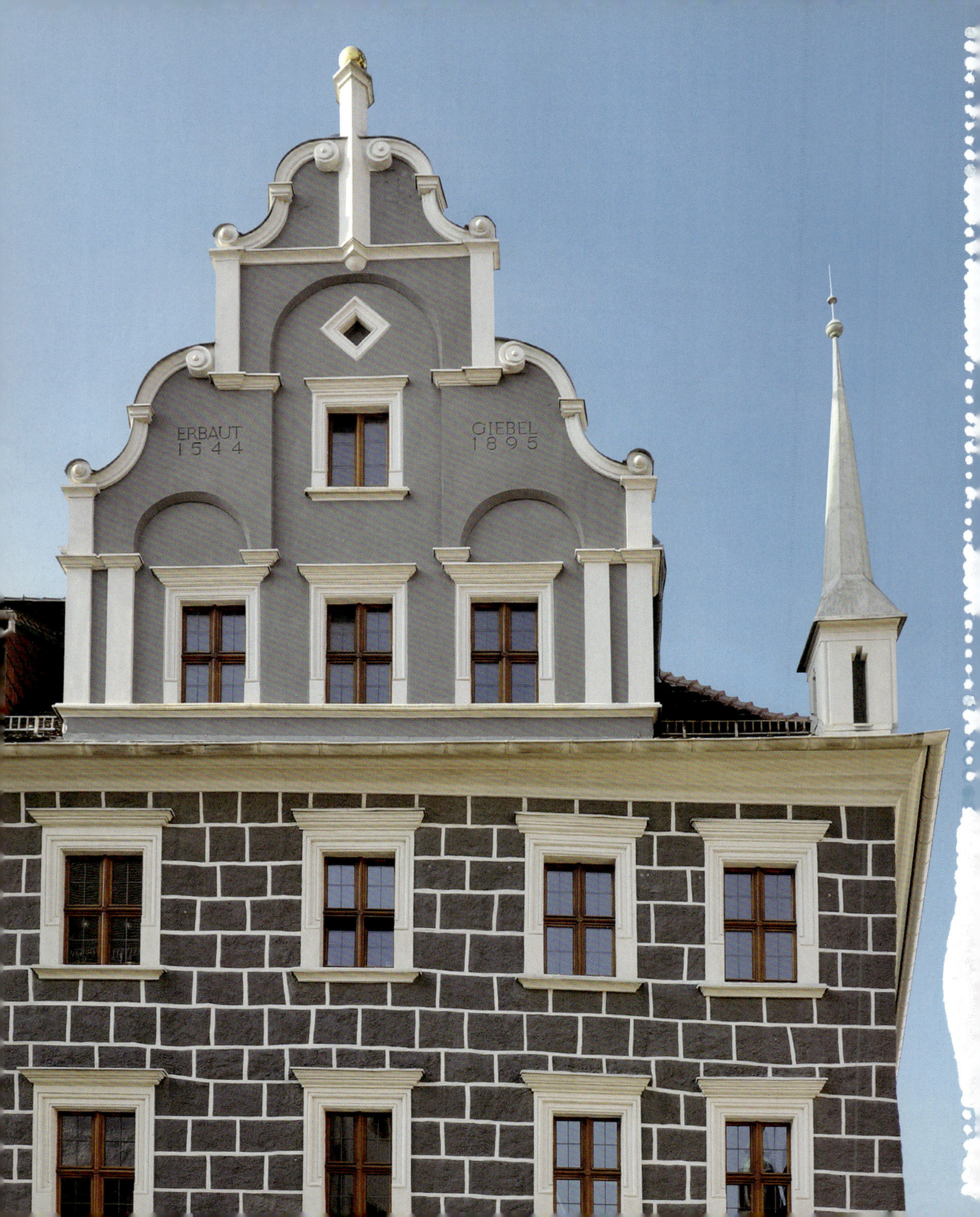
ERBAUT
1544
GIEBEL
1895

Nikolaistraße und Peterstraße

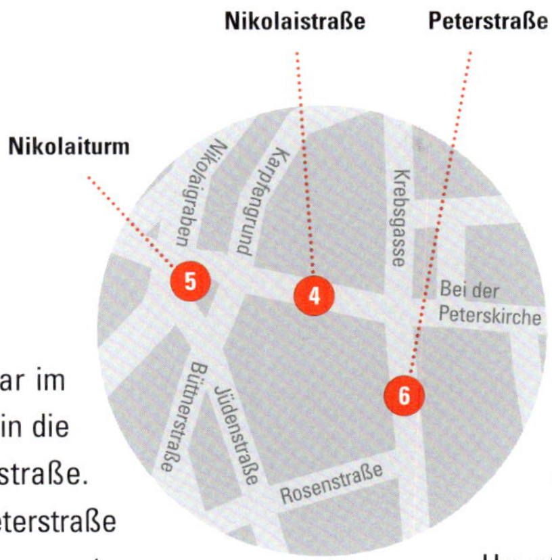

Die **4** **Nikolaistraße** war im Mittelalter die von Norden in die Stadt führende Handelsstraße. Von der Kreuzung mit der Peterstraße hinabblickend, sieht man am unteren Ende der Nikolaistraße den **5** **Nikolaiturm**. Dieser wurde 1348 erstmals erwähnt (der Helm 1565 aufgesetzt) und gehörte zu der 1848 abgebrochenen Toranlage der mittelalterlichen Befestigung. Daneben öffnet sich der Nikolaizwinger, ein Rest der alten, doppelten Stadtmauer. Bemerkenswert ist das Haus **Nikolaistraße 3.** Nach dem Stadtbrand 1717 wurde es mit einer anspruchsvollen Barockfassade wiederaufgebaut und verfügt über einen Mittelrisalit mit Dachhaus und seitliche Kolossalpilaster mit üppigen Kapitellen. Im Inneren findet sich ein Prachtzimmer mit barocker Deckenmalerei (Venus und Amor). Am Haus **Nikolaistraße 10** ist ein prächtiges, 1583 datiertes Sitznischenportal mit den Figuren von Justitia und Fides erhalten.

Die **6** **Peterstraße** ist die alte Hauptstraße zum Markt (Untermarkt) und war selbst Marktstraße. An der Kreuzung von Nikolai- und Peterstraße steht das Renaissancehaus **Peterstraße 7,** am Portal das Datum 1544; die Quaderbemalung der Fassade wurde 1985 nach altem Befund rekonstruiert. Links öffnet sich ein gotischer Ladeneinbau, der zeigt, wie aus den Häusern heraus nach außen verkauft wurde. Der Giebel wurde erst 1893 aufgesetzt.

Das Eckhaus **Peterstraße 8** besteht aus drei älteren Gebäuden. Es wurde 1528 von dem Stadtbaumeister Wendel Roskopf d. Ä. für den Kaufmann und Bürgermeister Franz Schneider erbaut. Die Datierung findet sich rechts am reich gestalteten Sitznischenportal. Nach Brand 1691 wurde es von dem Ratsherrn Georg Neumann wiederhergestellt. Das vornehme Haus diente im 19. Jahrhundert als Tuchfabrik, später als Stadtbibliothek, jetzt ist es Hotel.

links: Peterstraße 7 · Renaissancehaus
mit Quaderbemalung der Fassade (vgl. S. 12)

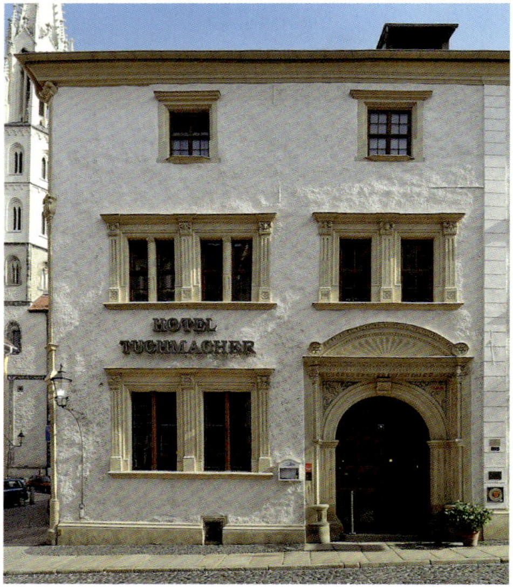

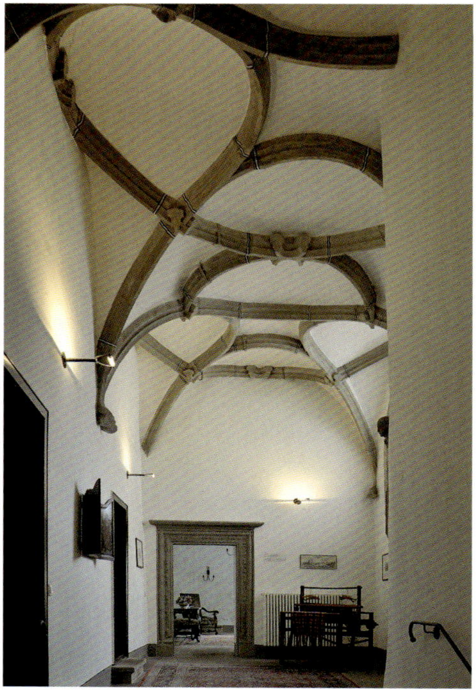

Im Inneren gibt es einen Saal mit bemalter Holzbalkendecke und auf halber Treppe im Durchgangsraum ein kunstvolles Schlingrippengewölbe, wie es sich von Benedikt Ried im Wladislaw-Saal der Prager Burg findet.

Das Haus **Peterstraße 4** gehörte von 1570 bis 1614 dem Humanisten Bartholomäus Scultetus (1540 – 1614). Vor der Latinisierung seines Namens Barthel Schulz genannt, war Scultetus eine der bedeutendsten Persönlichkeiten in der Geschichte der Stadt. Der Magister der Philosophie lehrte am Gymnasium Augustum Mathematik und Astronomie, war Kartograf und Geschichtsschreiber. Er beschäftigte sich mit den Methoden zu einer exakteren Zeitmessung. Ihm ist die Einführung des Gregorianischen Kalenders 1583 in Böhmen und der Oberlausitz zu verdanken. Seit 1578 war er Ratsherr, Stadtkämmerer, Stadtrichter und bekleidete sechs Mal das Amt des Bürgermeisters. Er hat Listen über alle Pestopfer in Görlitz verfasst, und seine Tagebücher stellen eine wichtige Quelle zur Geschichte, besonders zum politischen Leben der Stadt dar. Sein Haus, das um 1720 barock umgebaut wurde, enthält aus der Zeit Scultetus' noch einen besonders schönen barocken Innenhof mit jüngeren, dreigeschossig versetzten Loggien. Dieser Hof geht wohl auf die frühere Zentralhalle des Hauses zurück.

oben:
Peterstraße 8 · im 19. Jahrhundert Tuchmacherfabrik, heute Hotel

unten:
Peterstraße 8 · kunstvolles Schlingrippengewölbe

An dem Renaissancehaus **Peterstraße 10** mit seiner barockisierten Fassade ist das reiche Sitznischenportal von 1578 bemerkenswert mit den Figuren der Judith und Lucretia – zwei heldenhafte Frauen aus Bibel und antiker Mythologie –, in zeitgenössischer Tracht und mit den sich darüber befindenden Köpfen »Wilder Männer«, dieser seit dem frühen Mittelalter bis in die Neuzeit populären mythischen primitiven Urmenschen. Eindrucksvoll ist die große gewölbte Erdgeschosshalle mit einer korinthischen Säule.

Der Kernbau der **Peterstraße 14** stammt aus dem Ende des 15. Jahrhunderts. Umbauten erfolgten um 1550 bis 1570 und Ende des 17. Jahrhunderts. Die hohe zentrale Halle und die Wendeltreppe wurden in dieser Zeit umgestaltet. Im Schlussstein des Portals findet sich das Wappen der Familie Schön.

Das Gebäude **Peterstraße 16** entstand aus zwei älteren Hallenhäusern, die nach 1717 durch eine schlichte Barockfassade zusammengefasst wurden. Die große dreiteilige Halle im Erdgeschoss aus dem 15. Jahrhundert ist teilweise mit einem raffinierten Springgewölbe gedeckt. Im 1. Obergeschoss befindet sich die große Halle mit zwei Arkadengeschossen.

Eine üppig mit etwas derben kannelierten Säulen ausgestattete Renaissance-Fassade von ca. 1535 zeigt das Haus **Peterstraße 17.**

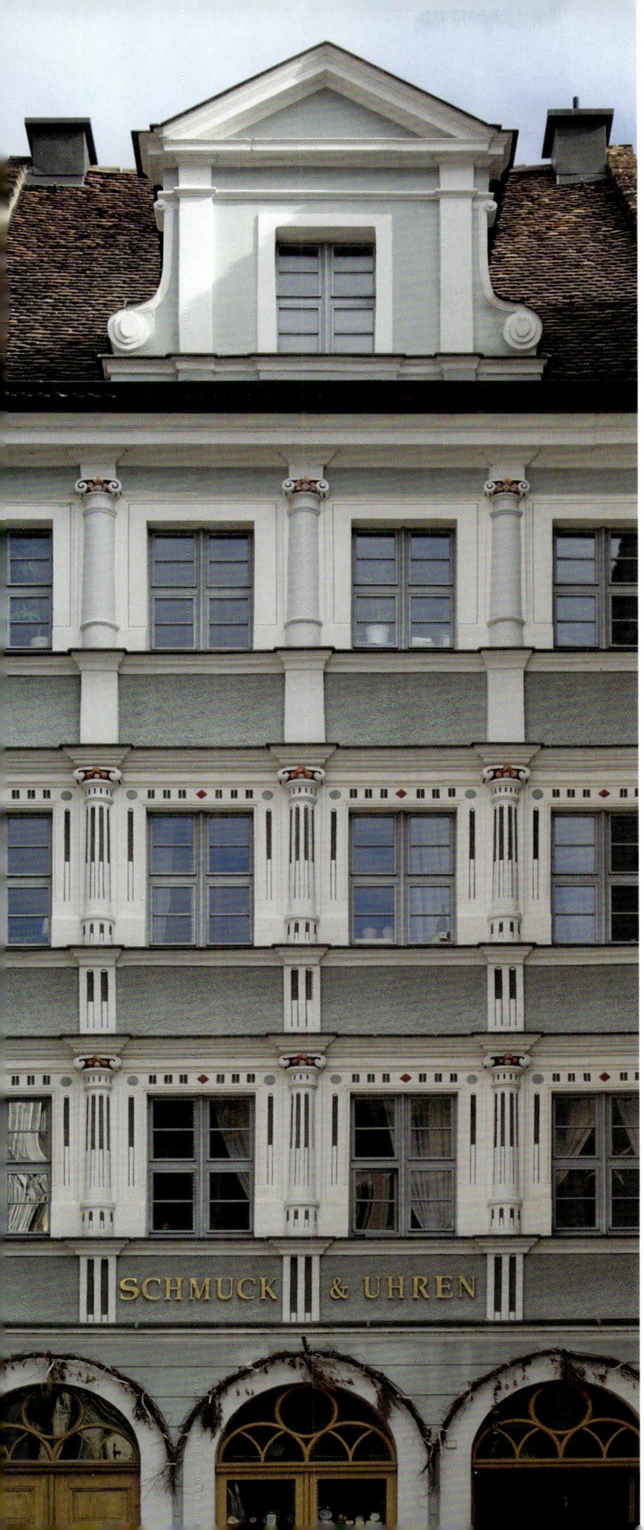

Peterstraße 17 · Renaissance-Fassade
mit gliedernden Halbsäulen

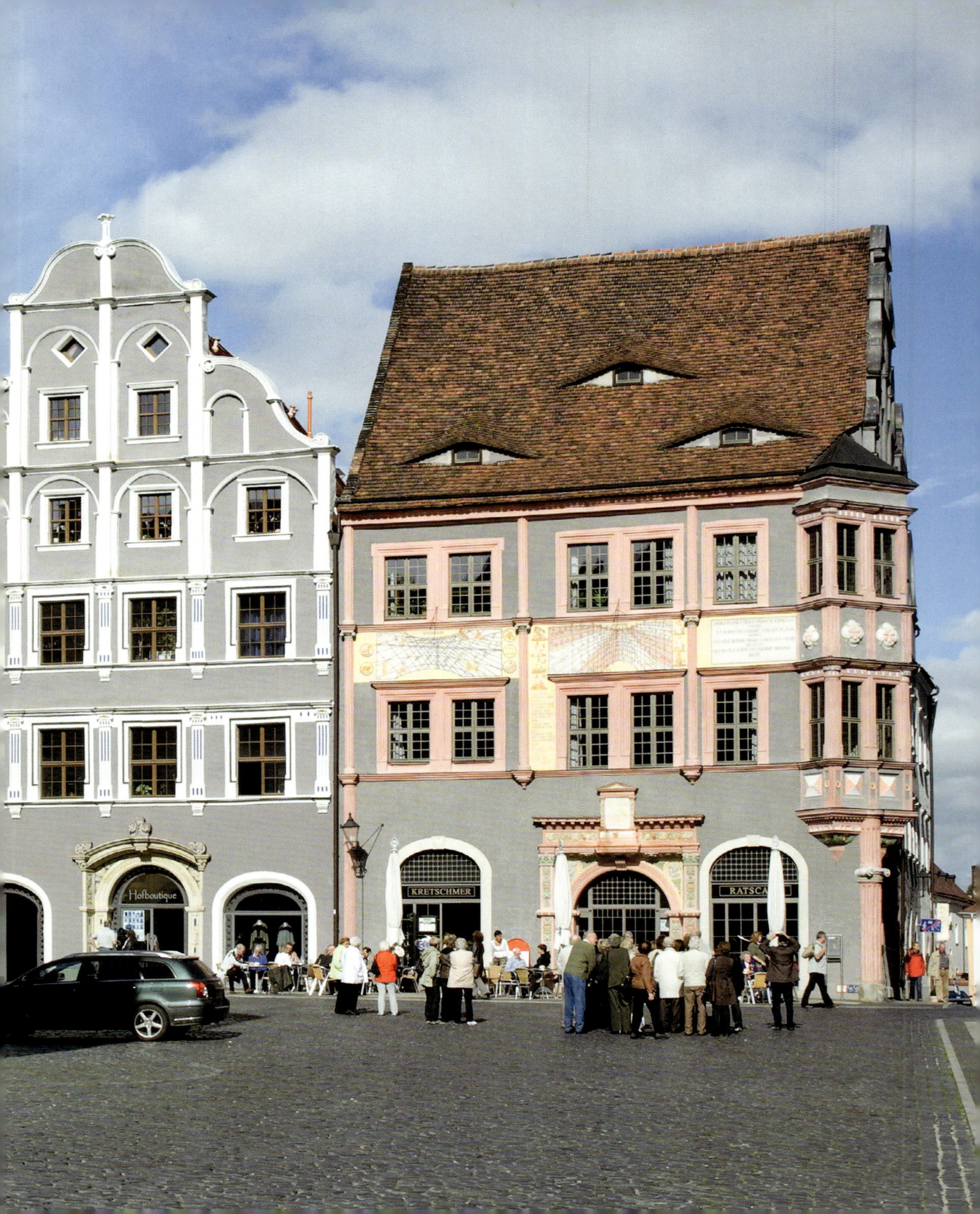
Hofboutique
KRETSCHMER

Untermarkt und Rathaus

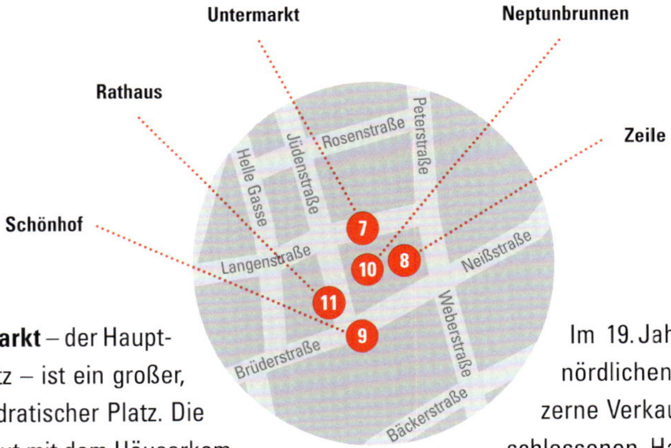

Der 7 **Untermarkt** – der Hauptmarkt von Görlitz – ist ein großer, annähernd quadratischer Platz. Die Mitte ist überbaut mit dem Häuserkomplex der »Zeile«, historisch auch »Mittelzeil« genannt. Ursprünglich befanden sich hier Marktbuden, dazu das Gewandhaus. An den Platzrändern sind, abgesehen von der Nordseite, die Erdgeschosse der Häuser in Lauben geöffnet, die dem offenen Verkauf auf dem Markt dienten. An der Ostseite sind es die »Hirschläuben«, an der Südseite die »Baumläuben« oder »Langen Läuben«, an der Westseite waren es, bevor sie um 1900 für den Erweiterungsbau des Rathauses abgerissen wurden, die »Pilzläuben«. An der Nordseite der »Zeile« befanden sich ebenfalls offene Lauben, die im 18. Jahrhundert durch den barocken Bau des »Neuen Kaufhauses« (Börse) ersetzt wurden.

links: Untermarkt 24 · ehemalige Ratsapotheke, daneben Untermarkt 23

Im 19. Jahrhundert standen am nördlichen Platzrand noch hölzerne Verkaufsstände vor den geschlossenen Hausfronten. Am Untermarkt wohnten die reichsten Kaufleute. Die Bausubstanz der Häuser ist im Kern zum Teil noch gotisch und mindestens aus dem frühen 16. Jahrhundert. Nach den Stadtbränden im 18. Jahrhundert wurden die Giebel an fast allen der Häuser beseitigt. Überragt vom Turm des Rathauses ist der Görlitzer Untermarkt mit seinen abwechslungsreichen Bürgerhäusern auch ästhetisch einer der schönsten historischen Plätze in Deutschland.

Nördlicher Platzrand

Der aufwendig gestaltete, 1550 bis 1552 errichtete Renaissancebau Untermarkt 24 – die **Ratsapotheke** – mit dem zur Peterstraße überleitenden Eckerker wird Wendel Roskopf d. J. zugeschrieben. Die Gliederung der Fassade übernehmen hier Halbsäulen statt der sonst üblichen Pilaster. 1771 wurde das Haus im Erdgeschoss zur (bis dahin im

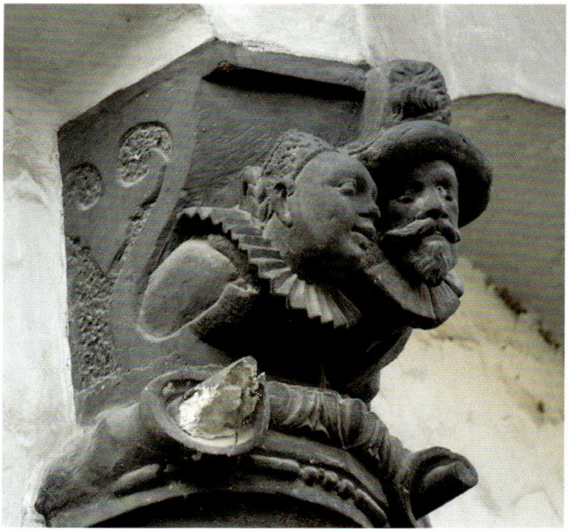

Untermarkt 14 (Stadtwaage) · Porträtköpfe eines Liebespaares

Rathaus befindlichen) Ratsapotheke umgebaut. Das Renaissanceportal von 1558 blieb dabei erhalten. Es wurde neuerdings rekonstruierend wiederhergestellt. Zwischen den Obergeschossen trägt die Fassade eine Sonnenuhr mit astronomischen Malereien und Inschrift, die Zacharias Scultetus, der Bruder des Bartholomäus Scultetus, entwarf.

Über der 1536 datierten Renaissancefassade des Hauses **Untermarkt 23** befindet sich ein geschweifter Giebel – der einzige, der am Untermarkt erhalten blieb. Die Gliederung der vierachsigen Fassade zeigt dasselbe System wie am Schönhof und wird daher auch Wendel Roskopf d. Ä. zugeschrieben. Am Giebel spannen sich zwischen halbrunden Gliedern Blendbogen. Das Erdgeschoss wurde modern umgebaut, das von einem Segmentbogen überwölbte Sitznischenportal der Renaissance 1960 wiederhergestellt.

Das Haus **Untermarkt 22** steht auf ursprünglich zwei Parzellen. Es ist im Kern spätgotisch und wurde mehrfach umgebaut, zuletzt 1726. Das rundbogige, spätgotische Portal mit seinen grotesken Maskenkonsolen ist als »Flüsterbogen« eine populäre Attraktion. Die ehemalige zentrale Halle wurde zu einem Lichthof umgebaut.

Gegenüber steht – in der Mitte des Platzes – die **8** **Zeile** (Untermarkt 9–16). Hier befand sich bis zur Mitte des 14. Jahrhunderts die Tuchhalle, die auch Tagungsort des Rates war, bevor das heutige Rathaus an der Westseite des Platzes entstand. 1346 baute der Rat an der Stelle der Tuchhalle 18 »Cramen« (Marktbuden), die vermietet, seit dem 15. Jahrhundert aber allmählich durch feste Häuser ersetzt wurden. In der Mitte verlief eine Gasse, von der aus die Häuser der südlichen Reihe zugänglich waren. Hier befanden sich die Verkaufsstände der »Reichkramer«, die hochwertige und Luxuswaren verkauften. Am östlichen Ende der »Zeile« steht die ehemalige **Stadtwaage** (Untermarkt 14): Hier befanden sich die geeichten Waagen, Gewichte und Maße, mit denen Waren gewogen und gemessen wurden. 1384 hatte die Stadt das Waage-Privileg von Herzog Johann erhalten. Das ursprünglich freistehende, dreiseitig endende Gebäude wurde wohl 1453 erbaut. 1599/1600 erfolgte ein Umbau durch den damaligen Stadtbaumeister Jonas Roskopf. Dabei wurde der spätgotische Bau, dessen vermauerte spitzbogige Eingänge noch sichtbar sind, mit einer umlaufenden Reihe vorgestellter Säulen mit Segmentbögen umgeben, auf denen drei Obergeschosse ruhen. Über den ionischen Kapitellen sieht man Porträtköpfe, darunter den des Baumeisters Jonas Roskopf mit Zirkel,

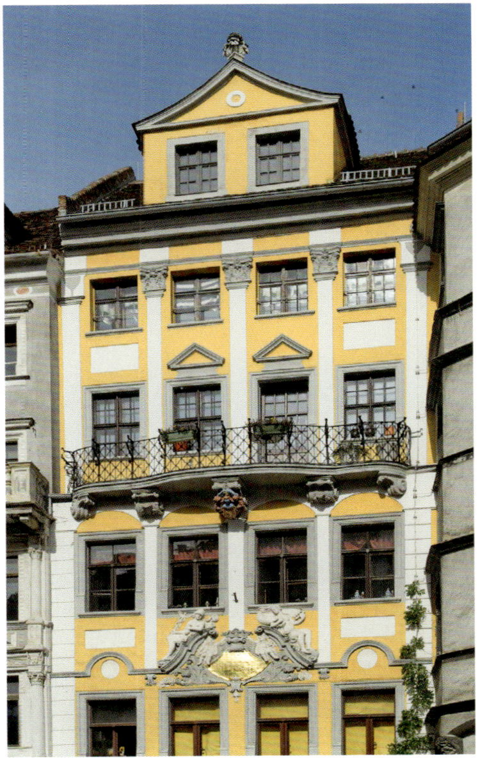

Untermarkt 13 · barockisierte Fassade

des Maurermeisters Elias Ebermann mit Kelle und des Waagemeisters Andreas Alert mit einem Gewicht, außerdem die Köpfe eines Ratsherrn, eines Narren und eines Liebespaars. Das Haus neben der Waage, **Untermarkt 13,** ist ein Renaissancebau aus der Mitte des 16. Jahrhunderts, dessen Fassade bei einem Umbau 1722 barockisiert und erhöht wurde. Im Inneren gibt es eine teilweise freigelegte, bemalte Holzbalkendecke. Im Norden der »Zeile« wurde an Stelle der alten hölzernen Lauben der Kleinkrämer für den täglichen Bedarf (»Pudritzen«) 1706 das »Neue Kaufhaus« (Börse, **Untermarkt 16)** als schlichter, langgestreckter, palaisartiger Barockbau mit übergiebeltem, flachem Mittelrisalit errichtet. Hier hielten die Kaufleute wöchentlich Konvente ab. Das reiche Barockportal wurde 1714 von dem Bildhauer Caspar Gottlob von Rodewitz geschaffen. Die Kartusche, datiert 1784, ist mit den allegorischen Figuren von Gerechtigkeit und Klugheit besetzt. 1784 wurde das Gebäude Sitz der Milichschen Bibliothek (eine Bibliothek, die der Schweidnitzer Advokat Johann Gottlieb Milich stiftete und die heute im Kulturhistorischen Museum aufbewahrt wird); 1822 bis 1865 diente es als Gericht. Heute ist es ein Hotel.

Östlicher Platzrand

Hier stehen zwei lange, traufständige Häuser. Über den Arkaden, den »Hirschläuben« (früher auch »Kürschnerläuben« genannt), erheben sich zwei Obergeschosse. Das Haus **Untermarkt 25** steht auf zwei mittelalterlichen Parzellen, wurde nach 1525 umgebaut. Im Inneren befindet sich eine große Treppenhalle und im rückseitigen Gebäudeteil ein Renaissancesaal. Das Haus erhielt 1725 bis 1730 eine barocke Fassade mit Kolossalpilastern – ebenso wie das benachbarte Gebäude **Untermarkt 26**, der ehemalige Gasthof »Brauner Hirsch«. An den Gewölben der Arkaden des schon 1403 erwähnten Hauses finden sich die Jahreszahlen 1486 und 1539. Der »Braune Hirsch« diente auch als Wohn- und Gästehaus des Rates und war im 18. und frühen 19. Jahrhundert das Zentrum des Kulturlebens der Stadt. Hier fanden Konzerte und Theateraufführungen statt.

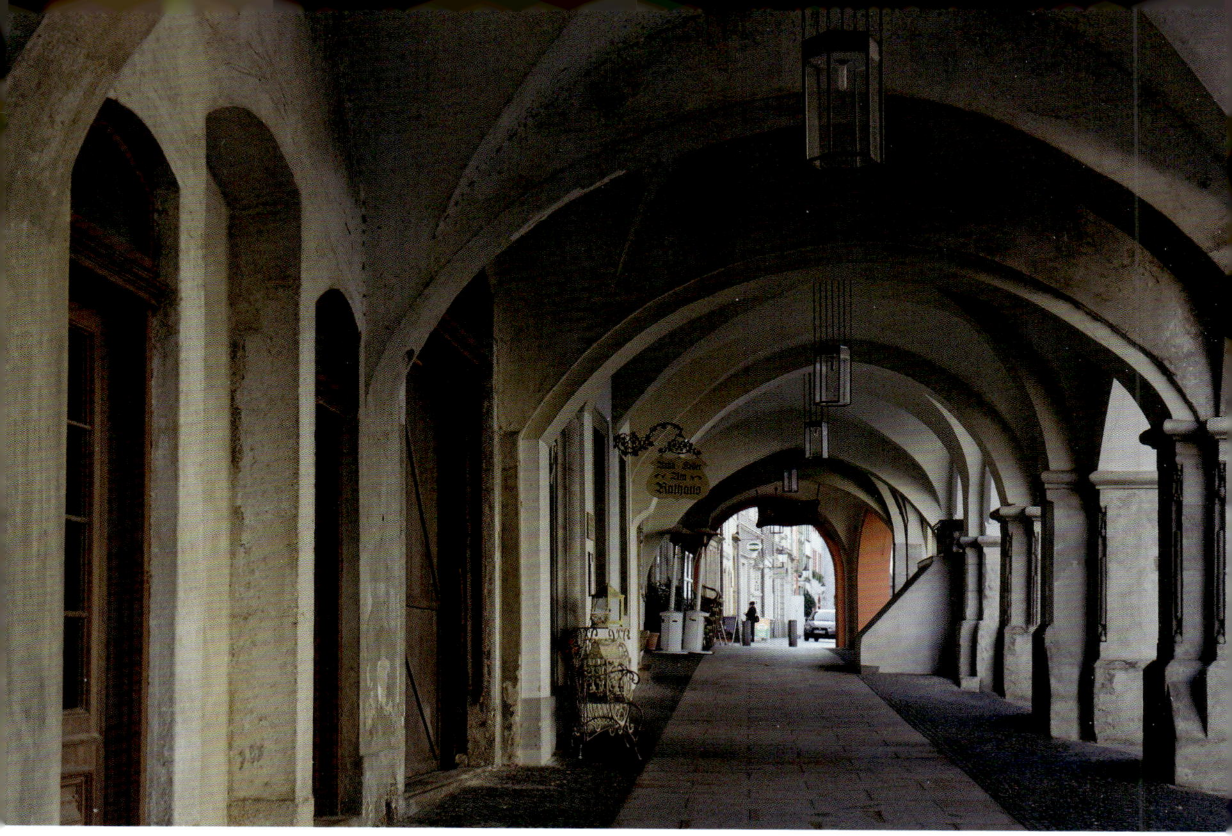

Die »Hirschläuben« · östlicher Rand des Untermarktes

Südlicher Platzrand

Verbunden durch die Arkaden der »Langen Läuben« stehen hier einige der bedeutendsten historischen Görlitzer Wohnbauten nebeneinander. Es fehlt allerdings das Haus **Untermarkt 1,** das aus dem 15. Jahrhundert stammende Haus des Bürgermeisters und Ratsherrn Georg Emerich (siehe Heiliges Grab). Ein Fassadenaufriss von 1734 zeigt noch, dass es einen prächtigen Renaissance-Doppelgiebel aus der Zeit um 1600 besaß und wohl das schönste Renaissancehaus in Görlitz war. 1853 wurde es für die Verbreiterung der Weberstraße abgerissen und durch einen charakterlosen Neubau ersetzt.

In den Häusern **Untermarkt 2–5** hat sich der Typus des spätgotischen Hallenhauses am eindrucksvollsten erhalten. Über drei Arkadenbogen erhebt sich die zweigeschossige Renaissancefassade des Hauses **Untermarkt 2,** das wohl nach dem Stadtbrand 1525 errichtet wurde. Umbauten fanden 1533 und 1668 statt, die Halle ist stark verändert, im rückwärtigen Obergeschoss ist ein Renaissancesaal erhalten. Wohl um 1500 wurde das Gebäude **Untermarkt 3** von dem Kaufmann Bernhard Berndt erbaut und nach dem Brand 1525 wiederhergestellt, 1716 erhielt es eine barocke Fassade, damals war das Haus im Besitz des Bürgermeisters Ehrenfried Scheffer. Die große, zentrale Erdgeschosshalle mit Renaissancesäule reicht über drei Geschosse und wird von einem Netzgewölbe (datiert 1535) abgeschlossen; in den anderen Räumen sind barocke Stuckdecken erhalten, am oberen Abschnitt der Treppe eine Lampenträgerfigur aus dem 17. Jahrhundert. Der ehemalige Gasthof »Goldener Baum«, **Untermarkt 4,** ist jetzt die Verwaltung des Schlesischen Museums. Die zentrale Halle stammt wohl noch aus dem 15. Jahrhundert und wäre damit die älteste erhaltene in Görlitz. Das Vorderhaus wurde 1538 (vielleicht von Wendel Roskopf d. Ä.) umgebaut. Über den zwei spitzbogigen Arkaden sieht man die typische Fassadengliederung mit schmalen Pilastern zwischen den Fensterpaaren, darüber erhebt sich ein barockes Mansarddach. Das Innere wurde mehrfach umgebaut – vor allem für den Einbau der Gaststätte im 19. Jahrhundert –, dann 1971 bis 1977 restauriert. Dabei hat man ein transloziertes Sitznischenportal eingebaut. Original erhalten ist die spätgotische Zentralhalle mit farbig gefasstem Netzgewölbe. Das Haus **Untermarkt 5** ist das bedeutendste und repräsentativste der spätgotischen Görlitzer Hallenhäuser. Das ältere, schon um 1400 erwähnte Gebäude wurde um 1500 von dem Tuchhändler und Patrizier Hans Frenzel, genannt »der Reiche«, umgebaut. Frenzel (1463–1526) war mit dem Handel von Tuchen und Leder, vor allem in Polen, zu großem Reichtum gekommen.

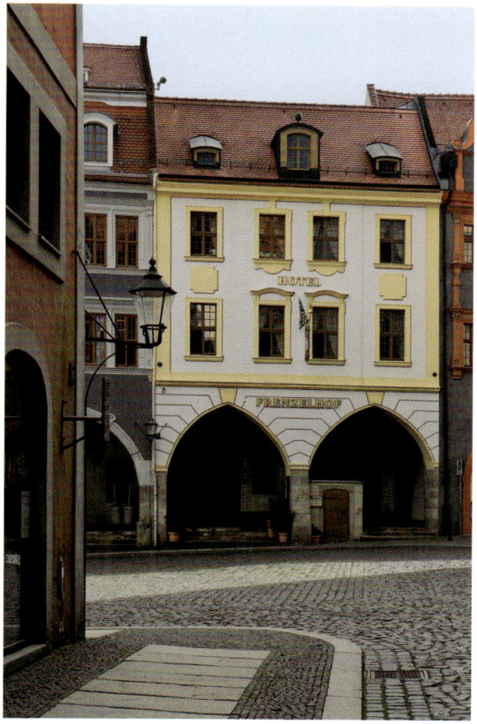

Untermarkt 5 · spätgotisches Hallenhaus mit barocker Fassade

Er betrieb mehrere Tuchmanufakturen und besaß mehrere Häuser in Görlitz. Außerdem gehörten ihm zwölf Dörfer. Er ließ sich eine eigene Kirche, die Annenkapelle, bauen. Das Vorderhaus Untermarkt 5 mit seinen zwei breiten Arkaden hatte ursprünglich nur ein Obergeschoss mit drei hohen Fenstern und einem üppig mit Figuren und ornamental umrankten Fenstern geschmückten Giebel. Bei der Erhöhung um ein zweites Geschoss wurde der Giebel 1790 durch eine schlichte Barockfassade ersetzt.

Schlesisches Museum

DIE MITTE EUROPAS WIEDER-ENTDECKEN

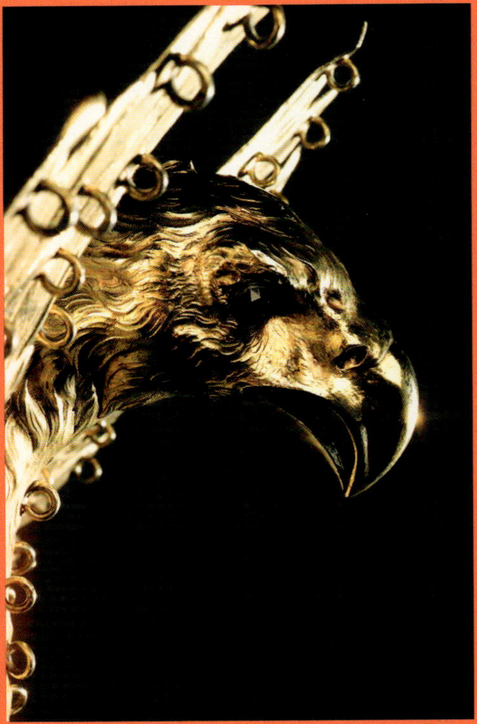

Königsorden der Breslauer Schützenbruderschaft (Detail), 1685

Das 2006 im Schönhof eröffnete Schlesische Museum zu Görlitz will eine Brücke schlagen von der deutschen Vergangenheit Schlesiens in die polnische Gegenwart. Es bemüht sich um enge Kooperation sowohl mit den Einrichtungen und Verbänden der vertriebenen Schlesier in Deutschland als auch mit den Museen und anderen Kulturinstitutionen im polnischen und im tschechischen Schlesien. Träger ist eine Stiftung, zu deren Errichtung sich die Bundesrepublik Deutschland, der Freistaat Sachsen, die Stadt Görlitz und die Landsmannschaft Schlesien zusammengetan haben.

Leitfaden der ständigen Ausstellung ist die wechselvolle politische Geschichte Schlesiens. Daneben bietet sie einen guten Überblick über die vielgestaltige Kulturgeschichte des Landes an der Oder, mit Goldschmiedearbeiten aus Breslau, Prunkglas aus den Hütten des Riesengebirges, Fayencen aus Proskau, Eisenkunstguss aus der Gleiwitzer Hütte, Keramik aus Bunzlau und Porzellanen aus dem Waldenburger Land.

Im Bereich der mittelalterlichen Kunst ragt eine Mondsichelmadonna, um 1420, hervor. Die barocke Periode ist durch einige Arbeiten Michael Willmans repräsentiert. Neben der spätromantischen Landschaftsmalerei des 19. Jahrhunderts ist vor allem die Klassische Moderne gut vertreten, mit Arbeiten von Künstlern aus dem Umkreis der Breslauer Akademie wie Otto Mueller, Oskar Moll und Johannes Molzahn.

Der Schönhof (Brüderstraße 8) · ältestes und wohl schönstes Renaissancehaus von Görlitz

Insgesamt hat das Haus, das sich mit den auf vier Ebenen verschachtelten Räumen weit in die Tiefe erstreckt, eine recht komplizierte Baugeschichte. Das Besondere ist die umfangreich erhaltene Raumausstattung. Im Inneren befinden sich auch die Torsi der einst den Giebel schmückenden spätgotischen Figuren der Madonna und des hl. Johannes. Die Erdgeschosshalle besitzt schöne Maßwerkbrüstungen, hinter der kreuzgratgewölbten Zentralhalle gibt es im Obergeschoss einen Saal mit bemalter Holzbalkendecke. In der sogenannten Schatzkammer, die ehemals wohl eine Hauskapelle war und die mit einem großen, reich gegliederten Maßwerkfenster zur Rückseite geöffnet ist, hat sich die prachtvolle, um 1515 entstandene Ausmalung erhalten. Sie zeigt ein marianisches Programm: die Anbetung der Könige vor einer Landschaft, dekorative Darstellungen kostbarer Tücher, Gefäße, Blumen und Früchte, hinten im Raum die Madonna auf der Mondsichel, an der Seitenwand die Heilige Sippe und Darstellungen der hll. Onophrius, Christophorus und Hieronymus. Diese Darstellungen werden von dem hier wohl erst im 18. Jahrhundert eingezogenen Gewölbe überschnitten.

Der 9 **Schönhof** (Brüderstraße 8) beherbergt das 2006 eröffnete Schlesische Museum zu Görlitz. Ursprünglich stand hier der »Rote Hof«, wo – im Wechsel mit anderen Häusern der Stadt – die böhmische Landesherrschaft Herberge nahm, wenn sie zur Wahrnehmung ihres Amtes als oberste gerichtliche Instanz in der Stadt weilte.

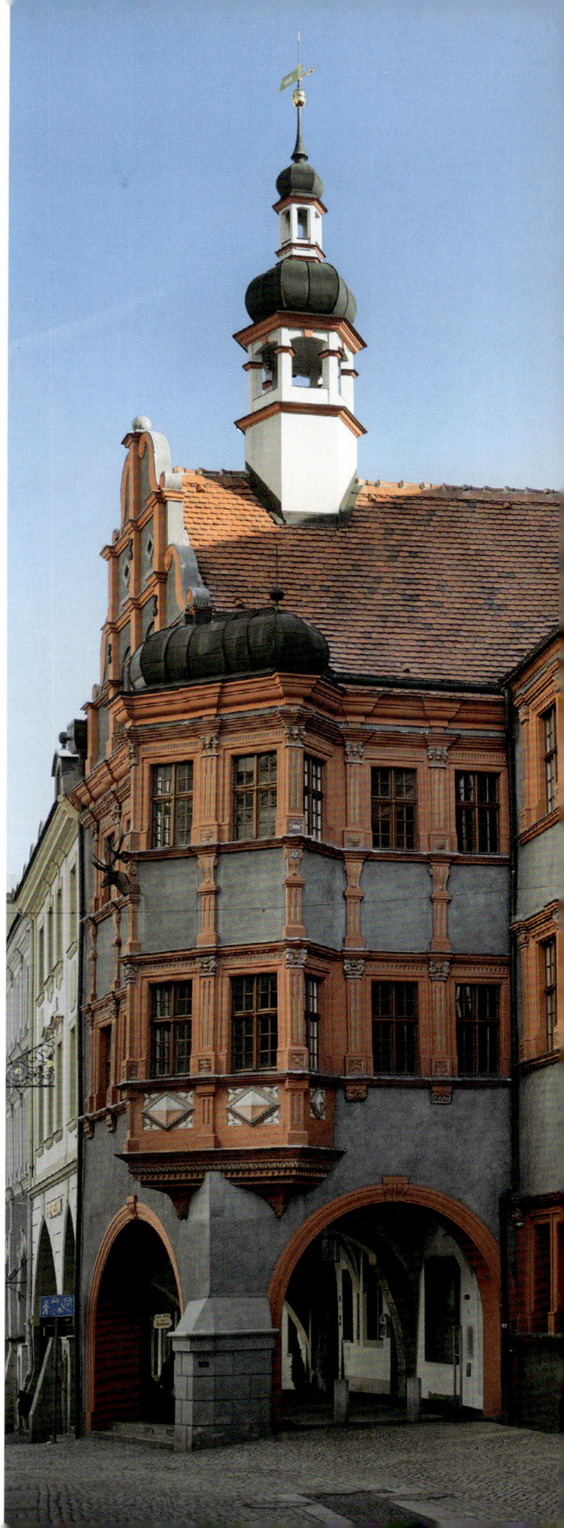

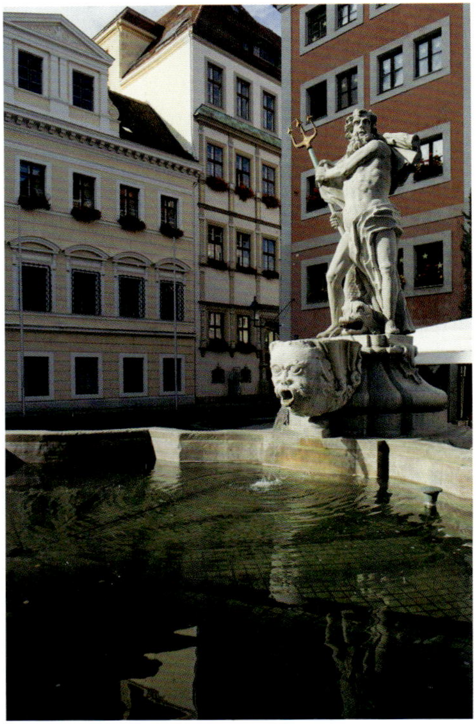

Neptunbrunnen · von Johann Georg Mattausch

Nach dem Stadtbrand 1525 wurde der Schönhof – ein Brauhof, der sich mehrfach in Besitz von Görlitzer Bürgermeistern befand – aus drei älteren Häusern durch den Stadtbaumeister Wendel Roskopf d.Ä. neu errichtet. Er gilt als ältestes und schönstes Renaissancehaus in Görlitz. Der von der südlichen Flucht des Untermarkts und der offenen Laube zur Brüderstraße eingewinkelte Bau wendet sich mit einem zweigeschossigen Eckerker zum Rathaus. 1716 wurden der zum Untermarkt gerichtete Giebel und das Türmchen auf dem Dach beseitigt, in den 1990er Jahren rekonstruiert. Die reiche Fassadendekoration zeigt das typische, von Wendel Roskopf eingeführte Gitterwerk von schmalen Pilastern und Gesimsen. Das Sitznischenportal ist 1617 datiert. Eine aufwendige Restaurierung in den Jahren 1999 bis 2005 hat im Inneren des Schönhofs die Raumgestalt des 16. und 17. Jahrhunderts mit ihren geräumigen Dielen, Festsälen und privaten Gemächern wiedererstehen lassen. In zwölf Räumen haben sich Wandmalereien und Holzdecken der frühen Neuzeit erhalten, über weite Partien versehen mit den Farbfassungen der Renaissance und des Barock. Gemalte Friese unter den Decken und illusionistische Architekturmalerei an einigen Türöffnungen lassen ein komplexes Dekorationssystem erkennen. In den meisten Räumen überdauerte der kellengeglättete Putz der Renaissance.

Auf der Platzfläche zwischen den »Langen Lauben« und der »Zeile« steht seit 1756 der von Johann Georg Mattausch geschaffene 10 **Neptunbrunnen.** Neptun, der Gott des Wassers, war seit dem 16. Jahrhundert ein beliebtes Thema für repräsentative städtische Brunnen. Die künstlerische Qualität des Görlitzer Exemplars wurde allerdings von den Zeitgenossen ziemlich kritisiert.

Zuvor hatte auf dem Untermarkt an anderer Stelle der »Tugendbrunnen« aus dem 16. Jahrhundert von Wendel Roskopf d. J. gestanden; er war im 17. Jahrhundert beseitigt worden.

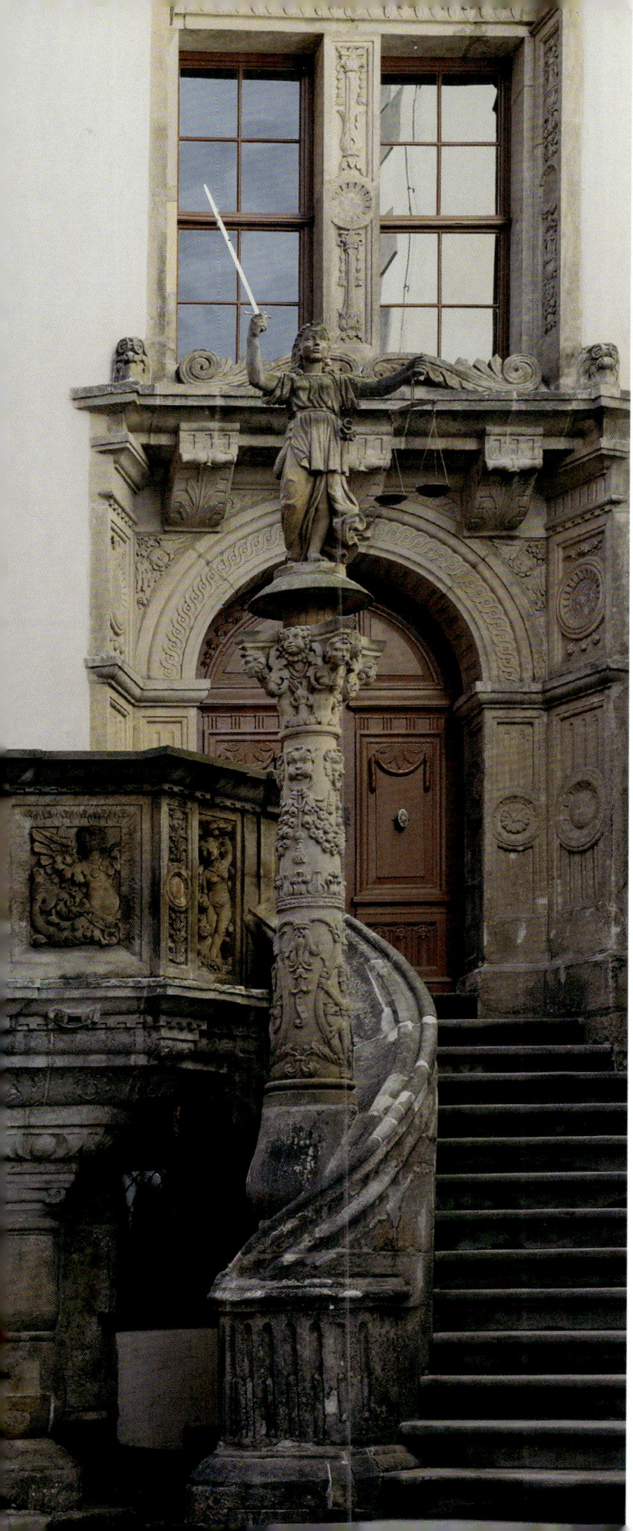

Das 11 **Görlitzer Rathaus** ist eine vielteilig zusammengesetzte Gruppe von Bauten aus verschiedenen Entstehungszeiten, die entlang der Westseite des Untermarkts und am Beginn der Brüderstraße stehen. Sein hoher Turm bildet einen der bestimmenden Akzente der Görlitzer Stadtsilhouette. Der Blick vom Untermarkt hinauf zum Rathausturm gehört zu den schönsten historischen Stadtbildern in Deutschland.

1369 wird zum ersten Mal ein Rathaus an dieser Stelle erwähnt. Der älteste Teil ist der rechteckige Trakt **Untermarkt 6** mit dem seitlich stehenden hohen Turm. Hier befand sich vorher vielleicht ein Freihof, auf dessen Geschlechterturm der Rathausturm zurückgeht. Dem eckigen Unterbau wurde 1511 bis 1516 von dem Stadtwerkmeister Alfred Stieglitzer das schlanke Oktogon aufgesetzt, die geschweifte Haube ist barock. Es handelt sich um die charakteristische Helmform schlesischer Rathaustürme. Die Turmuhr mit zwei Zifferblättern von 1524 wurde 1584 von Bartholomäus Scultetus umgebaut. In der Mitte des unteren Zifferblattes sieht man einen Kriegerkopf, der zu jeder vollen Stunde mit glühenden Augen die Zunge herausstreckt. Das obere Zifferblatt ist eine Mondphasenuhr des Lunarkalenders. Das an den Turm anschließende Gebäude stammt in der baulichen Substanz aus dem 14. und 15. Jahrhundert mit späterer Fassadengestaltung. Um 1380 wurde der Gerichtsflügel mit dem Ratssaal angebaut **(Brüderstraße 7)**. Seine Front zur Brüderstraße erhielt im 19. Jahrhundert eine neue Fassadengestaltung.

Rathaustreppe und Kanzel · eines der Hauptwerke der deutschen Renaissance

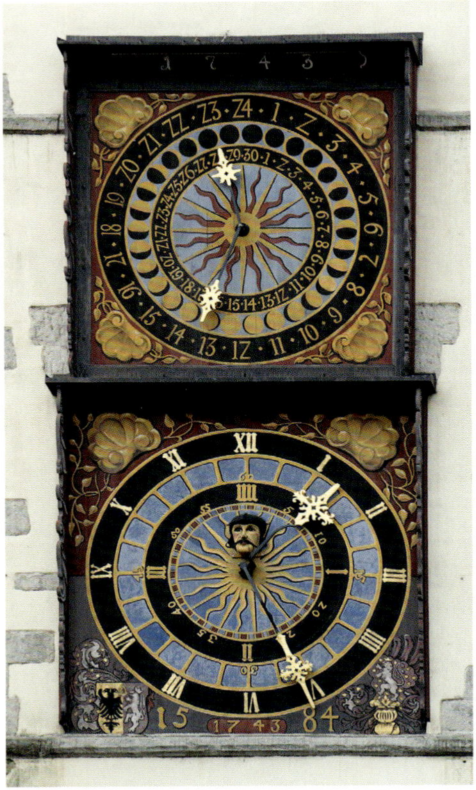

Rathaus · die beiden Turmuhren

rechts: historistische Rathausfassade mit den Wappen der Städte, die im Sechsstädtebund zusammengeschlossen waren

Im Winkel zwischen den beiden Trakten befindet sich der berühmteste Teil des Görlitzer Rathauses, die malerisch-prachtvolle Komposition der Freitreppe, der Verkündigungskanzel und des Eingangsportals des Gerichtsflügels. Die Treppe steigt in geschwungenem Lauf, vorbei an der spätgotischen Pforte in den Turm, zu einer Plattform vor dem Portal und der Kanzel auf. Von der Kanzel wurden dem wartenden Volk Ratsbeschlüsse und Gerichtsurteile verkündet. Am Anfang der Treppe erhebt sich eine wie ein großer Kandelaber geformte Säule, auf deren Kapitell die Justitia mit erhobenem Richtschwert und der Waage der Gerechtigkeit in den Händen steht. Die Kanzel trägt das Datum 1537 und wurde wohl von Wendel Roskopf d. Ä. entworfen, ihre humorvollen Reliefs (geflügelte Fischweibchen, Eva mit der Schlange, am Treppengeländer herabrutschende Putti, an der Säule Sirenen und Löwenköpfe mit Ringen) stammen von dem Bildhauer Andreas Walter I., die Statue der Justitia entstand 1591. Alle Skulpturen sind jetzt Kopien aus dem Jahr 1951, die beschädigten Originale befinden sich im Inneren dieses Rathausflügels hinter dem Portal, das Original der Justitia ging im Krieg verloren. Über der Treppenanlage am Turm ist das 1488 datierte Wappen des Matthias Corvinus (1443 – 1490) angebracht, der König von Ungarn und (1469 – 1490) von Böhmen war. Das Wappen wird auf dem Rücken eines Löwen von einer Jungfrau und einem Ritter gehalten; zwei Engel heben die Königskrone darüber.

Entlang des **Untermarkts** schließt sich der Flügel **Untermarkt 7** an. Hinter einer schlichten Neubarockfassade befand sich die ehemalige Königsstube. Der gewölbte Saal mit frühbarocker Stuckdekoration dient heute als Büro des Oberbürgermeisters und als Trausaal. Das Haus **Untermarkt 8** war das

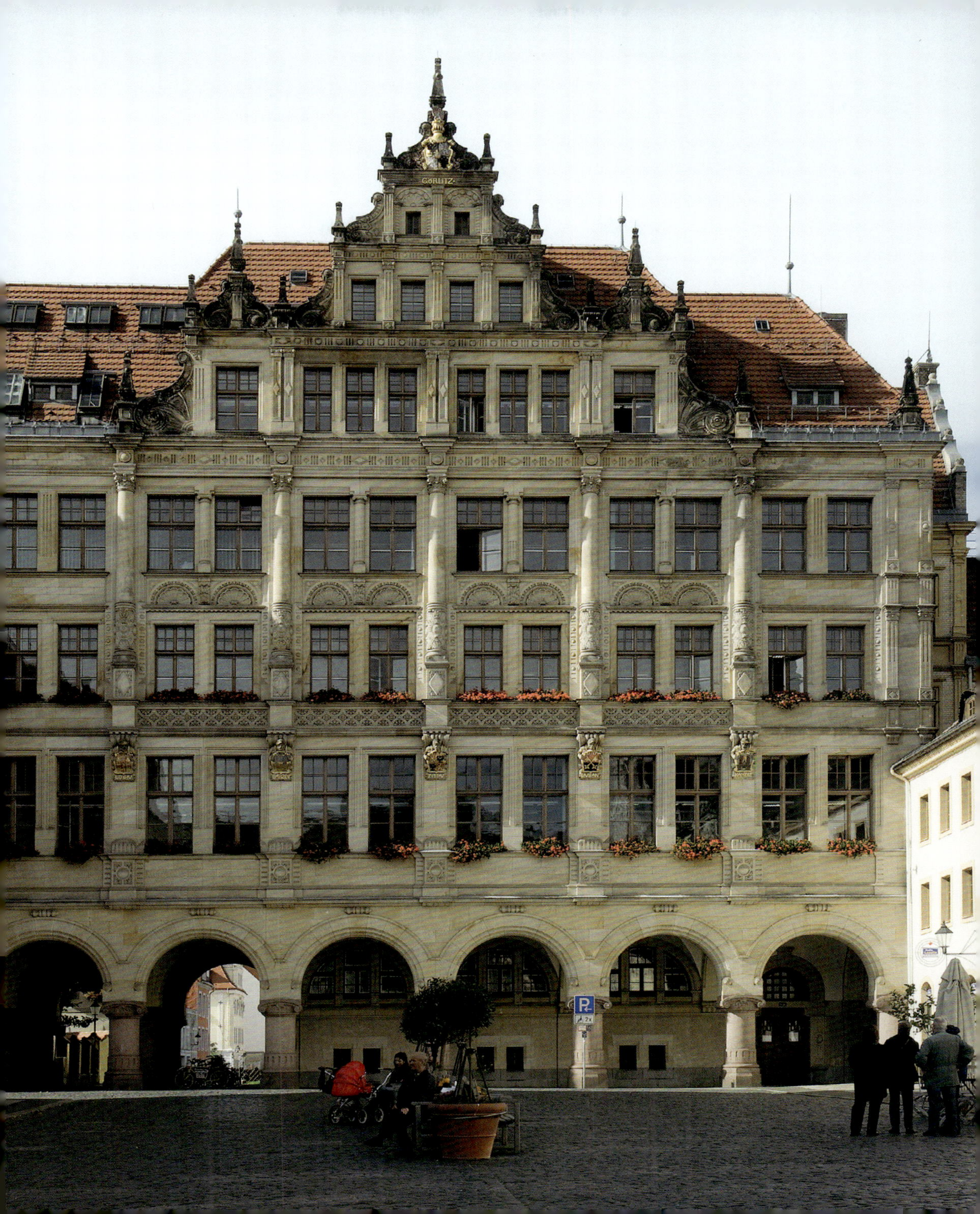
GÖRLITZ

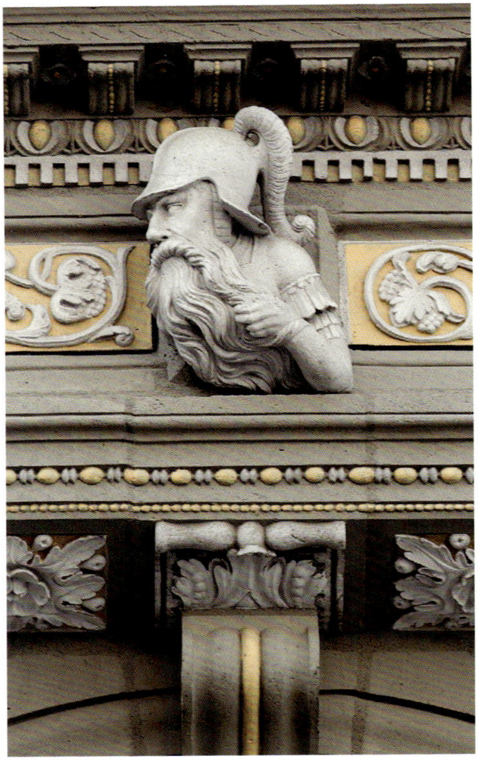

Rathaus · Kriegerkopf am Hauptportal

Münzhaus, jetzt ist es der Eingangstrakt des Rathauses und enthält das Treppenhaus. Die Mitte der in ihrer Höhe im 19. Jahrhundert veränderten Frührenaissancefassade bildet ein besonders schönes Sitznischenportal, geschmückt mit einem behelmten Kriegerkopf und dem Relief des Sündenfalls Adams und Evas. Mit **Untermarkt 17 – 18** schließt sich der späthistoristische Erweiterungsbau des Rathauses an. Nach einem Wettbewerb von 1895 wurde 1901 bis 1906 der Entwurf des Berliner Architekten Jürgen Kröger (1856 – 1928) auf den Grundstücken der alten »Pilzlauben« gebaut. Die hohe, übergiebelte, reich geschmückte Fassade im Stil der Deutschen Spätrenaissance aus der Zeit um 1600 ist von bedeutender künstlerischer und handwerklicher Qualität. Unter den Konsolen der Fassadensäulen sind die von alten behelmten Kriegern gehaltenen, beschrifteten Wappen von Bautzen, Lauban, Zittau, Löbau und Kamenz zu sehen – der Städte, die zusammen mit Görlitz, dessen reiches Wappen den Giebel bekrönt, im Oberlausitzer Sechsstädtebund (1346 – 1815) zusammengeschlossen waren.

Das verwinkelte **Innere** des Rathauses enthält mehrere Räume von historischem und baugeschichtlichem Interesse. Der **Kleine Ratssitzungssaal,** 1564 bis 1566, besitzt eine schöne Holzdecke und ein prachtvoll geschnitztes Portal mit den Figuren der Justitia und der Religio. Das Westportal aus dem späten 15. Jahrhundert zeigt Engel mit den Leidenswerkzeugen der Passion Christi und das Schweißtuch der Veronika. Darüber ist die um 1566 gefertigte Senatorentafel mit mahnend an die Rastherren gerichteter Inschrift angebracht. Der Gerichtsflügel ist heute in Einzelräume unterteilt, historisch erhalten ist aber der **Gerichtserker** von 1564, in dem die Richter bei Gerichtsverhandlungen saßen. Entworfen wurde er wahrscheinlich von Wendel Roskopf d. J. Am Ende des Flügels befindet sich das **Ratsarchiv** (ehemals Praetorium). Die Kassettendecke mit ihren reichen Schnitzereien und kunstvollen Einlegearbeiten ist 1591 datiert. Gegenüber betritt man die Räume des 1534 angebauten **Archivflügels** mit Sandsteinportal und Säulen zwischen den Fenstern.

Renaissance und Barock

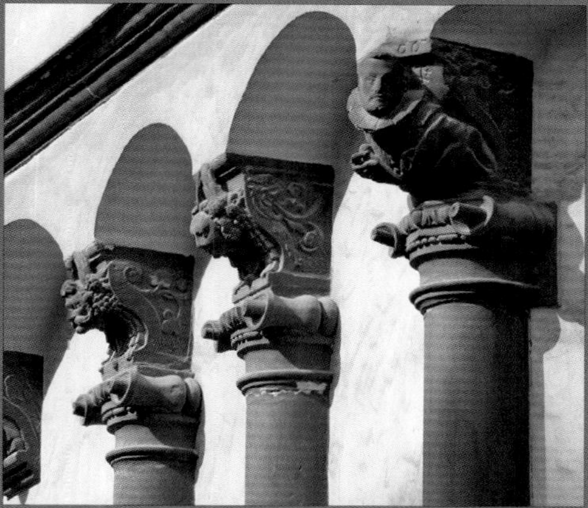

Kapitelle mit Bildnisköpfen an der Stadtwaage

Das architektonische Bild der historischen Altstadt von Görlitz hat sich im Laufe der Jahrhunderte vor allem in der Folge der großen Stadtbrände von 1525, 1691, 1717 und 1726 immer wieder stark verändert.

Nach dem Stadtbrand 1525 zogen die neuen Stilformen der Renaissance an Fassaden und Portalen ein und lösten die spätgotischen Elemente und Dekorationen ab. Prägend war dabei vor allem Wendel Roskopf d. Ä. (1480–1549), der aus Franken stammte und nach Görlitz aus Böhmen kam, wo er in Prag bei dem großen Baumeister Benedikt Ried gelernt hatte. Roskopf wirkte seit 1516 in Görlitz und wurde 1526 Stadtwerkmeister. Er gelangte rasch in den Kreis der führenden Görlitzer Familien, lange war er Mitglied des Rates und weit über Görlitz hinaus ein gesuchter Mann – als Baumeister wie als Gutachter in Böhmen, Schlesien und Polen. Zwei von Roskopfs Söhnen bekleideten ebenfalls das Amt des Stadtwerkmeisters: Wendel d. J. (um 1521–1582) und Jonas (um 1550–1603). Sie führten die Stilrichtung ihres Vaters fort. Die Familie prägte somit für 75 Jahre die Görlitzer Renaissancebaukunst.

Roskopf d. Ä. baute u. a. den »Schönhof«, das erste Renaissancehaus in Görlitz, und die großartige Rathaustreppe. Mit dem Schönhof schuf er die spezifische Form der Görlitzer Renaissancefassade: Die mit Profilen gerahmten, oft paarweise oder bandartig aufgereihten Fenster sind in eine Gliederung aus waagrechten Gesimsen und senkrechten Bändern von breiteren oder schmaleren, kannelierten Pilastern mit korinthischen Kapitellen eingeordnet.

Nach den Stadtbränden 1691, 1717 und 1726 entstanden barocke Neubauten, viele ältere Häuser erhielten nun barocke Fassaden. Neben den neuen Stilformen ist auch eine städtebaulich prägende Veränderung bis heute sichtbar: Während zuvor die Häuser mit oftmals reich geschmückten Giebeln zur Straße standen, waren die barocken Häuser nun in der Regel traufständig, was auf Regeln in den städtischen Bauordnungen zurückzuführen ist. Die Gründe waren sowohl bautechnischer als auch ästhetischer Art. Die aneinanderstoßenden seitlichen Giebel boten einen besseren Brandschutz, zum anderen entsprach der gerade Gebäudeabschluss dem (aus der italienischen Renaissance übernommenen) ästhetischen Ideal.

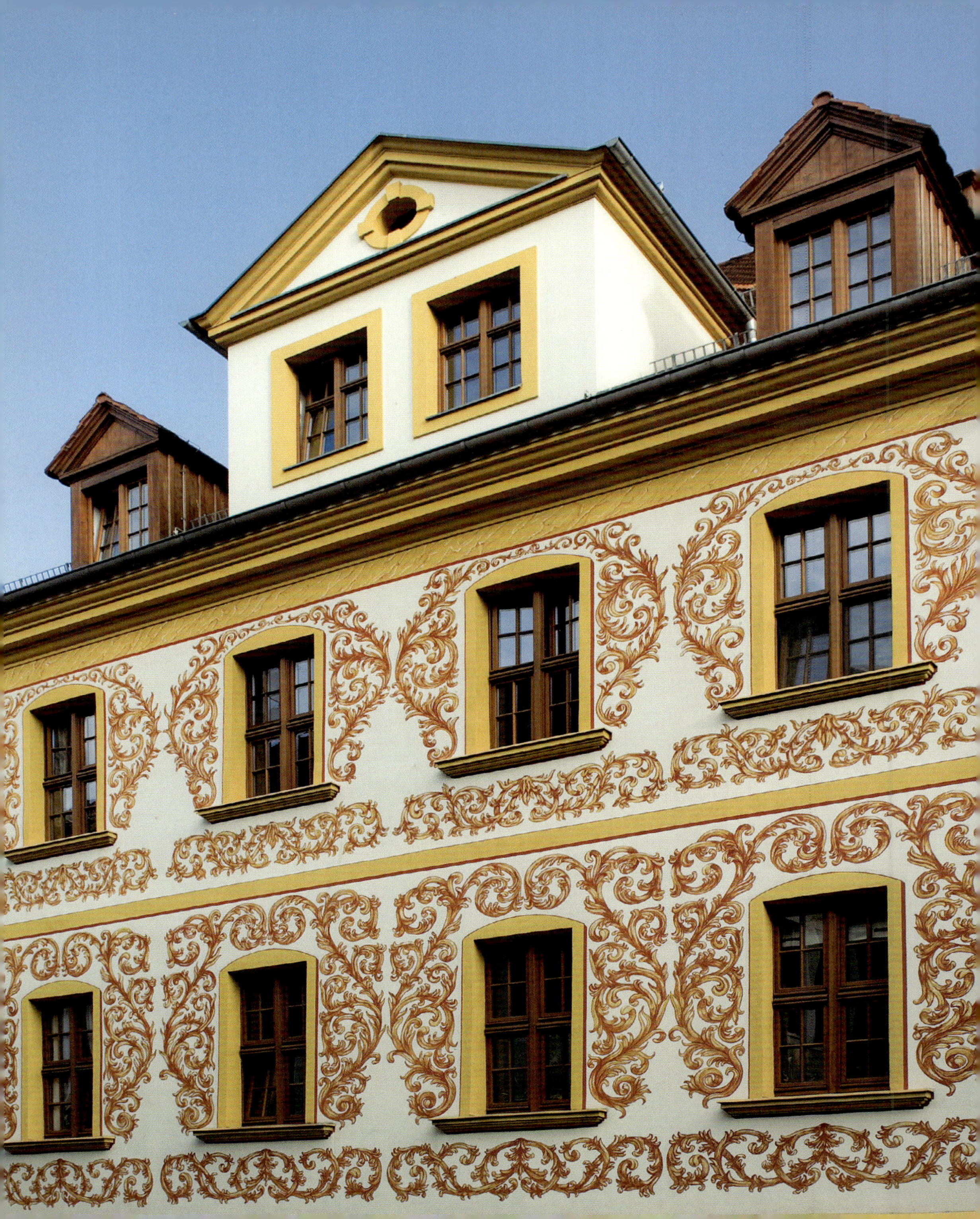

Neißstraße und Altstadtbrücke

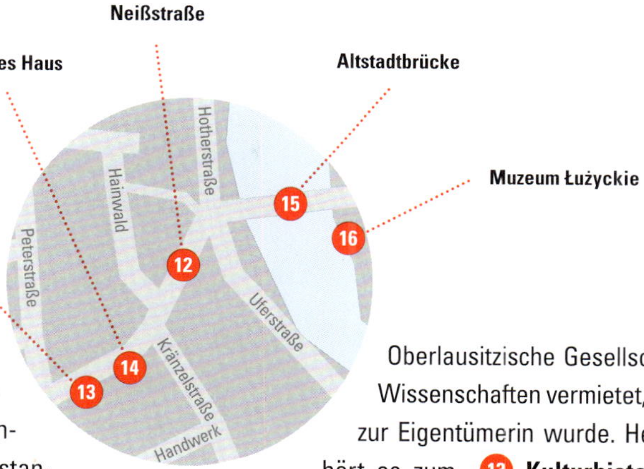

Von der Ostseite des Untermarkts führt auf der 12 **Neißstraße** die alte via regia in weiter Kurve hinunter zur Brücke. Vor der Brücke standen der hohe, mit seiner kunstvollen Spitze die Stadtsilhouette mitbestimmende Neißturm und das Neißtor; 1836 wurde beides zugunsten des Wagenverkehrs abgerissen. Beim Brand 1525 brannten die Häuser der gesamten Straße ab. Das architektonische Bild der Neißstraße ist daher jetzt vor allem von Barockfassaden geprägt. Das Eckhaus zur Weberstraße, Neißstraße 30, ist das anspruchsvollste Privatgebäude des Barock in Görlitz. Auf den Grundstücken von vier Häusern wurde es nach dem Brand 1726 bis 1729 von dem Damast- und Leinwandgroßhändler Johann Christian Ameiß errichtet. 1804 wurde das erste Obergeschoss des Anwesens von dem Juristen Karl Gottlob Anton an die Oberlausitzische Gesellschaft der Wissenschaften vermietet, die 1806 zur Eigentümerin wurde. Heute gehört es zum 13 **Kulturhistorischen Museum** der Stadt Görlitz. (➔ S. 96/97)

Die große, dreigeschossige barocke Vierflügelanlage gehört zu den größten Wohngebäuden in der Altstadt. An den langgestreckten Hof schließt sich ein zweiter Hof an, sodass das Anwesen auf beiden Seiten Ein- und Ausfahrten besitzt. Vorbild dafür war wohl der Typus der »Durchhäuser«, der Handels- und Messehäuser in Leipzig. Das hohe gewölbte Erdgeschoss enthielt die Kontore, im ersten Obergeschoss lagen straßenseitig die Wohnräume des Hausherrn und seines Kompagnons Christian Hänisch, im Hof gab es Mietwohnungen. Die eher flache Hauptfront ist durch Pilaster in drei Abschnitte geteilt, der mittlere durch die Fensterbekrönungen hervorgehoben. Das rundbogige Portal – flankiert von kleinen Bogenfenstern mit dekorativer Vergitterung – ist von einem stark plastischen Sprenggiebel mit Wappenkartusche

links: Neißstraße 20 · Barockfassade mit aufgemalten Akanthusranken

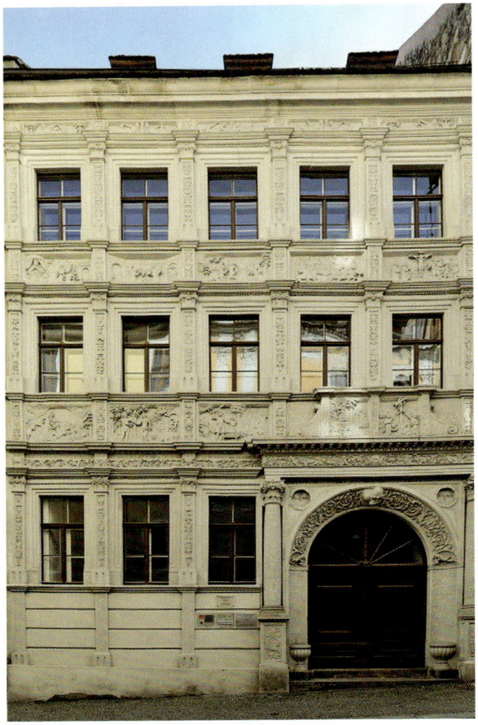

Biblisches Haus · Neißstraße 29, heute Verwaltungssitz des Kulturhistorischen Museums

und zwei weiblichen, allegorischen Liegefiguren (vielleicht rechts Sapientia, die Allegorie der Weisheit, und links die Allegorie der Wissenschaft) überdeckt. Durch die große Einfahrtshalle betritt man den schmalen, tiefen Innenhof mit (ehemals offenen) Loggien in den beiden Obergeschossen.

Die Oberlausitzische Gesellschaft der Wissenschaften ist eine der ältesten wissenschaftlichen Gesellschaften in Deutschland. Sie wurde 1779 von dem Advokaten und Historiker Karl Gottlob Anton (1751 – 1818) und dem Rittergutsbesitzer und Naturforscher Adolf Traugott von Gersdorf (1744 – 1807) sowie 18 weiteren Gelehrten mit dem Ziel der Förderung von Geschichtsforschung und Naturkunde gegründet. Die Gesellschaft bestand bis 1945 und wurde 1990 wiederbegründet. Die bedeutenden Sammlungen, darunter ein Physikalisches Kabinett, eine Mineraliensammlung und eine grafische Sammlung, vor allem aber die wertvolle, große Bibliothek, für die im frühen 19. Jahrhundert ein großartiger Saal mit kulissenartig quergestellten Regalwänden eingebaut wurde, gehören jetzt zum Kulturhistorischen Museum der Stadt Görlitz.

14 Biblisches Haus

Das Haus Neißstraße 29, das sogenannte Biblische Haus, erwarb der aus Weimar zugezogene Waidhändler Hans Heinze und ließ es 1570 bis 1572 von Grund auf erneuern. Die reiche architektonische Gestaltung und der Schmuck mit figürlichen Reliefs machen es zu einem der Hauptwerke der Kunst der deutschen Renaissance. Die dreigeschossige Fassade war ursprünglich von einem Giebel bekrönt, der durch den Stadtbrand 1726 verloren ging. Von dem an die rechte Seite der Hausfront gerückten, reich dekorierten Sitznischenportal (bezeichnet 1570) blickt ein Gaffkopf auf den Eintretenden herab. Die Fenster der drei Geschosse sind von mit antikisierenden, stilisierten Rankenornamenten geschmückten korinthischen Pilastern gerahmt. Über dem Erdgeschoss zieht sich ein gerollter Rankenfries. Die Brüstungsfelder der Obergeschosse enthalten eingetiefte Reliefdarstellungen biblischer Szenen aus dem Alten und Neuen Testament.

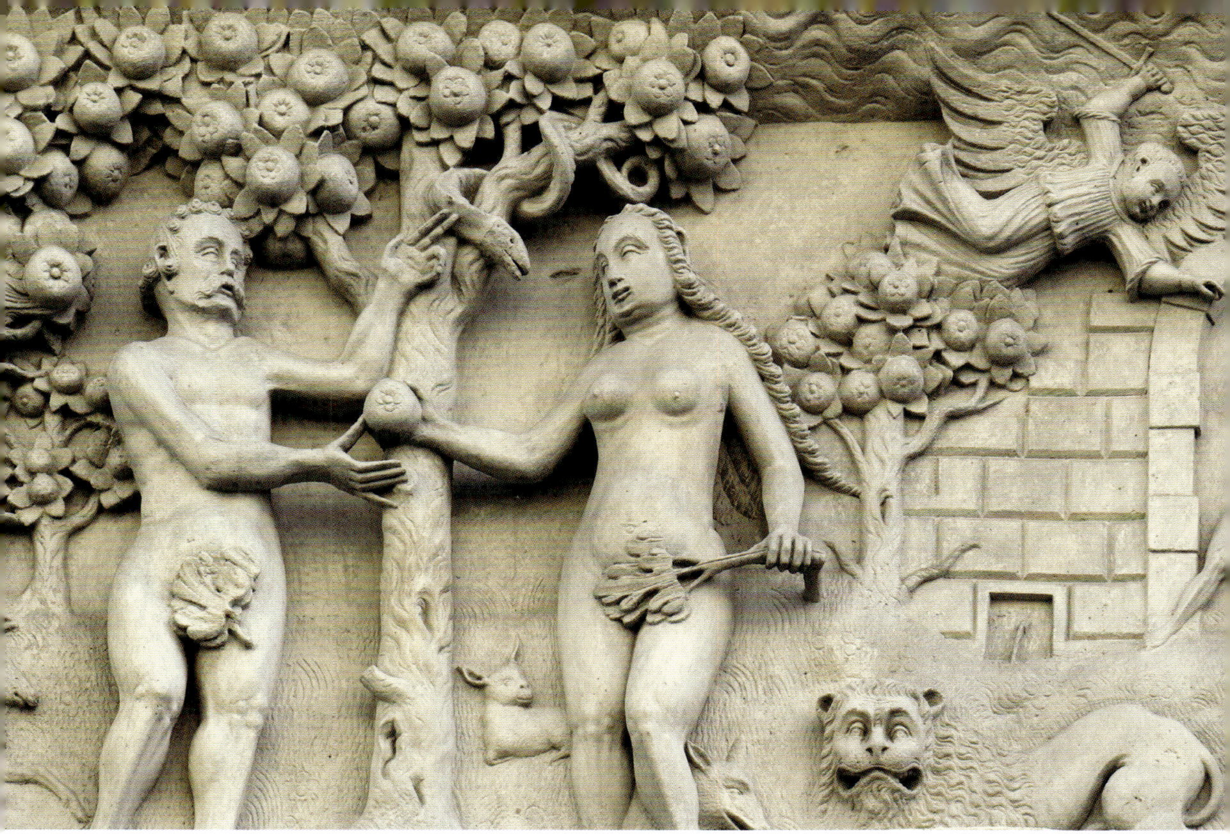

Biblisches Haus · Relief Sündenfall

Unten von links: die Erschaffung Evas aus der Rippe Adams, der Sündenfall und die Vertreibung aus dem Paradies, Abraham opfert seinen Sohn Isaak, Moses erhält die Gesetzestafel, während sein Volk das Goldene Kalb anbetet, Moses richtet auf Geheiß Gottes die Eherne Schlange auf; oben: Verkünd gung an Maria, die Geburt Christi, die Taufe Christi im Jordan durch Johannes den Täufer, das Abendmahl, die Kreuzigung Christi. Die dargestellten Themen des Alten und Neuen Testaments sind typologisch aufeinander bezogen: Maria als Neue Eva, Leben und Opfertod Jesu als Erfüllung des Alten Bundes. Die Reliefs, die früher farbig gefasst waren, zeigen einen lebhaften Erzählstil, der von der damaligen Druckgrafik beeinflusst war. Der Bildhauer war Hans Kramer (Cromer) aus Dresden. Das Innere zeigt sich als schönes Beispiel eines Hallenhauses. Hinter der Eingangshalle befindet sich ein Saal mit zentraler Stütze, der ins späte 13. Jahrhundert zu datieren ist. Darüber ein Saal mit (wiederhergestellter) Renaissancedecke, sowie Räume mit Barockdecken.

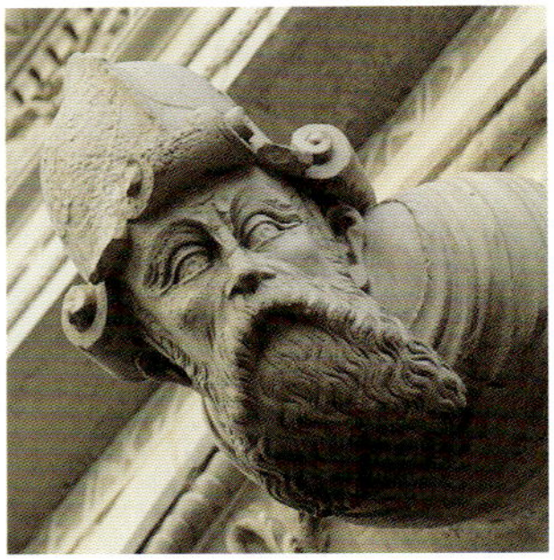

Biblisches Haus · Gaffkopf

Das Barockportal des Hauses **Neißstraße 24** zeigt auf und in dem Sprenggiebel die Figuren von Aphrodite, Pallas Athene und Hera, der drei Göttinnen des Urteils des Paris, datiert 1727. Von dem Haus **Neißstraße 20** ging 1726 der Stadtbrand aus. Unter der Barockfassade wurde 1953 die mit zu Mustern geordneten Akanthusranken in Rot auf Gelb bemalte Fassade aus den Jahren um 1680 wiederentdeckt und freigelegt.

An der **Handwerk** genannten südlichen Parallelstraße zur Neißstraße ist das Haus Nr. 22 mit sehr aufwendig stuckierter Barockfassade, datiert 1717, sehenswert.

15 Altstadtbrücke

1376 wurde zum ersten Mal die Existenz einer Brücke über die Neiße an dieser Stelle erwähnt, doch sicher existierte sie schon viel länger. 1536 erhielt der Stadtwerkmeister Wendel Roskopf d. Ä. den Auftrag, eine steinerne Brücke zu errichten. Dazu

rechts: Altstadtbrücke · neue Verbindung an historischer Stelle

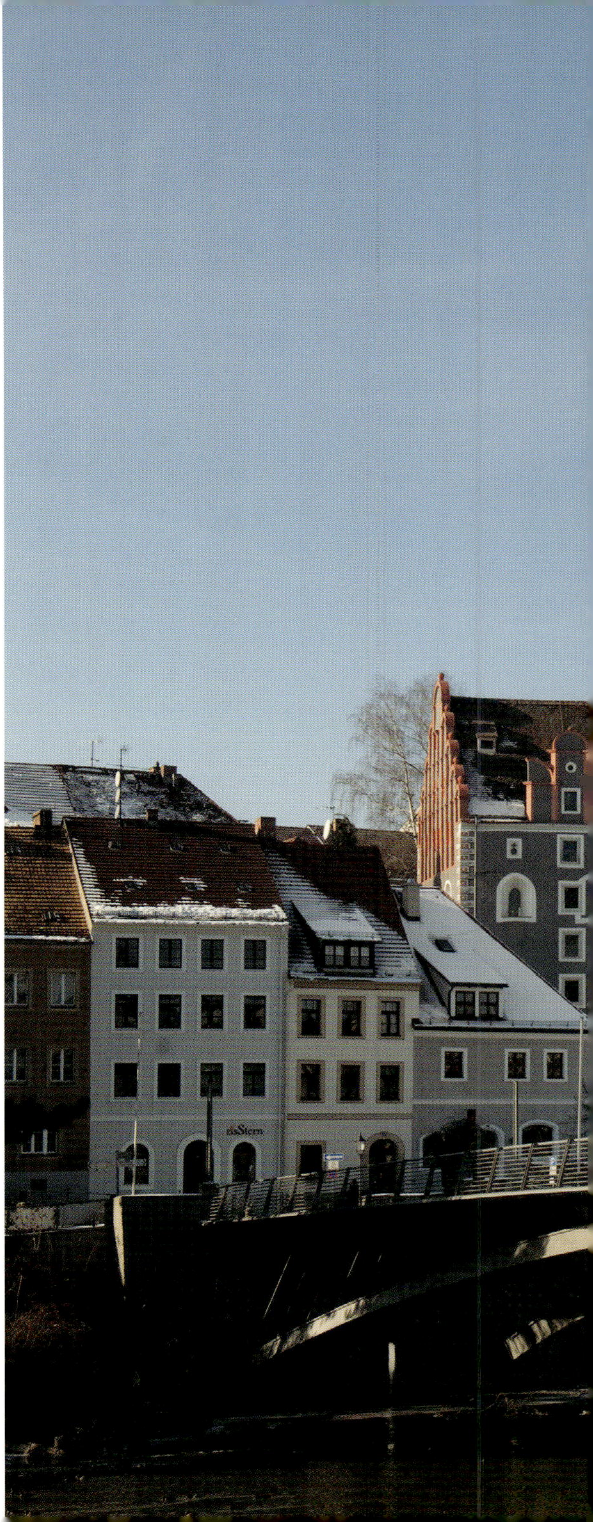

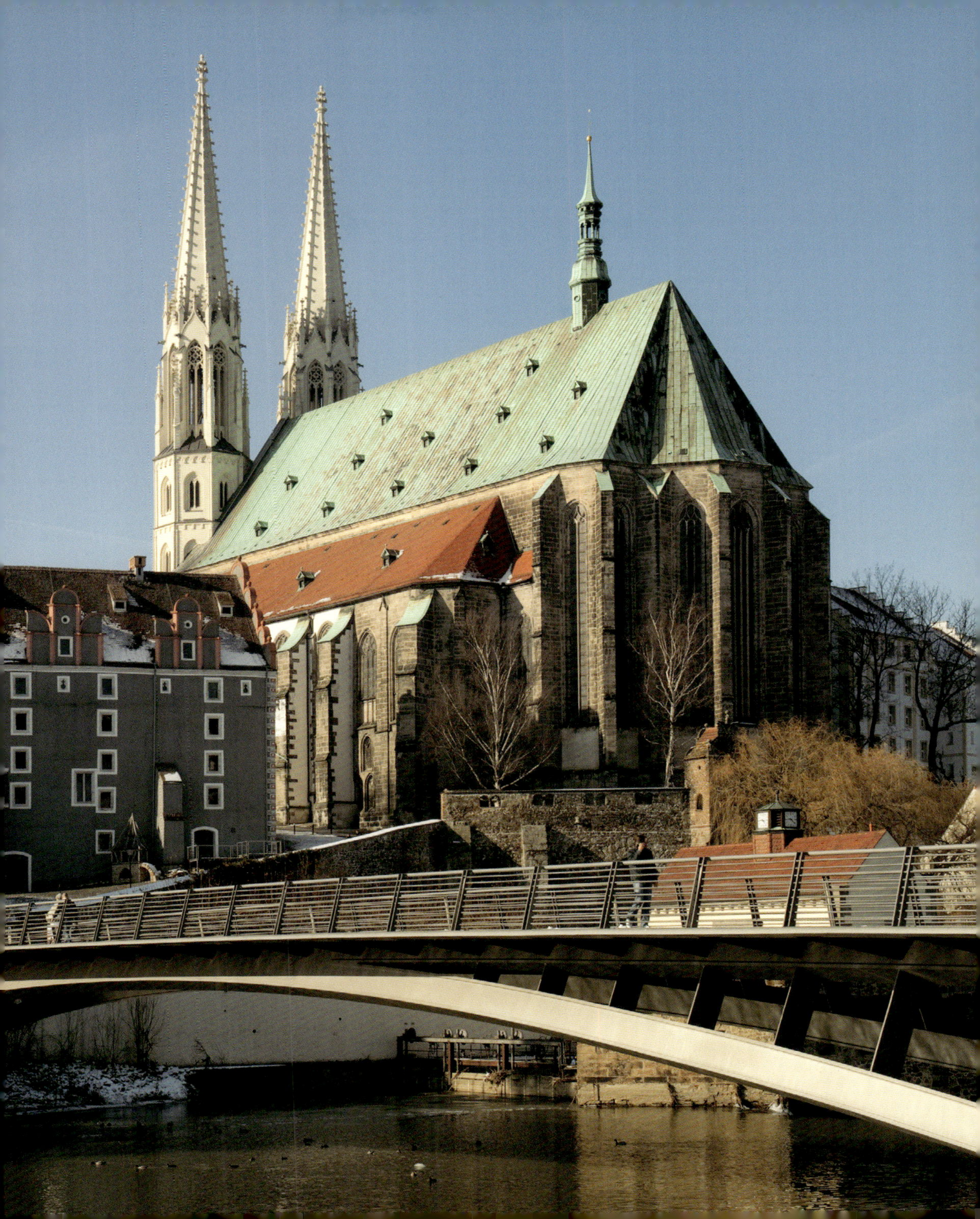

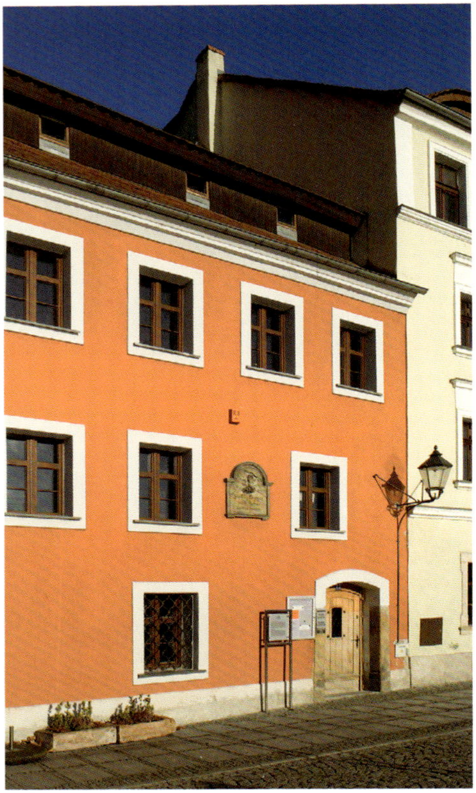

Zgorzelec · Jakob-Böhme-Haus, von 1590 bis 1610 Wohnhaus des Philosophen, heute Museum

kam es jedoch nicht. 1545 bis 1547 wurde die Brücke neu gebaut, aber wieder aus Holz, mit einem Dach überdeckt, mit Toren und einem Wachturm am östlichen Ufer (nach dem hier stehenden Heiliggeistspital Spittelturm genannt) versehen. Immer wieder wurde sie durch Hochwasser beschädigt, zuletzt 1897. 1906 bis 1907 ersetzte man die Holzbrücke durch den Neubau einer soliden Eisenfachwerkbrücke, geschmückt mit dekorativ gestalteten, steinernen Eckpfosten. Diese wurde 1945 gesprengt, und erst 2004, nach fast 60 Jahren, wurde hier wieder eine Brücke gebaut, die nun Görlitz mit Zgorzelec an historischer Stelle verbindet.

Auf der polnischen Seite zweigten ehemals zwei Straßenzüge von der Brücke ab: links die Straße zum Laubaner Tor, später Breslauer Straße, jetzt ulica Wrocławska genannt, rechts die Straße »Neustädtchen«, später Prager Straße, jetzt ulica Daszyńskiego genannt. Hier findet sich das rot gestrichene 16 **Jakob-Böhme-Haus** (Nr. 12), in dem der große Philosoph und mystische Theosoph von 1590 bis 1610 als Schuhmacher lebte. Darin befindet sich jetzt ein kleines Museum. In dem danebenliegenden Bürgerhaus Daszyńskiego Nr. 15 wurde das Muzeum Łużyckie eingerichtet. Unmittelbar gegenüber der Brücke die (noch im Bau befindliche) Anlage des **Płac Pocztowy, ehemals Töpferberg,** 1541 auch erwähnt als »Schindeplan«. Doch fanden hier wohl keine Hinrichtungen statt. Die einen erhöhten, rechteckigen Platz bildende Bebauung (die alte wurde 1958 bis 1960 abgerissen) soll die historische Parzellenstruktur und typologische Grundform der Häuser wiederherstellen. Am vorderen Rand steht eine Kopie der alten sächsischen Postsäule von 1723, die die Entfernungen in Reisestunden angibt.

Muzeum Łużyckie

EIN PANORAMA DES POLNISCHEN TEILS DER OBERLAUSITZ

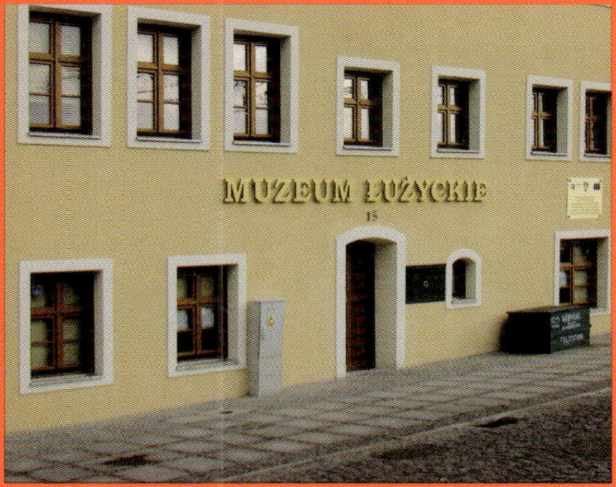

Die Idee, in Zgorzelec ein Museum zu gründen, stammt schon aus der Zeit nach dem Zweiten Weltkrieg. Jedoch erst nahezu sechzig Jahre später, im Jahre 2001, forderten akademische und museale Kreise Niederschlesiens, eine solche Institution einzurichten. Damals war der Bedarf nach einer wissenschaftlichen Institution spürbar, die durch ihre Tätigkeit dazu beitragen könnte, die Kenntnisse und das Interesse an der Region zu entwickeln.

Initiator des Unternehmens wurde die Zgorzelecer Vereinigung »Euroopera«, die durch ihre Aktivitäten für die kulturelle Entwicklung der Stadt und der Region schon lokal bekannt geworden war. Einen bedeutenden Einfluss auf die Verwirklichung des Projektes hatte der damaliger Direktor des Riesengebirgsmuseums, Stanisław Firszt.

Von Anbeginn unterstützten die lokalen Behörden die Einrichtung der musealen Institution in Zgorzelec. Im Juni 2003 wurde das Gebäude in der Ignacego-Daszyńskiego-Straße 15 für deren Sitz ausgewählt. Das ruinöse Bürgerhaus erforderte eine gründliche Sanierung, die im Rahmen eines umfangreichen Revitalisierungsplanes der Neiße-Vorstadt unternommen wurde. Dank eingeworbener EU-Mittel konnten die Sanierungsmaßnahmen 2007 abgeschlossen werden. Das Lausitzmuseum begann seine Arbeit.

Nach einer breiten Diskussion wurden die erste wesentliche Konzeption und die Sammelschwerpunkte bestimmt. Das Haus sollte als Regionalmuseum funktionieren und Geschichte, Kultur sowie den Alltag der Bewohner des polnischen Teils der Oberlausitz mit Schwerpunkt auf Zgorzelec dokumentieren. Das Interessenspektrum soll laut Zielstellung nicht mit den Forschungsthemen der Görlitzer Museen kollidieren. Die aktuellen Projekte wären ohne die Partner jenseits der Neiße – das Kulturhistorische Museum und das Schlesische Museum zu Görlitz – nicht möglich gewesen. Bei der Vorbereitung der ständigen Ausstellung zum Thema Ethnografie ist besonders die Unterstützung durch das Kulturhistorische Museum in Görlitz zu erwähnen. Die Ausstellung ist ab März 2011 im Muzeum Łużyckie zu besichtigen.

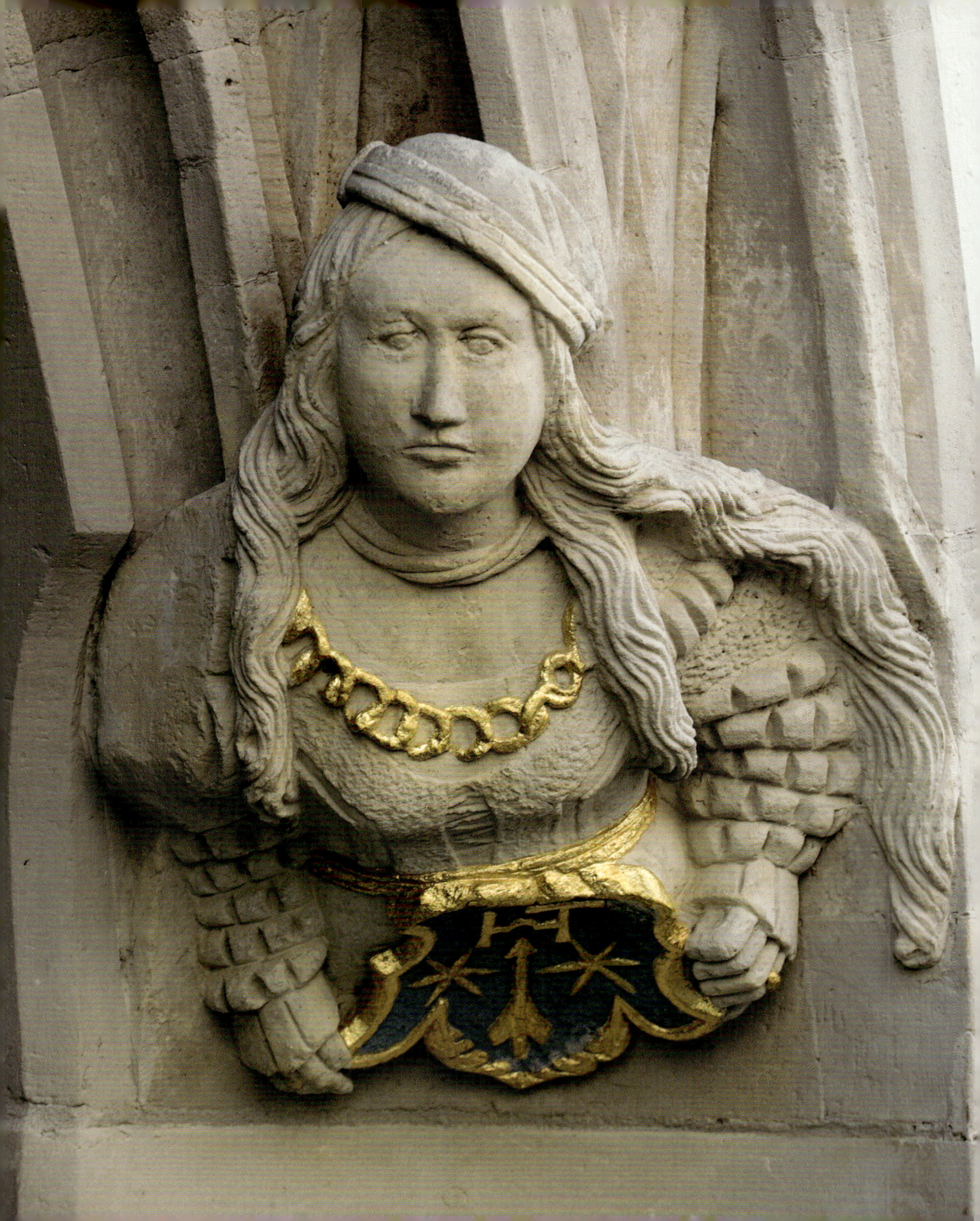

Brüderstraße, Obermarkt und Dreifaltigkeitskirche

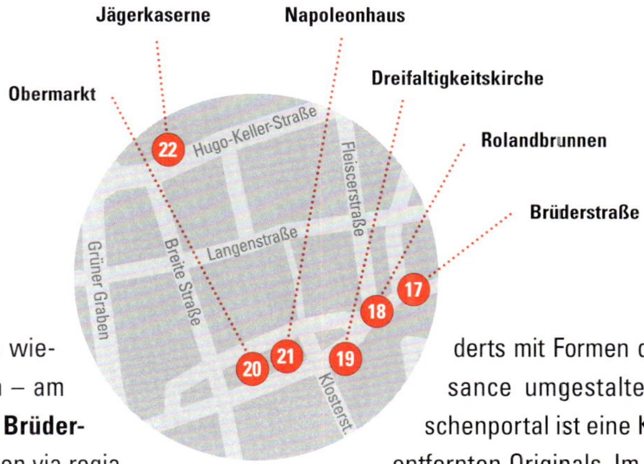

Wenn man die Neißstraße wieder hinaufgeht, kommt man – am Schönhof vorbei – in die 17 **Brüderstraße.** Als Abschnitt der alten via regia schafft diese die Verbindung zwischen dem Untermarkt und dem Obermarkt. Benannt wurde sie nach den Franziskanerbrüdern des am Ausgang zum Obermarkt liegenden Franziskanerklosters, der späteren Dreifaltigkeitskirche. Die Häuser sind von etwas bescheideneren Dimensionen als die am Untermarkt.

Das Haus **Brüderstraße 9** besitzt eine Zentralhalle mit Netzgewölbe, noch vor 1480 errichtet. Die Fassade wurde in der zweiten Hälfte des 19. Jahrhunderts mit Formen der Neurenaissance umgestaltet. Das Sitznischenportal ist eine Kopie des 1887 entfernten Originals. Im zweiten Obergeschoss des Rückgebäudes haben sich Stuckdecken im Stil des italienischen Hochbarocks erhalten.

links: Brüderstraße 16 · vornehm gekleidete junge Dame als Konsole unter dem Portalbogen

Das Hallenhaus **Brüderstraße 10** wurde nach einem Brand 1530 wiederaufgebaut und befand sich seit 1570 in Besitz des Bürgermeisters Martin Moller von Mollerstein. Das dekorative Renaissanceportal versetzte man vom abgebrochenen Haus Peterstraße 11 hierher. Im ersten Obergeschoss befindet sich zwischen den Fenstern eine mit Engelsbüsten und weiblichen Köpfen sowie den Bildnissen von Martin Moller von Mollerstein und seiner Frau verzierte ionische Säule.

Das Haus **Brüderstraße 11** ist ein Bürgerhaus der Renaissance. Der Giebel wurde im 18. Jahrhundert abgenommen. Am aufwendigen Sitznischenportal

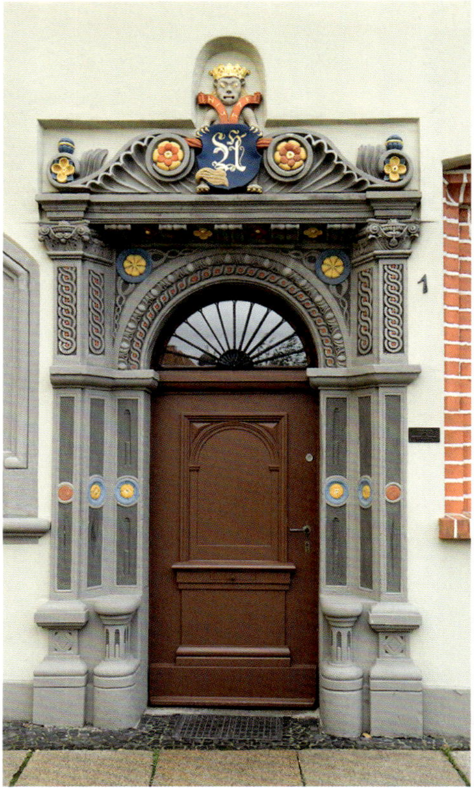

Langenstraße 1 · humorvolles Renaissanceportal

erkennt man das Steinmetzzeichen von Wendel Roskopf d. Ä. »WR 1547«. Im ersten Obergeschoss befindet sich ein Renaissancesaal mit reicher Ausmalung. Von der Brüderstraße kann man in die **Apothekergasse** einbiegen, die hinter dem Rathaus verläuft und von wo aus der **Innenhof des Rathauses** zugänglich ist, in dem sich die eindrucksvollsten Bauteile des Komplexes aus der Renaissance erhalten haben. Man betritt den Hof durch den Archivflügel, der, 1534 datiert, wahrscheinlich von Wendel Roskopf d. Ä. entworfen wurde. Die Fassade ist stark plastisch gegliedert, über den beiden rundbogigen Arkaden stehen vier Fenster, gerahmt von reich ornamentierten Pilastern und einem Architrav mit Triglyphen und Rautenformen. An der rechten Seite des Hofes ragt über zwei kräftigen Stützen der Gerichtserker hervor. Er ist 1564 datiert und wurde vom Sohn, Wendel Roskopf d. J., entworfen. Die Formen sind ebenso stark plastisch wie am Archivflügel, doch im Detail etwas gröber. Am Ende der Apothekergasse steht das Eckhaus **Langenstraße 1** mit einem humorvollen Renaissanceportal, datiert 1557.

Zurück in der Brüderstraße ist das Haus **Brüderstraße 12** sehenswert, ein nach 1726 errichteter Barockbau. Außerdem der Renaissancebau **Brüderstraße 16,** an dem höchst reizvolle, 1566 datierte Büsten eines modisch-vornehm gekleideten jungen Paares unter dem Bogen des Portals angebracht sind, das hierher vom Nachbarhaus Nr. 15 versetzt wurde.

Die **Brüderstraße 3** ist ein großer, nach dem Brand 1717 für die Familie Scholz von Schollenstein, Nachkommen von Bartholomäus Scultetus, auf drei mittelalterlichen Parzellen errichteter Barockbau (renoviert 1785).

Blick von der Brüderstraße
in die Schwarze Straße, Richtung Fischmarkt

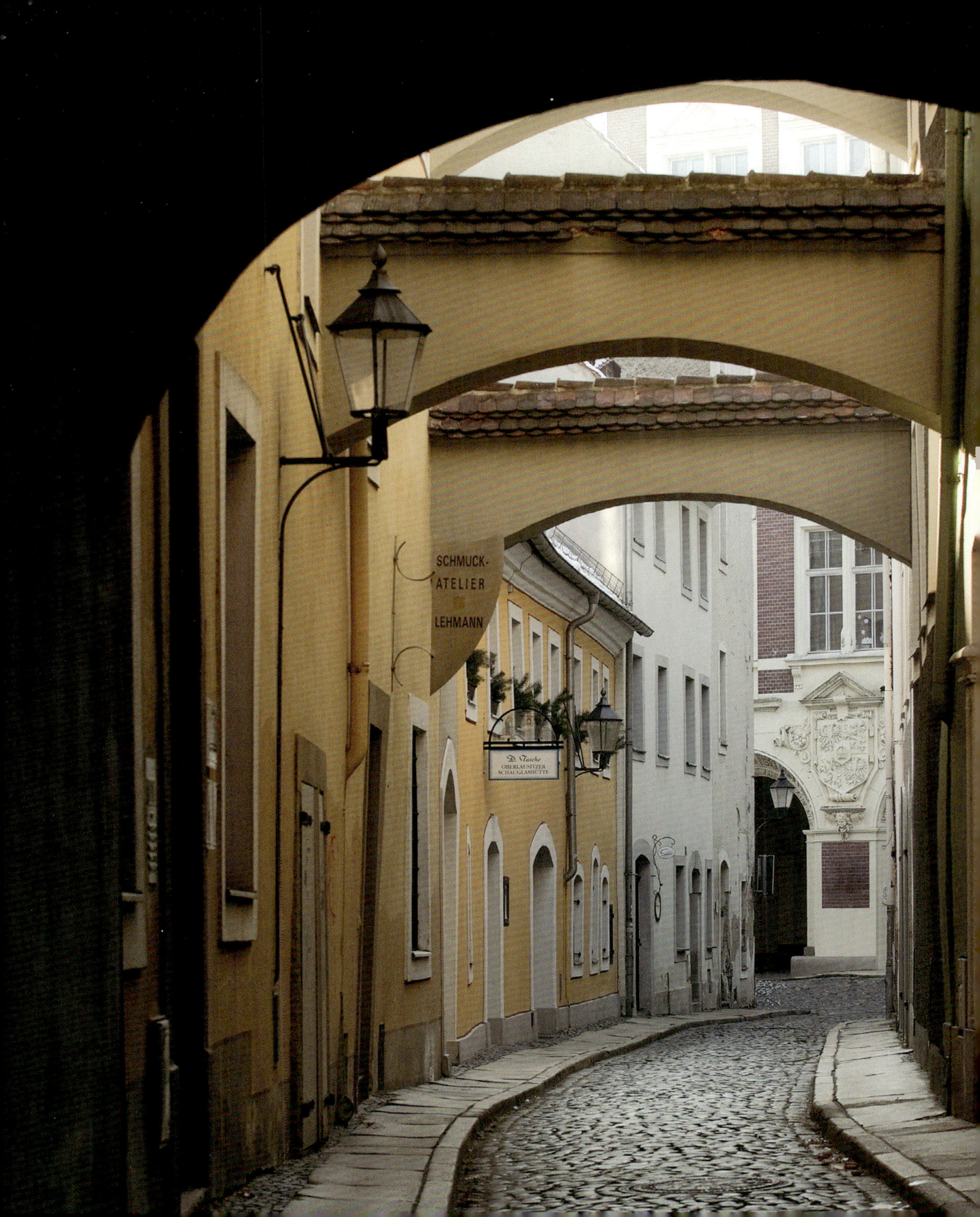
SCHMUCK-
ATELIER
LEHMANN

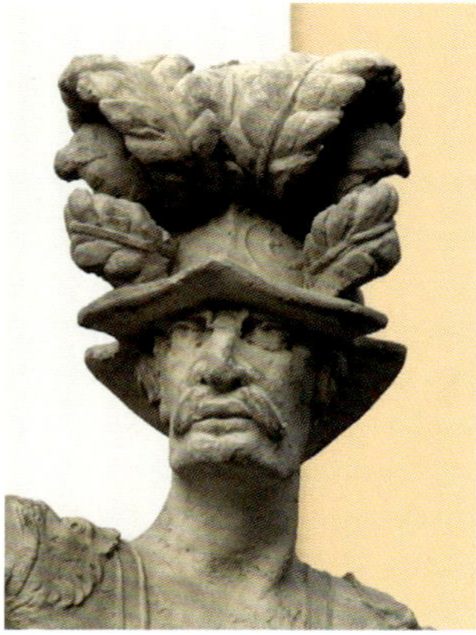

Die Einmündung der Plattnerstraße rechts am Ende der Brüderstraße markiert die einstige Grenze zwischen der älteren Unterstadt und der jüngeren Oberstadt (oder Neustadt) um den Obermarkt.

Hier steht der sogenannte **18 Rolandbrunnen** aus Sandstein, datiert 1590. Allerdings handelt es sich bei der Figur wohl nicht um den sagenhaften Helden des Rolandsliedes, sondern um einen antikisierenden Herold, wie er zur gleichen Zeit auch in Bautzen und Zittau mit den Stadtinsignien ausgestattet auf den Marktplätzen aufgestellt wurde. Der nackte Krieger mit fantasievollem Kopfputz, Schild und Lanze (es handelt sich um eine Kopie von 1958, das Original befindet sich im Kulturhistorischen Museum) sollte die städtischen Freiheiten repräsentieren, die in den Jahren nach dem Pönfall wiedererworben werden konnten.

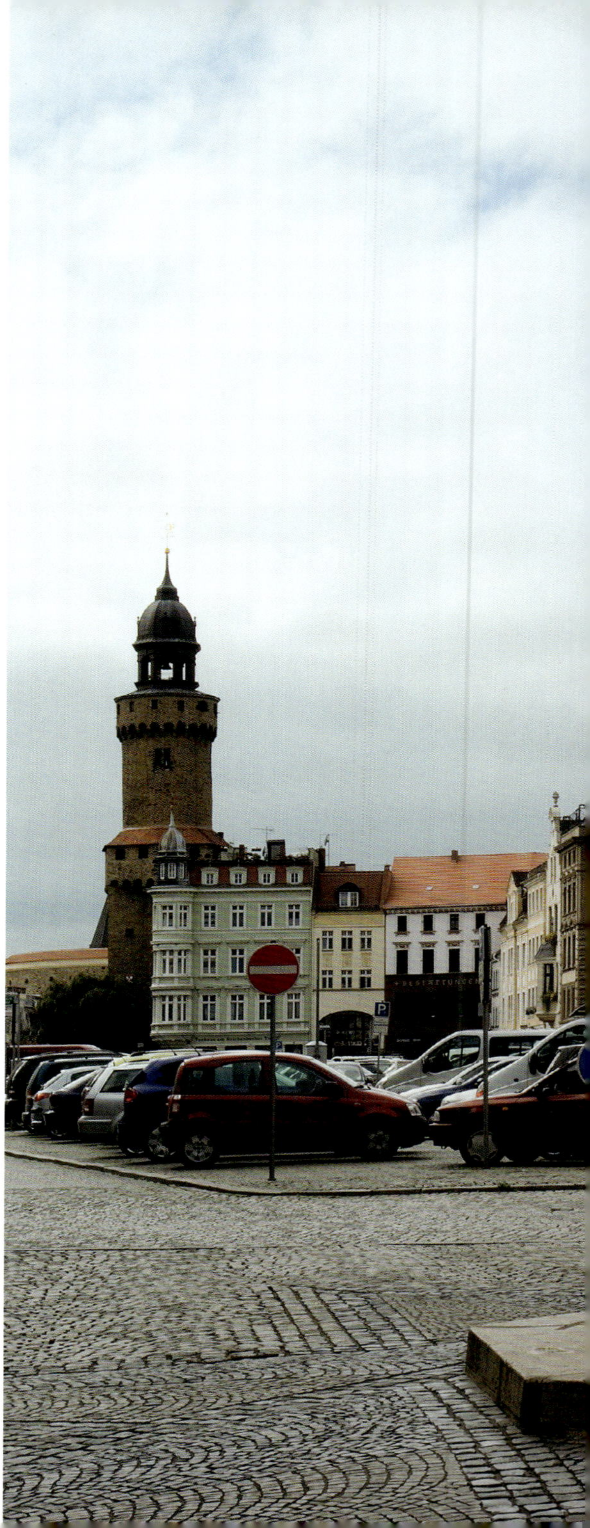

Obermarkt mit Rolandbrunnen · im Hintergrund der Reichenbacher Turm

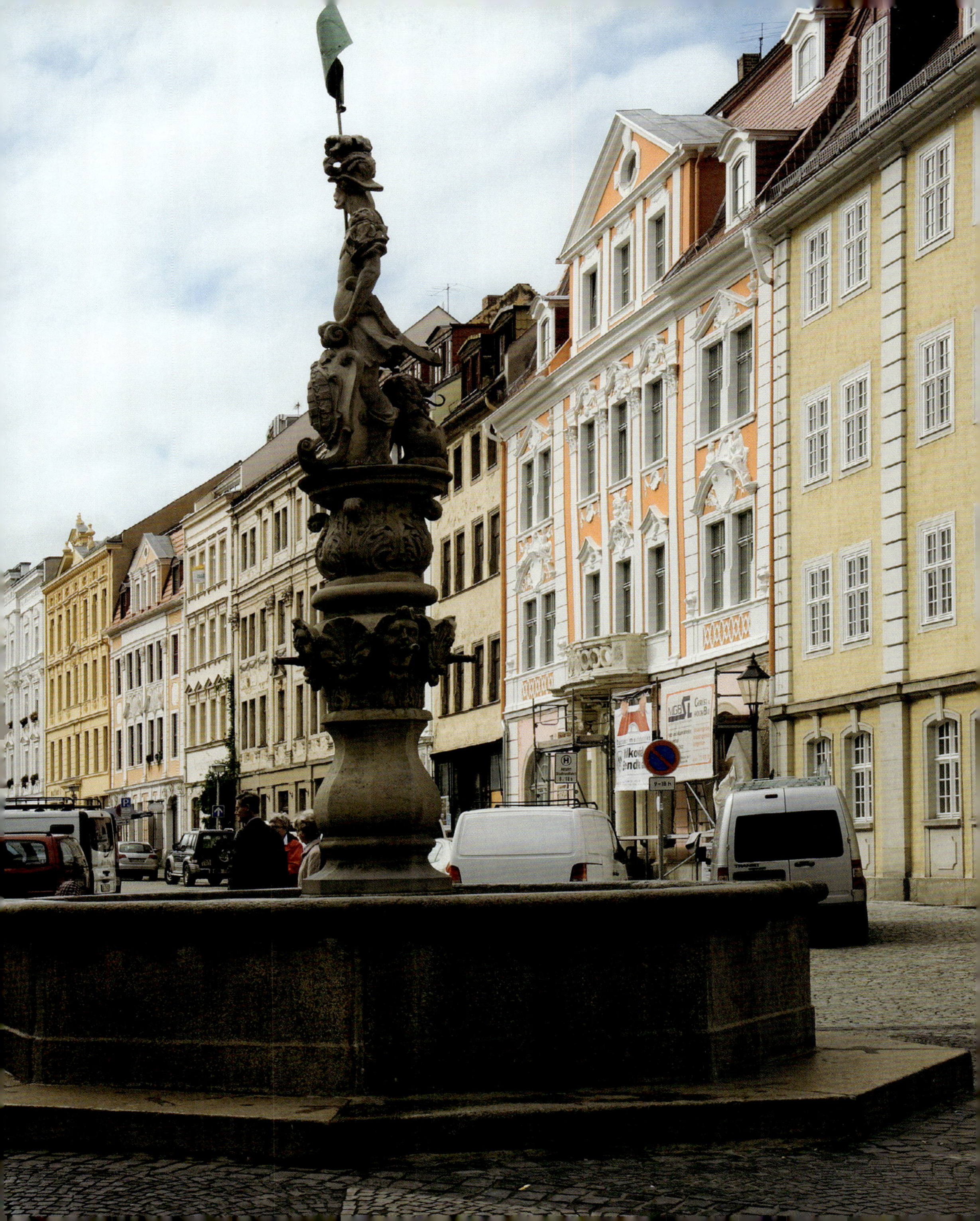

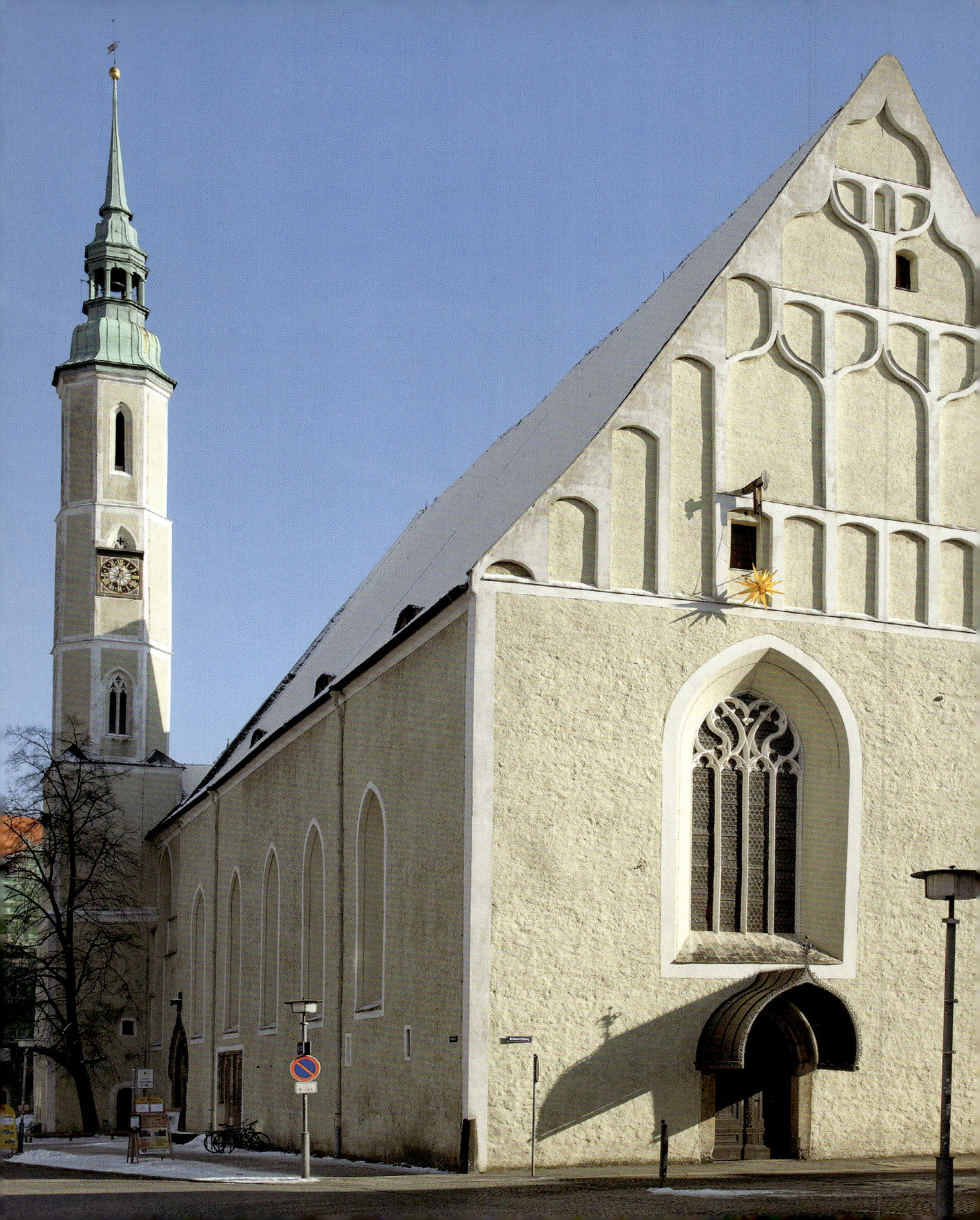

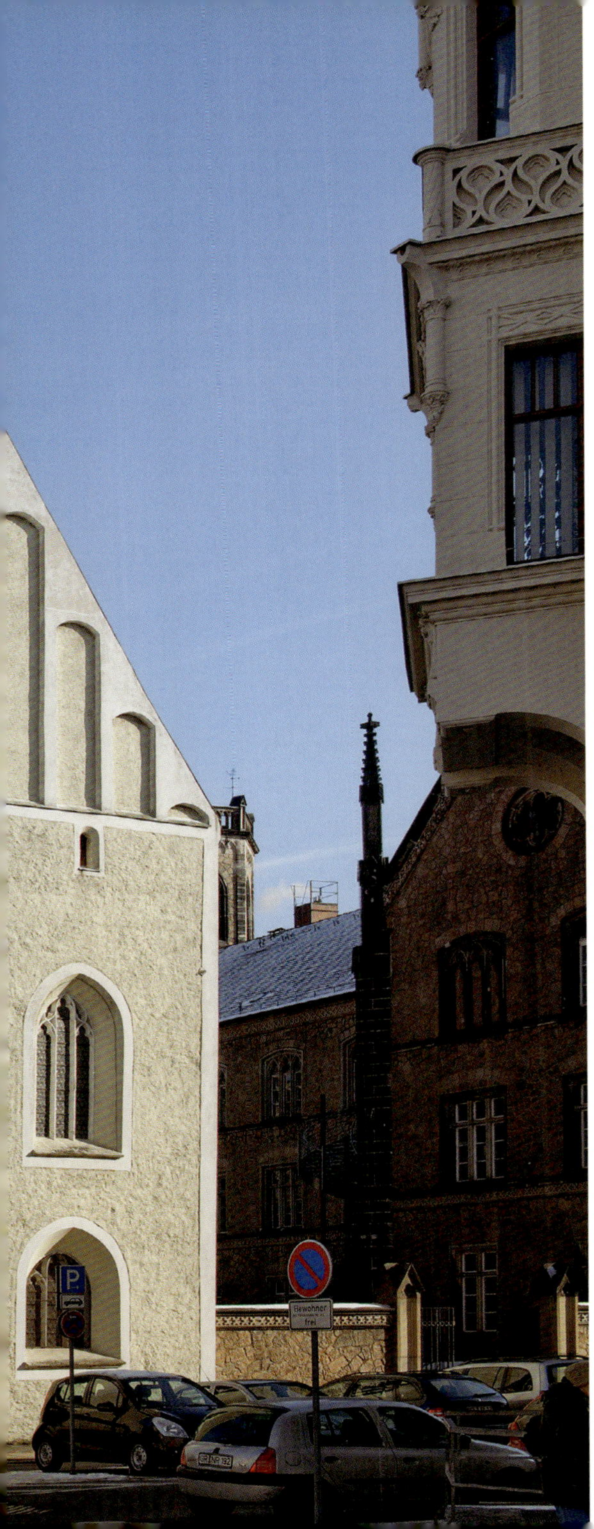

Die heutige Gastwirtschaft **Obermarkt 34** ist im Kern ein Renaissancebau und besetzt das Ende der Brüderstraße zum Obermarkt. Durch einen rechtwinklig angesetzten Flügel über breitem Durchgang (»Schwibbogen«) mit Renaissancefassade und ursprünglich einem Giebel, datiert 1533, ist das Haus an die Dreifaltigkeitskirche angefügt. Im Inneren wurden bedeutende Wandmalereien gefunden.

Die 19 **Dreifaltigkeitskirche,** auch Oberkirche genannt, ist neben der Peterskirche der zweite bedeutende mittelalterliche Kirchenbau in Görlitz. Sie war die Kirche des 1234 gegründeten Franziskanerklosters, das damals noch »extra muros«, also außerhalb der ersten Stadtgrenze lag, und wurde 1245 geweiht. Das Kloster wurde 1564 aufgehoben. Seit 1715 ist die Kirche als Dreifaltigkeitskirche evangelisch-lutherische Pfarrkirche. Der erste Bau war eine einfache Saalkirche mit halbrunder Apsis. Im 14. und 15. Jahrhundert erweitert und verändert, stellt sich der Bau dennoch in seiner äußeren Erscheinung als klarer kubischer Baukörper aus höherem Schiff und niedrigerem, 1371 bis 1381 angefügtem Chor dar. Der seitlich an den Chor angelehnte schlanke Turm stammt mit seinem viereckigen Unterbau aus dem 14. Jahrhundert, der hohe, oktogonale Teil wurde um 1500 aufgesetzt, der Helm ist barock. 1508 wurden die Außenmauern des Kirchenschiffs erhöht und der Giebel mit den Ziegelblenden gestaltet.

Dreifaltigkeitskirche · Westseite mit der Blendgliederung am Giebel

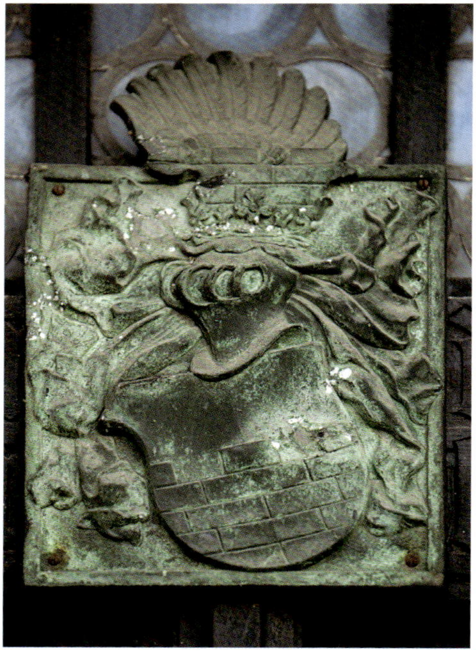

Dreifaltigkeitskirche · Detail am Westportal

Tritt man ins Innere der Kirche, ist man überrascht von der unübersichtlichen Vielteiligkeit. Sie setzt sich aus vier räumlichen Einheiten zusammen: dem hochgotischen Chor, dem spätromanischen, um 1500 gewölbtem Langhaus, dessen südliches Seitenschiff aus einem inkorporierten Kreuzgangflügel gebildet wird, und schließlich der südlich angefügten Barbarakapelle. Der Chor, der die romanische Apsis ersetzte, ist der älteste gotische Kirchenbau in Görlitz. Er besitzt hohe Proportionen, besteht aus drei Jochen und hat einen Schluss aus sieben Seiten des Zwölfecks. Die Kreuzrippengewölbe ruhen auf kurzen, weit oben ansetzenden Diensten.

Die durchaus reizvolle, stilisierend-florale Ausmalung der Gewölbekappen stammt von 1910 und ist von der symbolistischen Malerei der Zeit geprägt.

Unter den schlanken Maßwerkfenstern befinden sich sieben Wandnischen, in denen wahrscheinlich Altäre standen. Der Chorraum besitzt eine reiche, aber ganz heterogene Ausstattung. Der üppige, ebenso monumentale wie theatralisch bewegte barocke **Hauptaltar** wurde 1713 von dem Bildhauer Caspar Gottlob von Rodewitz geschaffen. Der Rahmen bildet eine Art Triumphbogen, hinter dem indirekt beleuchtet die Gruppe von Jesus am Ölberg erscheint. Links und rechts, von flatternden Ranken hinterfangen, stehen die ekstatisch bewegten Figuren von Moses mit den Gesetzestafeln und des Evangelisten Johannes. Über dem Bogen erscheint, von Engeln verehrt, die göttliche Trinität. Es ist eher katholischer als lutherischer Geist, der von diesem Werk ausgeht. An der Nordwand des Chores sieht man das Epitaph des 1720 verstorbenen Görlitzer Bürgermeisters Samuel Knorr von Rosenroth, an der Südwand Christus und Gottvater, von der ehemaligen Giebelbekrönung der nördlichen Vorhalle stammend, wohl ebenfalls von Caspar Gottlob von Rodewitz geschaffen. Das Chorgestühl von 1484 – ursprünglich Sitze für 64 Mönche – ist nicht mehr vollständig erhalten.

Mit der Öffnung des ursprünglich einschiffigen Langhauses im 14. oder 15. Jahrhundert wurde der nördliche Kreuzgangflügel zum Seitenschiff und damit auch die wohl 1420 bis 1450 südlich an den Kreuzgang angebaute Barbarakapelle in das Raumgefüge einbezogen. Zusätzlich wurde der Kreuzgangflügel aufgestockt, wodurch über dem Seitenschiff eine gewölbte Empore entstand.

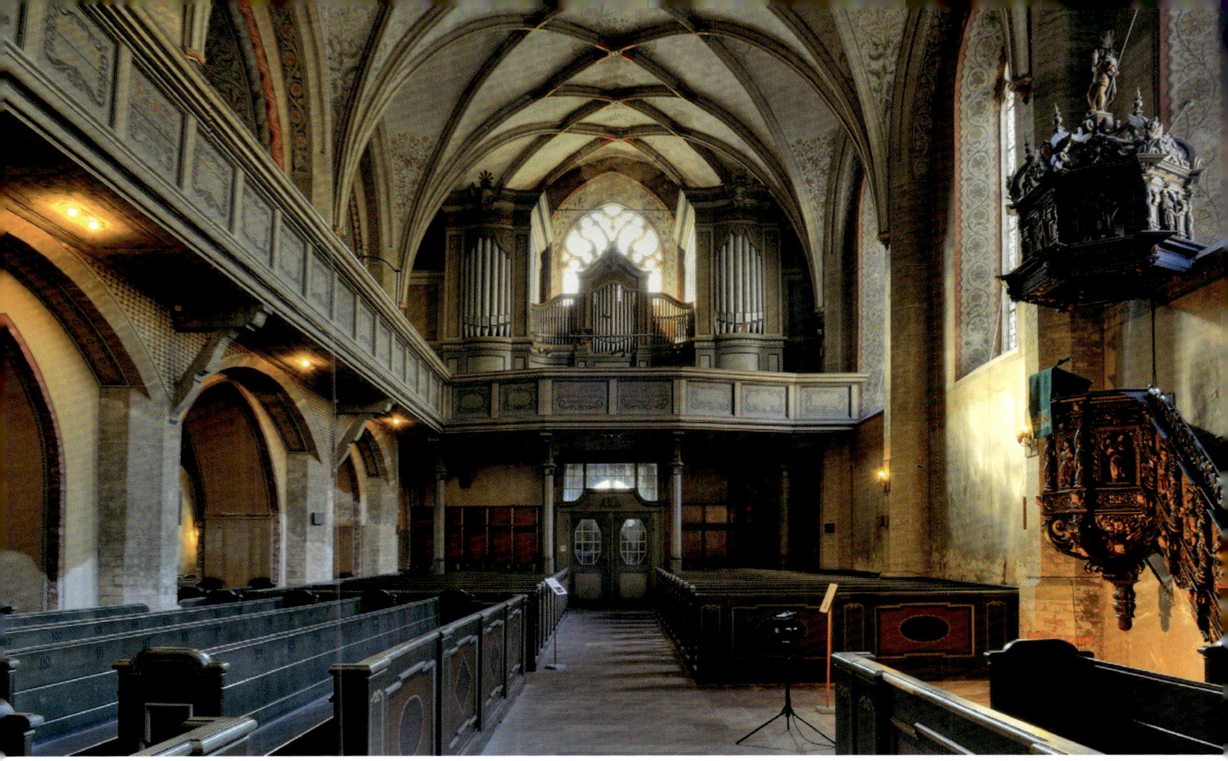

Dreifaltigkeitskirche · Blick durch das Langhaus nach Westen, rechts die Renaissancekanzel

Möglicherweise geschah dies zusammen mit der Erhöhung und Einwölbung des Langhauses 1508, vielleicht durch Conrad Pflüger. Die Führung der Rippen folgt dem sogenannten Prager Schema: Sie schneiden sich so, dass sie im Scheitel eine Folge von Rauten bilden. Die ornamentalen und figürlichen Gewölbemalereien im Kreuzgangflügel stammen aus der Mitte des 15. Jahrhunderts. Im östlichen Joch sieht man ein Engelskonzert, interessant wegen der dargestellten zahlreichen spätmittelalterlichen Musikinstrumente. Die ornamentale Malerei der Hauptschiffgewölbe und der Emporenbögen ist wie die Chorausmalung von 1910. An der Nordwand steht die überreich geschnitzte, frühbarocke Kanzel von 1670, auf die die Kirchenbänke ausgerichtet sind – am Kanzelkorb die Figuren der Apostel, auf dem Schalldeckel der triumphierende Christus mit Fahne.

Die **Barbarakapelle** überragte den Kreuzgang, an den sie angebaut wurde, sie ist beiderseits apsidial geschlossen. Hier befinden sich die wertvollsten Ausstattungsstücke der Kirche. Der um 1510 geschaffene, spätgotische Marienaltar – ein Flügelaltar mit Doppelflügeln – zeigt im Mittelschrein

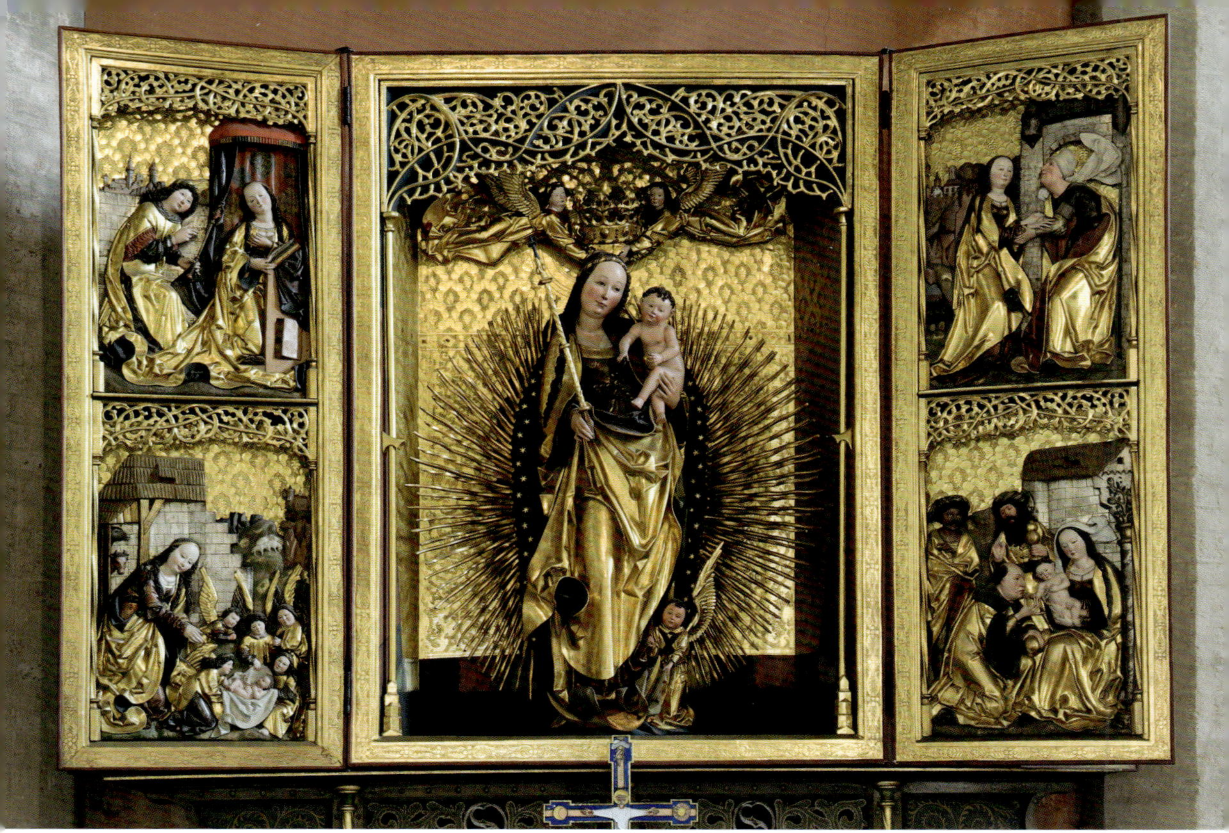

Dreifaltigkeitskirche · der spätgotische Marienaltar der Barbarakapelle – wertvollstes Ausstattungstück der Kirche

die farbig gefasste und vergoldete Schnitzfigur von Maria mit Kind im Strahlenkranz, von Engeln getragen, auf den Innenflügeln Reliefs mit der Verkündigung an Maria, der Heimsuchung (Maria und Elisabeth), Maria, das Neugeborene anbetend, und der Anbetung der Könige. Die Darstellungen hat der Schnitzer teilweise aus Albrecht Dürers Holzschnittfolge des Marienlebens übernommen. Auf den Außenflügeln sieht man gemalte Szenen der Passion Christi in drastisch-ausdrucksstarker Darstellung.

Neben dem Altar hängt ein Tafelbild der Kreuzigung Christi mit dem knienden Stifterpaar, bezeichnet »F H 1524«; im Hintergrund sieht man die Ansicht von Jerusalem mit dem Heiligen Grab Christi in Gestalt des gebauten Görlitzer Heiligen Grabes. Gegenüber am Pfeiler ist die Holzfigur »Christus in der Rast« (der auf dem Weg zur Kreuzigung rastende, schmerzleidende Heiland) angebracht. Links davon befindet sich das bedeutendste Kunstwerk in der Barbarakapelle: die Gruppe der Beweinung Christi, aus Sandstein, bezeichnet »H. v. O. (Hans von Olmütz) 1492«. Die Skulptur war eine Stiftung von Georg Emerich, dem Stifter der Anlage des Heiligen Grabes, für das Hans von Olmütz ebenfalls tätig war. Die körperlich wie emotional bewegte Gruppe zeigt Maria mit dem vom Kreuze abgenommenen toten Christus auf den Knien, neben ihr der Jünger Johannes, seitlich Joseph von Arimathia und Nicodemus.

Der 20 **Obermarkt** bildet als langgestreckte Platzerweiterung der via regia das städtebauliche Zentrum des wohl um die Mitte des 13. Jahrhunderts entstandenen Stadtteils und fungierte als zweite zentrale Marktstätte der Stadt. Die freie Weite, die der Platz jetzt besitzt, ist allerdings nicht ursprünglich. Im westlichen Abschnitt der Platzfläche stand das Salzhaus. Einst der königliche Salzspeicher, wurde das längsrechteckige Gebäude 1536 von Wendel Roskopf d. Ä. umgebaut und um einen Tanzsaal für die Bürger, die nicht zu den Patrizierfamilien gehörten, aufgestockt (die Patrizier feierten ihre Feste im Rathaus). Zuletzt 1767 umgebaut, wurde das schlichte Gebäude 1851 abgerissen, ebenso wie die danebenstehenden Fleischbänke und die Hauptwache. Erst so entstand der freie Platz, dessen Fläche allerdings gewöhnlich mit Marktbuden zugestellt war. Die Bebauung am Obermarkt besteht aus einer Mischung aus Barockhäusern und Bauten des mittleren bis späten 19. Jahrhunderts. Einige Häuser am nördlichen Platzrand haben anspruchsvolle barocke und klassizistische Fassaden.

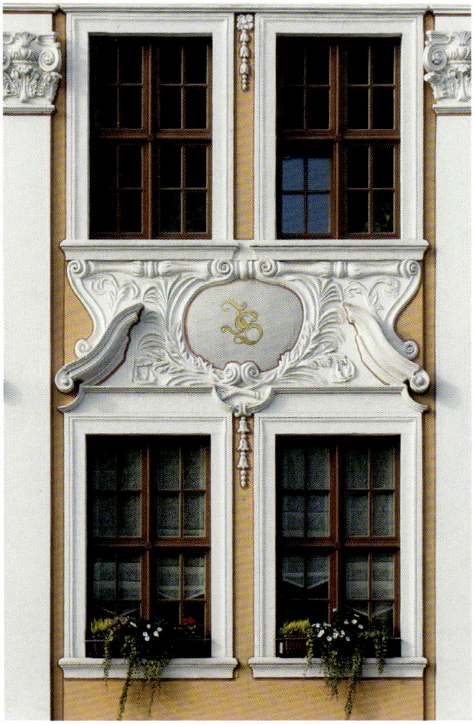

Obermarkt 24 · delikat dekorierte Barockfassade

Hervorzuheben ist das Haus **Obermarkt 22** mit seiner hohen, siebenachsigen Fassade in hochnoblem Klassizismus Berliner Prägung der Zeit um 1840.

Obermarkt 24, erbaut 1719, ist ein Doppelhaus mit zwei Portalen; Kolossalpilaster fassen die beiden Häuser zu einer Fassade mit Mittelrisalit zusammen.

Das sogenannte 21 **Napoleonhaus** (Obermarkt 29) wurde 1718 für den Berliner Textilhändler Wilhelm Schaumburg errichtet. Die sehr reich gegliederte und mit ornamentalem und figürlichem

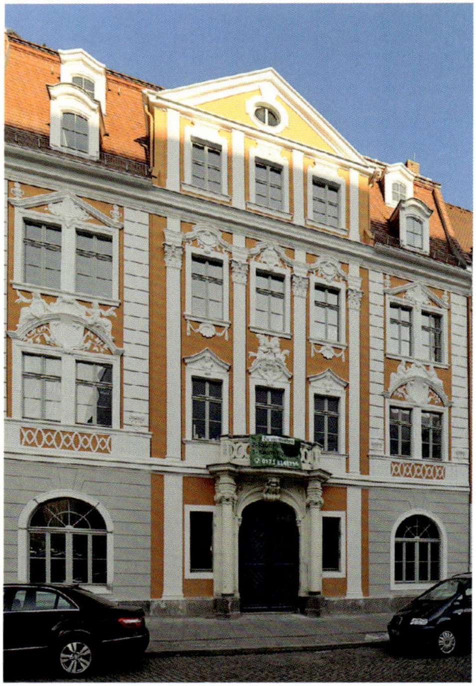

Das Napoleonhaus · hier logierte der Kaiser mehrfach und sprach vom Balkon zu seinen Truppen

Schmuck dekorierte Fassade – das Portal durch einen von freistehenden Säulen getragenen, geschwungenen Balkon betont – ist wohl die schönste hochbarocke Hausfassade in Görlitz. Im Inneren befinden sich eine große gewölbte Halle, ein reich ausgemaltes Treppenhaus und in den dem Platz zugewandten Räumen prachtvolle Stuckdecken. Mehrfach hat Kaiser Napoleon hier logiert und am 20. August 1813 vom Balkon zu seinen Truppen gesprochen.

Bei dem Haus **Obermarkt 30** handelt es sich um einen einfühlsamen Neubau von 1956 an der Stelle zweier Barockhäuser, die 1945 durch Bomben zerstört wurden, deren reich dekorierte, besonders schöne Fassaden allerdings noch zu retten gewesen wären.

An der Südseite des Obermarktes standen einst Häuser mit teilweise reich geschmückten Giebeln. Sie wurden im 19. Jahrhundert durch neue Wohn- und Geschäftshäuser ersetzt (**Obermarkt 4** von 1838, **Obermarkt/Ecke Steinstraße** von 1844). Im Eckhaus **Obermarkt 7,** um 1890 erbaut, gibt es Geschäftsräume in zwei Geschossen mit prachtvollem Treppenaufgang, im Stil zwischen Deutscher Renaissance und Neubarock schwankend.

Die nördlich parallel zum Obermarkt verlaufende **Langenstraße** ist die längste Straße der Altstadt. In ihr sind einige schöne, zweigeschossige Barockhäuser zu finden. Das Haus **Langenstraße 43,** nach dem Stadtbrand 1717 errichtet, war später Wohnhaus des Gründers der Oberlausitzischen Gesellschaft der Wissenschaften Karl Gottlob von Anton (1751 – 1818). Anton gehörte zu den führenden Persönlichkeiten seiner Zeit in Görlitz und der Oberlausitz. Der Sohn einer Kaufmannsfamilie aus Lauban studierte Rechtswissenschaft und Philosophie in Leipzig. Nach 22-jähriger Tätigkeit als Anwalt wurde er 1797 zum Senator in Görlitz berufen und zum »Ratsscabinus« (Oberamtsadvokat), d. h. zum obersten Rechtsvertreter der Stadt in der Funktion eines heutigen Oberstaatsanwalts ernannt. 1802 wurde er in den Reichsadel erhoben. Anton war gleichzeitig ein Gelehrter, der bedeutende historische und rechtswissenschaftliche Werke geschrieben und sich als Erster sprachwissenschaftlich mit

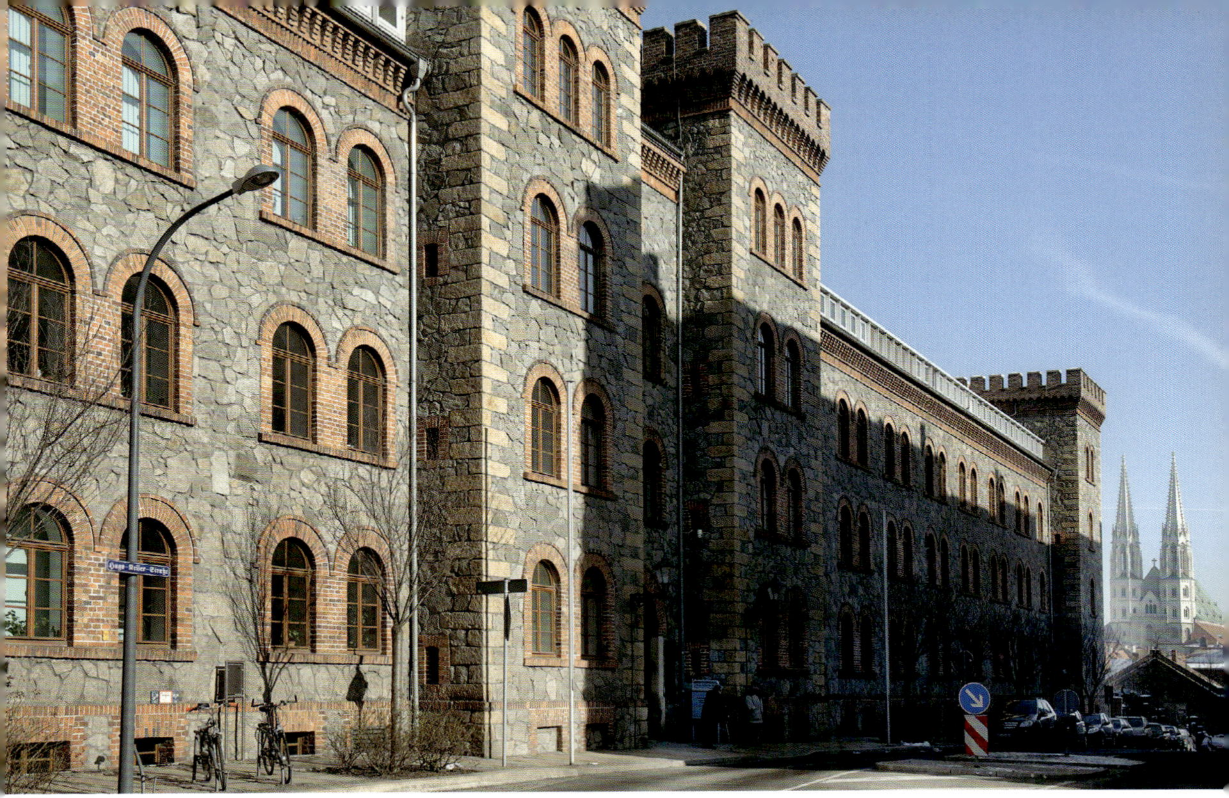

Die Jägerkaserne · ein typisches Beispiel für preußische Militärarchitektur

der sorbischen Sprache beschäftigt hat. Die Familie Anton hat noch weitere Gelehrte hervorgebracht. Konrad Gottlob Anton, Vetter von Karl Gottlob, war Professor für orientalische Sprachen an der Universität Wittenberg, dessen Sohn Karl Gottlieb dort Professor für Altphilologie. Das Haus hat eine anmutige Fassade, als dessen Hauptachse im Mittelrisalit ein Portal und gekuppelte mittlere Fenster zusammengefasst sind. Der langgestreckte Bau **Langenstraße 41** war das Haus des reichen Tuchhändlers Johann Christian Schrickel, um 1720. Im Obergeschoss befindet sich ein Saal mit bemalter Decke (Diana im Bade).

Parallel zur Langenstraße, außerhalb der Altstadt, **Hugo-Keller-Straße 14,** steht die ehemalige **22** **Jägerkaserne** – ein strenger, kastellartiger Bau aus Granitbruchstein mit Türmen an den Ecken und neben dem Eingang, mit zinnenbekrönten Mauern und rundbogigen Fenstern. Sie wurde 1854 bis 1858 wohl nach dem Entwurf des Berliner Baubeamten Carl Ferdinand Busse (1802 bis 1868, vgl. Gerichtsgebäude am Postplatz und Ständehaus) errichtet. Heute befinden sich darin städtische Behörden.

Nikolaivorstadt

DAS »LAUSITZER JERUSALEM«

Eine zum Kriegerdenkmal umgestaltete Kirche, romantische Friedhöfe und ein einzigartiges Ensemble von Sakralbauten und Landschaft, das ins Heilige Land verweist – im Gebiet nördlich der Altstadt kann man ganz besondere Zeugnisse der Frömmigkeit erleben. Mit dem Heiligen Grab, dem »Lausitzer Jerusalem«, besitzt Görlitz ein Denkmal von Weltrang, das nichts von seiner sakralen Ausstrahlung und religiösen Kraft verloren hat. Die hier endenden jährlichen Karfreitagsprozessionen sind ein lebendiger Ausdruck des religiösen Lebens der Stadt.

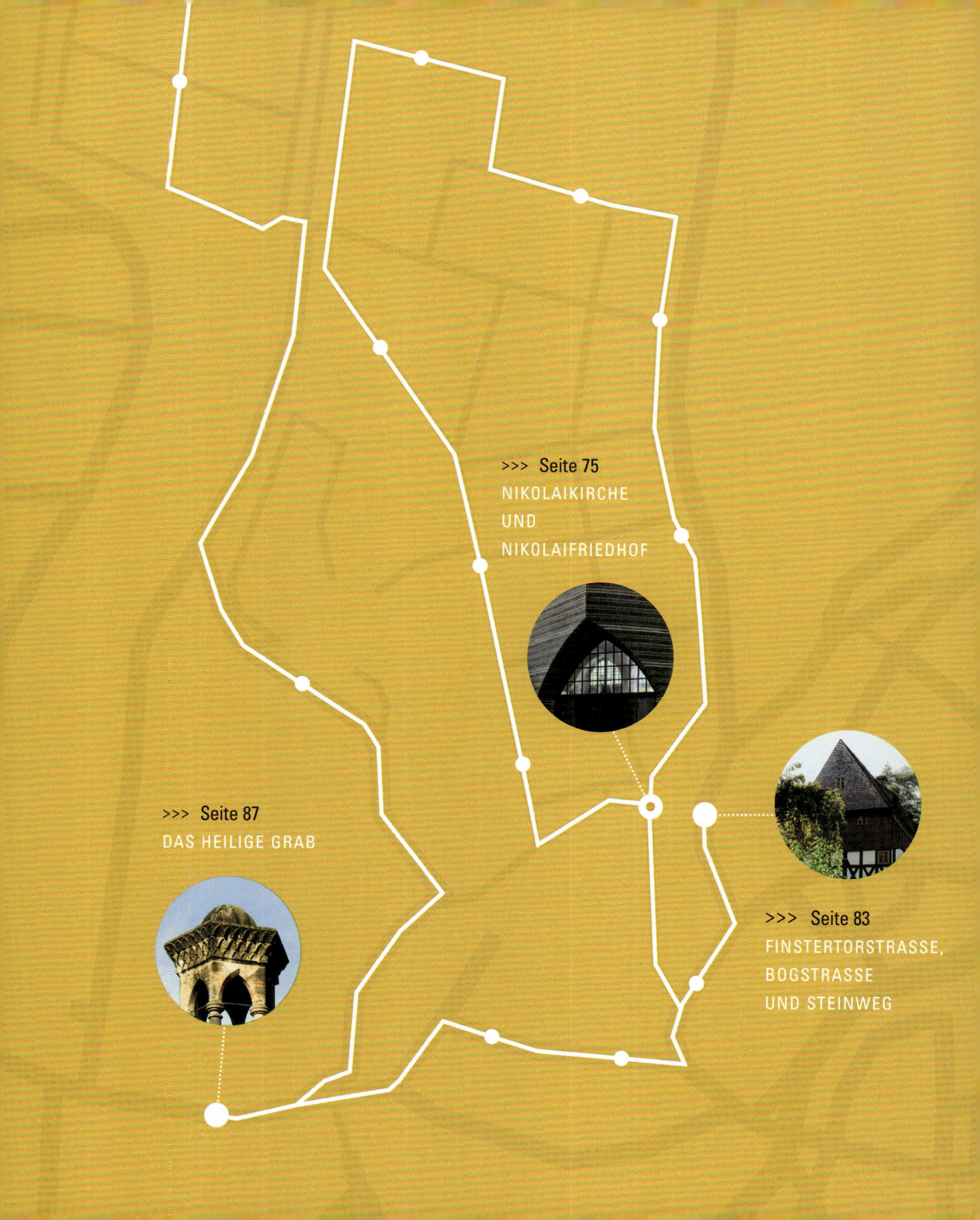
>>> Seite 75
NIKOLAIKIRCHE
UND
NIKOLAIFRIEDHOF
>>> Seite 87
DAS HEILIGE GRAB
>>> Seite 83
FINSTERTORSTRASSE,
BOGSTRASSE
UND STEINWEG

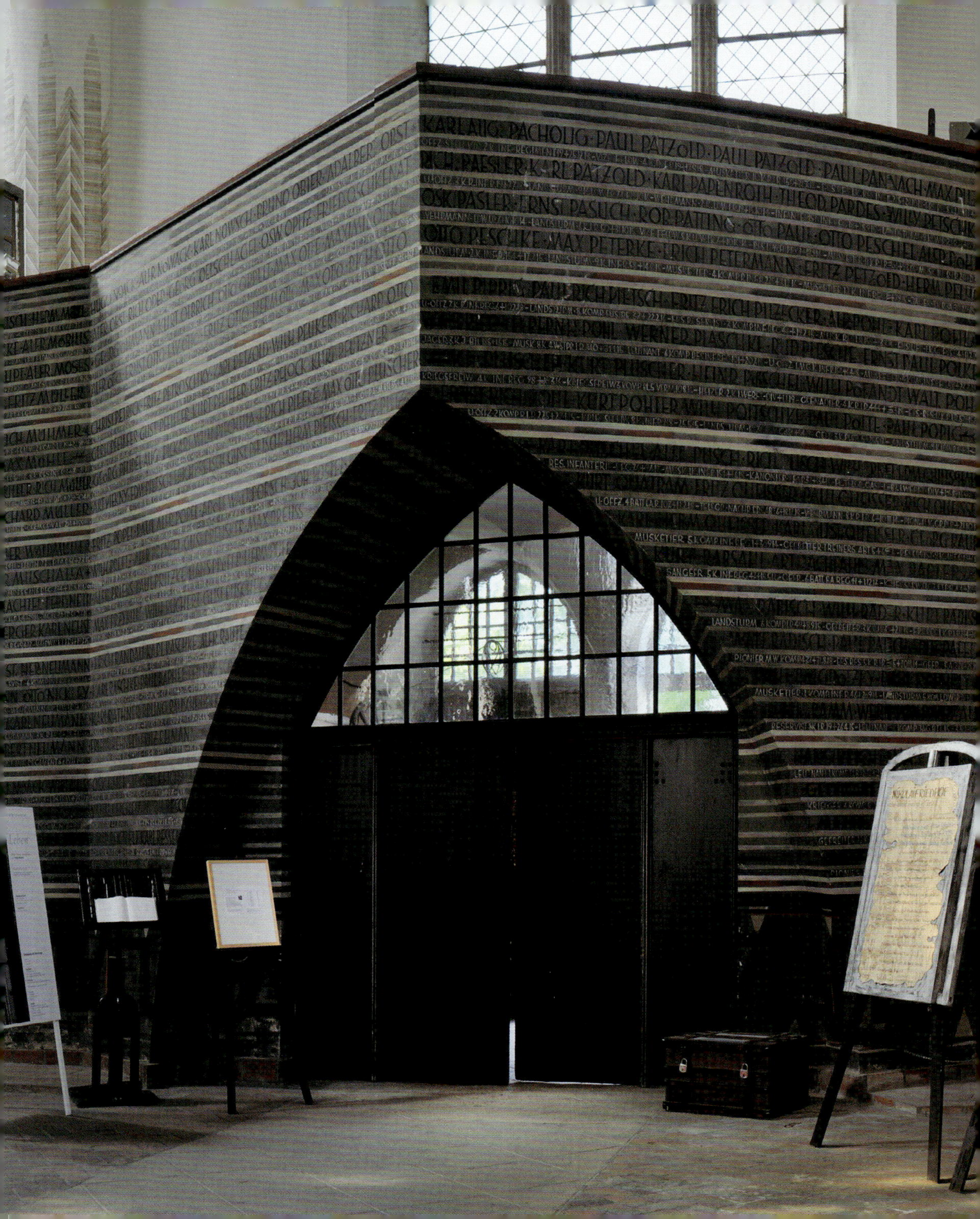
PAUL PÄTZOLD
OTTO PESCHKE · MAX PETERKE

Nikolaikirche und Nikolaifriedhof

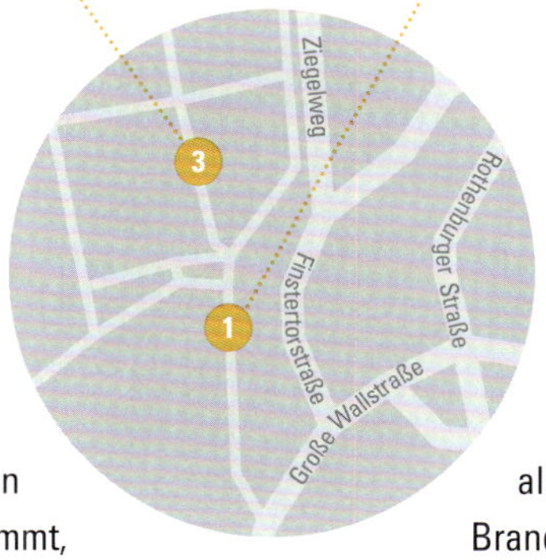

1 **Nikolaikirche** (Große Wallstraße) Die Gründungszeit der Nikolaikirche ist ungewiss. In der Forschungsmeinung, die hier den Ort des slawischen Dorfes annimmt, wird ein Gründungsbau um 1100 vermutet. Jedenfalls hatte die Kirche bis 1372 als einzige in Görlitz den Status einer Pfarrkirche. Der jetzige Bau wurde 1452 begonnen, die Bauarbeiten aber zugunsten der Peterskirche bis 1515 unterbrochen. Dann wurde weitergebaut, wohl unter Beteiligung von Wendel Roskopf d. Ä. 1520 wurde die Kirche, noch ohne Gewölbe mit einem Notdach gedeckt, geweiht. Aus dieser Zeit stammt das 1517 datierte, schöne, allerdings unvollendete und in schlechtem Zustand befindliche Südportal mit der Kreuzigung und den Figuren der hll. Nikolaus und Katharina.

links: Nikolaikirche · Empore vor dem Westportal mit den Namen von Gefallenen aus Görlitz auf horizontalen Ornamentbänden

Nachdem die Pfarrfunktionen an die Peterskirche übergegangen waren, diente die Nikolaikirche als Friedhofskirche. Nach einem Brand 1717 wurde sie bis 1720 wiederaufgebaut. Dabei wurden die Fenster verkleinert und über die oktogonalen Pfeiler eine flache Holzdecke gelegt, die mit einer perspektivisch Höhe vortäuschenden, illusionistischen Architekturmalerei von Johann Christoph Breidt bemalt war. 1924 bis 1926 wurde das Innere von Martin Elsässer (1884 bis 1957), einem der großen Architekten der modernen Architektur, der damals als Professor an der Kunstgewerbeschule in Köln lehrte, zu einer Gedenkstätte für die Gefallenen des Ersten Weltkriegs umgestaltet. Anstelle der zwölf alten Pfeiler errichtete Elsässer acht sehr schlanke Stützen aus Stahlbeton mit sternförmigem, scharfkantigem Querschnitt, die übergangslos in die aus leichtem Rabitz bestehende Kreuzgewölbe übergehen. Als Vorbild diente die hochgotische Hallenkirche Sankt Maria zur Wiese in Soest.

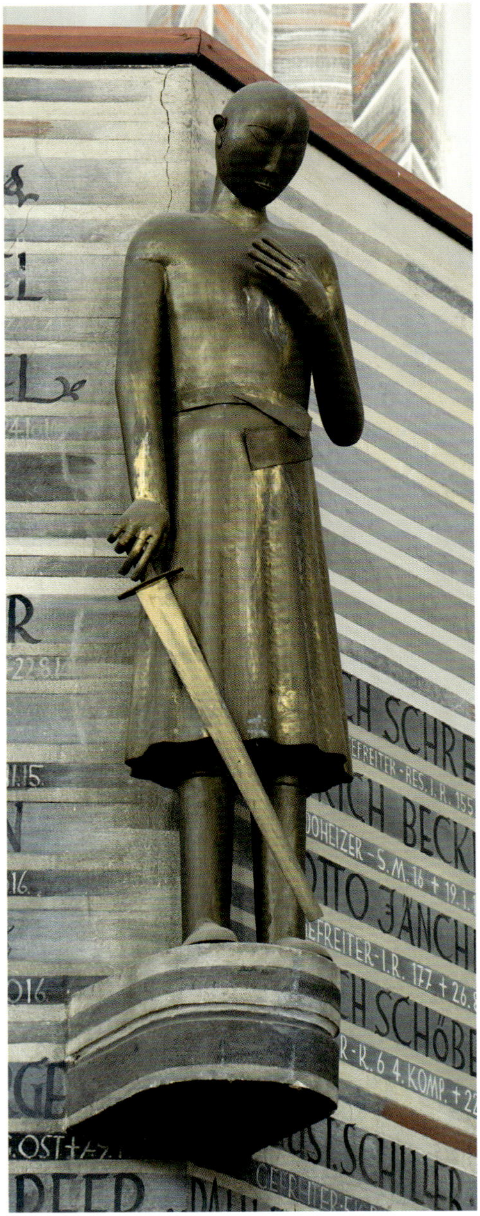

Elsässers expressionistische, abstrahierende Gotikinterpretation steht in hartem Gegensatz zum barocken Hochaltar von 1717. An die westliche Eingangsseite setzte Elsässer eine wuchtige Empore. Die farbige Fassung des Raumes entwarf Paul Schröder, Professor für dekorative Malerei, ebenfalls an der Kunstgewerbeschule in Köln. Wände und Gewölbe wurden in den Farben Schwarz, Rot und verschiedenen Abstufungen von Grau gestrichen. Auf horizontalen Ornamentbänden standen die Namen von ca. 2300 Gefallenen aus Görlitz. Die Figuren eines trauernden Kriegers mit geschlossenen Augen und gesenktem Schwert und einer betenden Frau – gefertigt aus geschlagenem Blech mit sichtbaren Lötnähten – stehen auf der Empore. Sie wurden geschaffen von dem auch in Köln lehrenden Bildhauer Hans Wissel. 1974 wurde anlässlich einer Restaurierung die farbige Fassung größtenteils weiß übertüncht.

Es wäre wünschenswert, wenn die Streifenbemalung der Wände und Gewölbe denkmalpflegerisch rekonstruiert würde, um den ausdrucksstarken Raumeindruck eines der bedeutendsten Werke der expressionistischen Architektur in Deutschland wiederherzustellen.

links: Nikolaikirche · Figur eines trauernden Kriegers

rechts: Nikolaifriedhof · Grabmäler

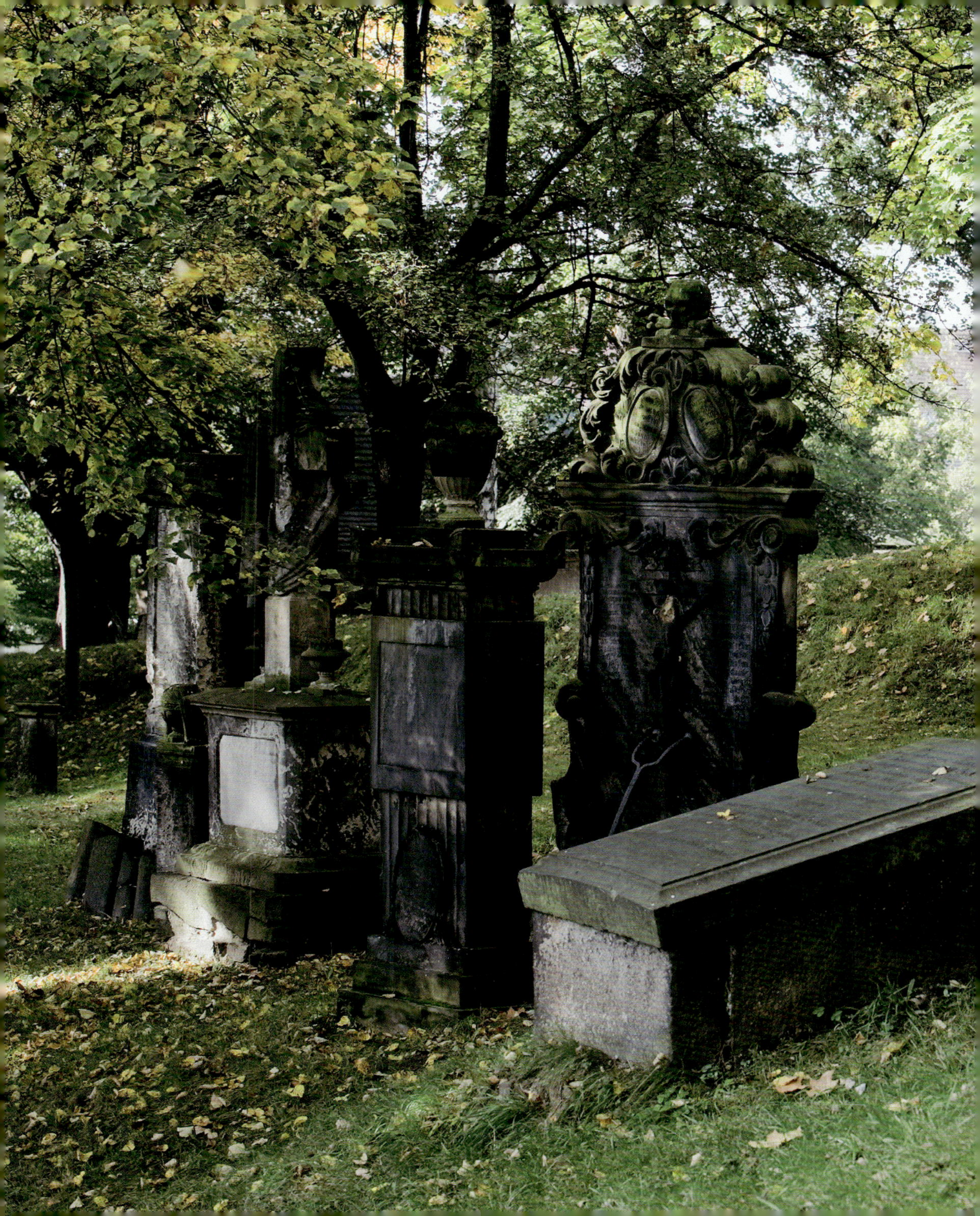

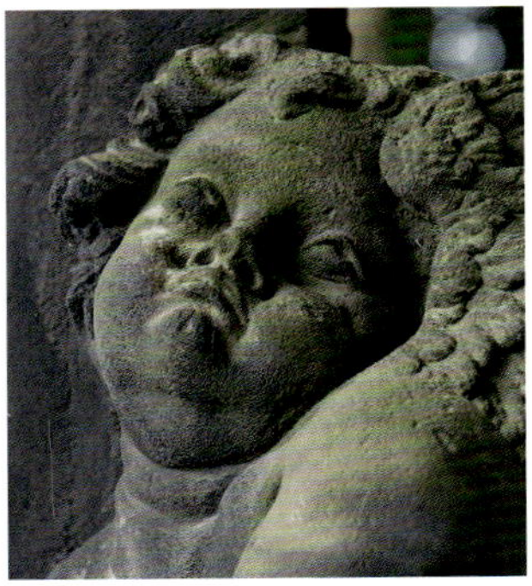

2 Nikolaifriedhof

Der alte Hauptfriedhof der Stadt gehört mit seinem Bestand bedeutender Grabmäler und seiner romantischen Atmosphäre zu den schönsten und interessantesten historischen Friedhöfen in Deutschland. 1305 erstmals urkundlich erwähnt, wurde er um 1559 auf dem ansteigenden Gelände nordwestlich der Nikolaikirche wesentlich erweitert und 1848 stillgelegt. Die an Ort und Stelle erhaltenen Grabmäler stammen aus dem späten 17., 18. und frühen 19. Jahrhundert. Während der Hussitenkriege wurden im 15. Jahrhundert Grabsteine zur Verstärkung der Stadtmauer verwendet. Eine große Zahl von Renaissance- und Barock-Grabsteinen wurde später in die Peterskirche verbracht.

rechts: Nilolaifriedhof · Grabdenkmal für die sieben früh verstorbenen Kinder des Bürgermeisters Johann Kisling und seiner Frau

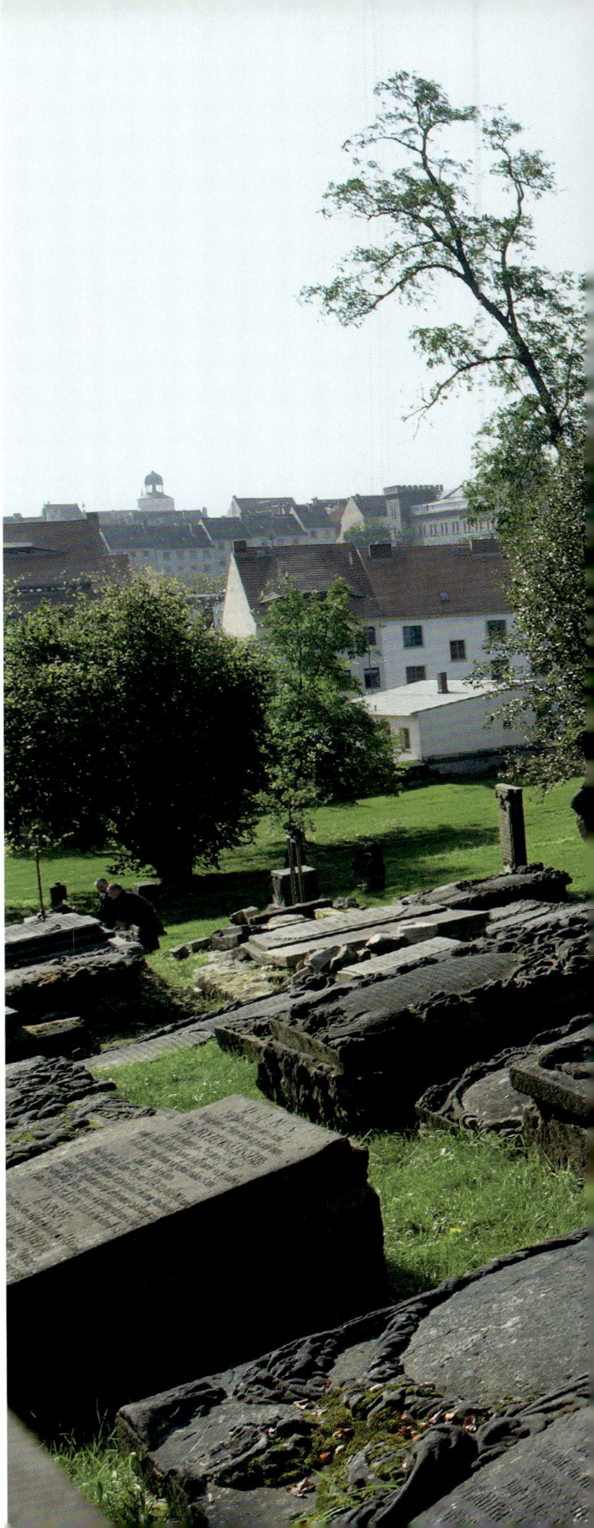

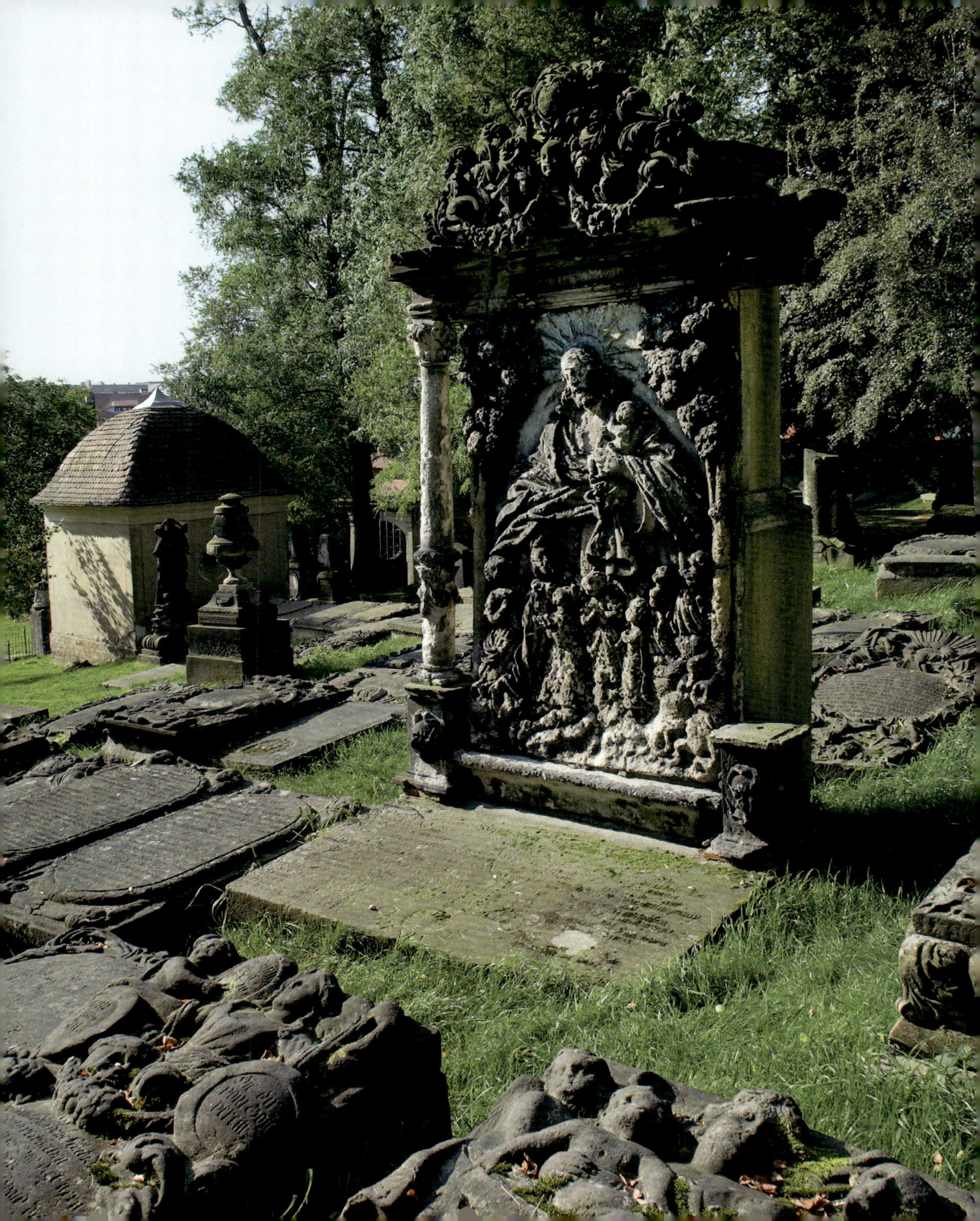

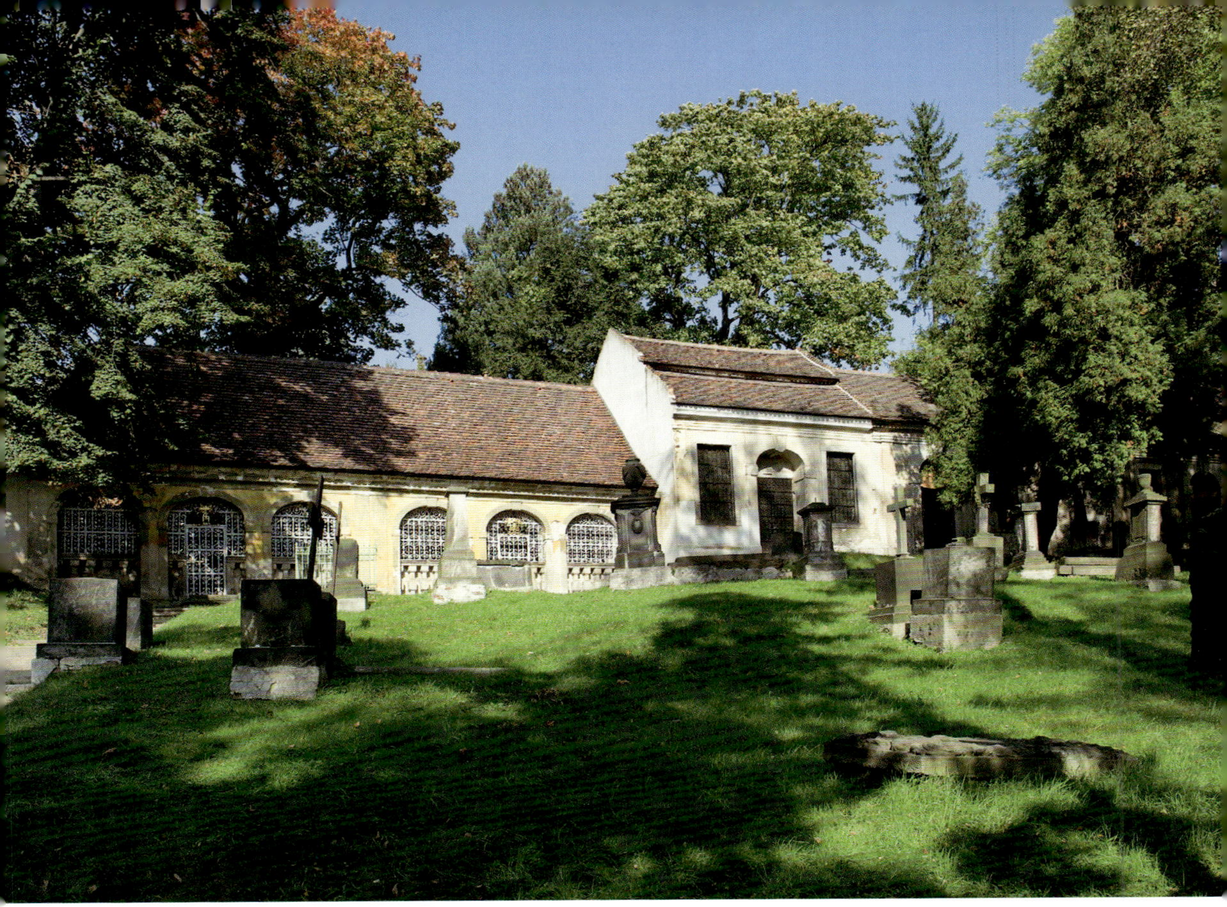

Nikolaifriedhof · die Grufthäuser an der Mauer der Nordseite als Abschluss des ansteigenden Geländes

Recht aufwendig gestaltete Grufthäuser – oft mit kunstvollen schmiedeisernen Gittern und mit skulpturalem Schmuck ausgestattet – befinden sich an den unregelmäßig gezogenen Friedhofsmauern an der Nordseite und der Ostseite; einige von ihnen sind auch einzeln stehend.

An der Wegegabelung nach links befindet sich das Grab des Kaufmanns Johann Jakob Seibt († 1723) und seiner Ehefrau mit einer Figur des auferstandenen Christus, vielleicht von Caspar Gottlob von Rodewitz. Weiter links das Grabmal des Kaufmanns Martin Göldner († 1766) zeigt Reliefs, die den Gang des Lebens veranschaulichen. Oberhalb von Mollergruft und Tobiasgruft steht der Grabstein des 1711 als Student früh verstorbenen Johann Gottfried Firle. Unter der Inschrift ist die

Gestalt eines Toten mit zwei aufgeschlagenen Büchern zu sehen; unten links wird ein Schiff (das symbolische Schiff des Lebens?) gezimmert, rechts wandert ein junger Mann einem Baum zu. Oberhalb der Tobiasgruft liegt das Grab von Hans Jacob Vollhardt († 1711), eines in diplomatischen Diensten weit gereisten Mannes. Unterhalb der Inschrift ruhen die Figuren von Mars und Minerva vor Schwertern, Lanzen und Fahnen. Rechts oberhalb der Tobiasgruft das Grabdenkmal für »den weit berühmten Kauf- und Handelsmann« Valentin Schwanitz († 1717) und seine Frau. Ein Putto rafft den schweren Vorhang von der Stele mit der langen Inschrift. Am Sockel sieht man das Relief eines großen Handelsschiffs. Die schöne Frauenfigur mit der üppigen Frisur weiter rechts stellt Helena Maria Scultetus, verehelichte Meirich, dar, eine Nachfahrin von Bartholomäus Scultetus, gestorben 1695. Daneben befindet sich das Grabdenkmal für die sieben früh verstorbenen Kinder des Bürgermeisters Johann Kisling und seiner Frau. Die große, 1685 gefertigte Platte zeigt – stark verwittert – Christus, die Kinder in seinem Mantel bergend. Im ursprünglich reich ausgemalten Grufthaus der Familie Gobius-Seyfried, bezeichnet 1653,

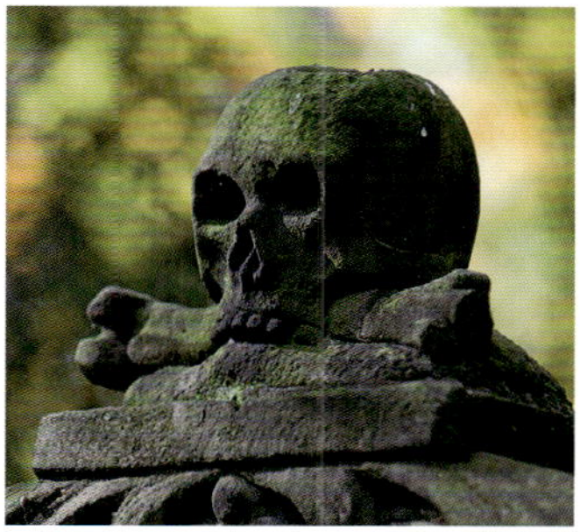

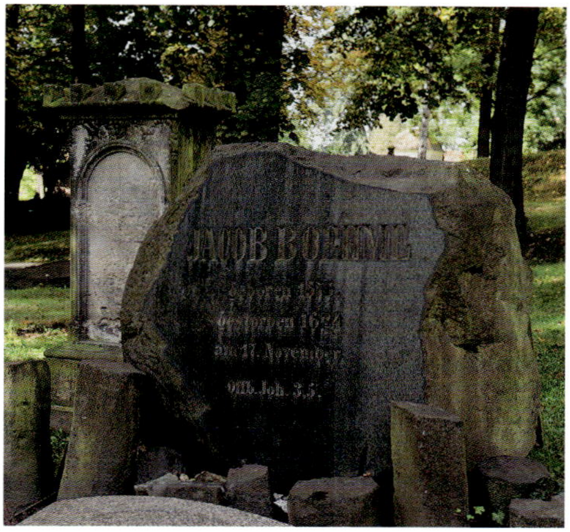

Nikolaifriedhof · Grabstätte des Philosophen Jakob Böhme

ist unter anderen der Bürgermeister Gregor Gobius († 1658) bestattet. Neben dem Grufthaus befindet sich am oberen Ende des Weges das Grab von Carl Gottlob von Anton (1751 – 1818), des Begründers der Oberlausitzischen Gesellschaft der Wissenschaften. In der Reihe der Grufthäuser zeigt dasjenige der Familie Schön-Wiedemann in einer flachen Nische die ikonografisch ungewöhnliche allegorische Figur der »Christognosia«, der christlichen Erkenntnis, dargestellt als jugendlicher Krieger. Mitten im östlichen Teil des Friedhofs befindet sich die Grabstätte des Philosophen Jakob Böhme (1575 – 1624), der Grabstein wurde 1868 errichtet, die Platte mit dem symbolischen Zeichen der »Philosophischen Kugel« 1922 von amerikanischen Verehrern gestiftet. An der Ostseite nahe dem Chor der Kirche steht die Fröhlich-Gruft, bezeichnet 1744, mit dem reich skulptierten Portalgiebel, auf dem zwei brüllende Löwen hocken.

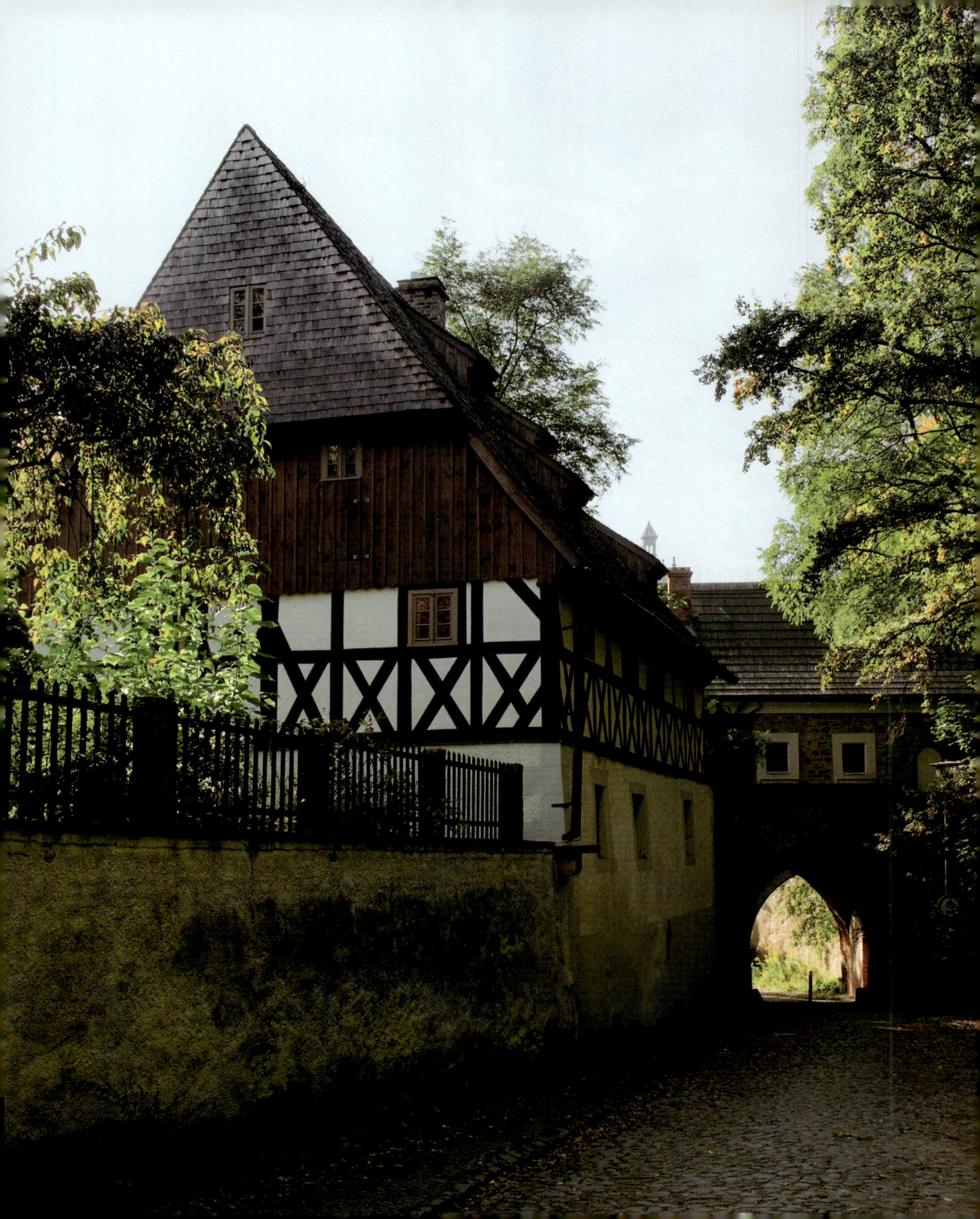

Finstertorstraße, Bogstraße und Steinweg

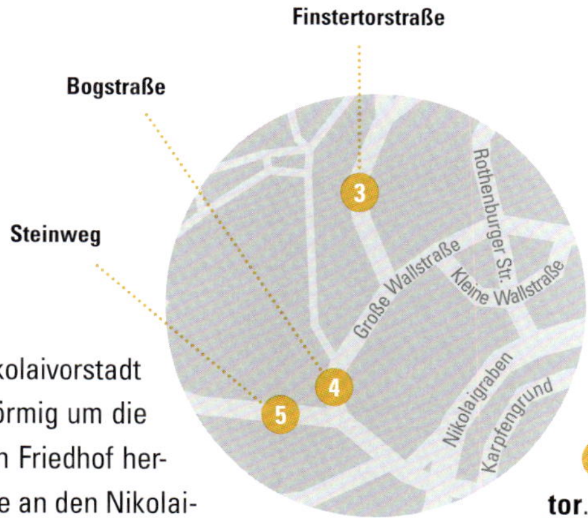

Die Bebauung der Nikolaivorstadt zieht sich halbkreisförmig um die Nikolaikirche und den Friedhof herum. Südlich grenzt sie an den Nikolaigraben mit dem Lunitzbach, der 1822 bis 1838 überdeckt wurde. Das ganze Viertel war von einer niedrigen Stadtmauer umschlossen. Bevor die Vorstadt sich zu einem dicht besiedelten Handwerkerviertel entwickelte, hatten reiche Bürger hier auch landwirtschaftliche Anwesen (Vorwerke). Östlich des Kirchenchores verläuft die **Große Wallstraße,** die mit dem Wassertor an der Neiße endete. Hier befand sich der »Kuttelhof«, der Schlachthof. Weiter nördlich davon, an wechselnden Stellen, der Galgen. Die Rothenburgerstraße hieß früher Galgengasse.

links:
Scharfrichterhaus und Finstertor
einziges erhaltenes Stadttor

Um den Chor der Kirche herumgehend, erreicht man über der 3 **Finstertorstraße** das **Finstertor**. Es ist das einzige erhaltene Stadttor von Görlitz. Dahinter steht das **Scharfrichterhaus**, ein stattlicher Fachwerkbau auf massivem Erdgeschoss. Seit 1571 musste der Scharfrichter seines als unehrenhaft geltenden Berufes wegen vor der Stadt wohnen. Das Fachwerkgeschoss wurde nach Brand 1717 neu gebaut.

Zurück zur Großen Wallstraße stößt man auf die Nikolaischule (Große Wallstraße 19 bis 20), ein dominanter Bau, 1848 im Stil der Florentiner Frührenaissance errichtet, 1878 erweitert. Am oberen Ende der Großen Wallstraße haben sich links in der Bogstraße 19 und 20 aus dem 16. Jahrhundert (im 18. und 19. Jahrhundert umgebaut) die alte Erdgeschosshalle, die gewölbte Treppenhalle und mehrere Räume mit Holzbalkendecken erhalten. Vorn an der Ecke (Nikolaigraben 1) findet sich die historische »Jesusbäckerei«. Hier ist eine der Stationen

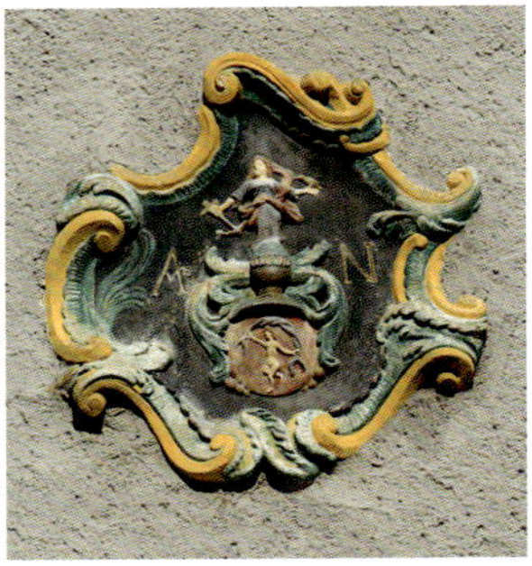

des Kreuzwegs von der Peterskirche zum Heiligen Grab. Die Straße Lunitz ist der Weg der Prozession. An der Mauer von Lunitz 7 die (stilistisch schlichte) Figur der hl. Dorothea mit dem Korb in der Hand (wohl 16. Jahrhundert). Links neben der Lunitz setzten sich in der ersten Hälfte des 19. Jahrhunderts die ersten kleinen Industriebtriebe (u. a. Spinnereien) fest. 1836 wurde hier die erste Dampfmaschine in Görlitz in Betrieb genommen.

Zurück in die 4 **Bogstraße** und weiter in den 5 **Steinweg**. Hier bietet sich das Bild einer historischen Handwerkerstraße fast unverfälscht – ohne moderne Ladeneinbauten in den Erdgeschossen. Steinweg 4 zeigt über dem Portal Reste von Putzmalerei (1563 und 17. Jahrhundert). Hinter dem Haus Steinweg 36 befand sich das »Pesttor«, durch das bei den Epidemien die Toten auf den unteren Teil des Nikolaifriedhofs zur Bestattung in Massengräbern gebracht wurden. Über dem Portal von Steinweg 39 ein hübsches Familienwappen mit einer nackten Schleiertänzerin und einer Frau mit Anker und Vogel.

rechts: Blick in den Steinweg

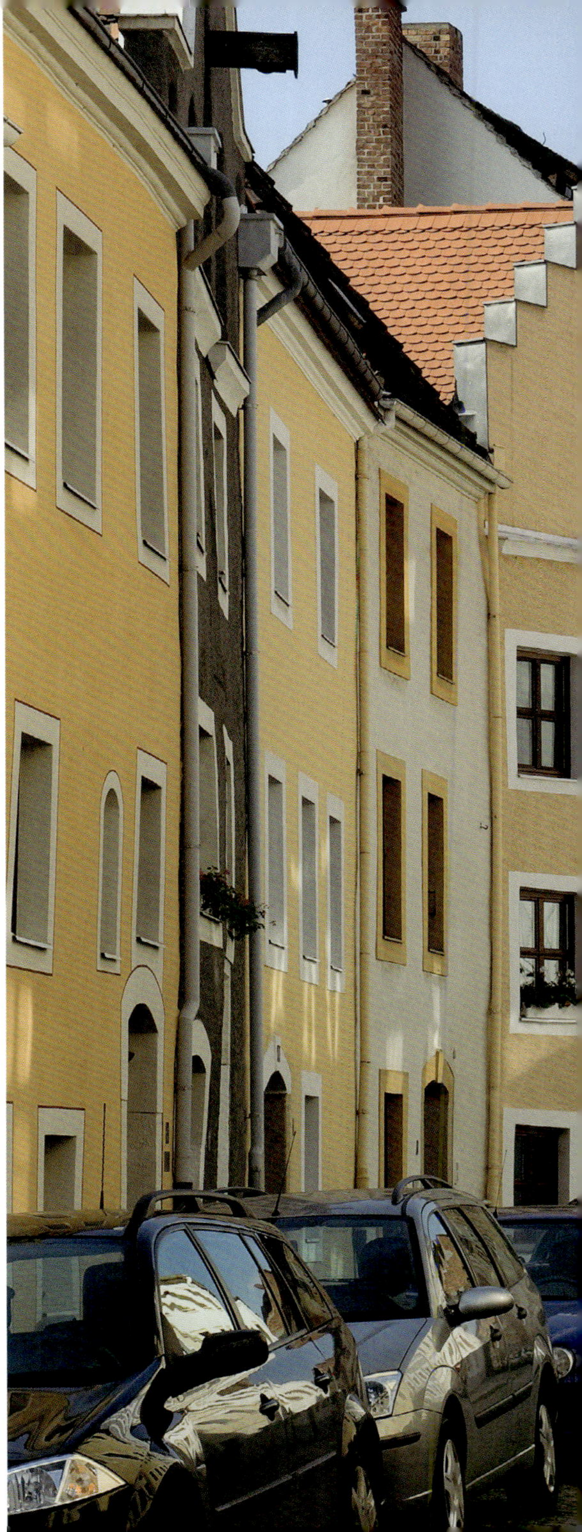

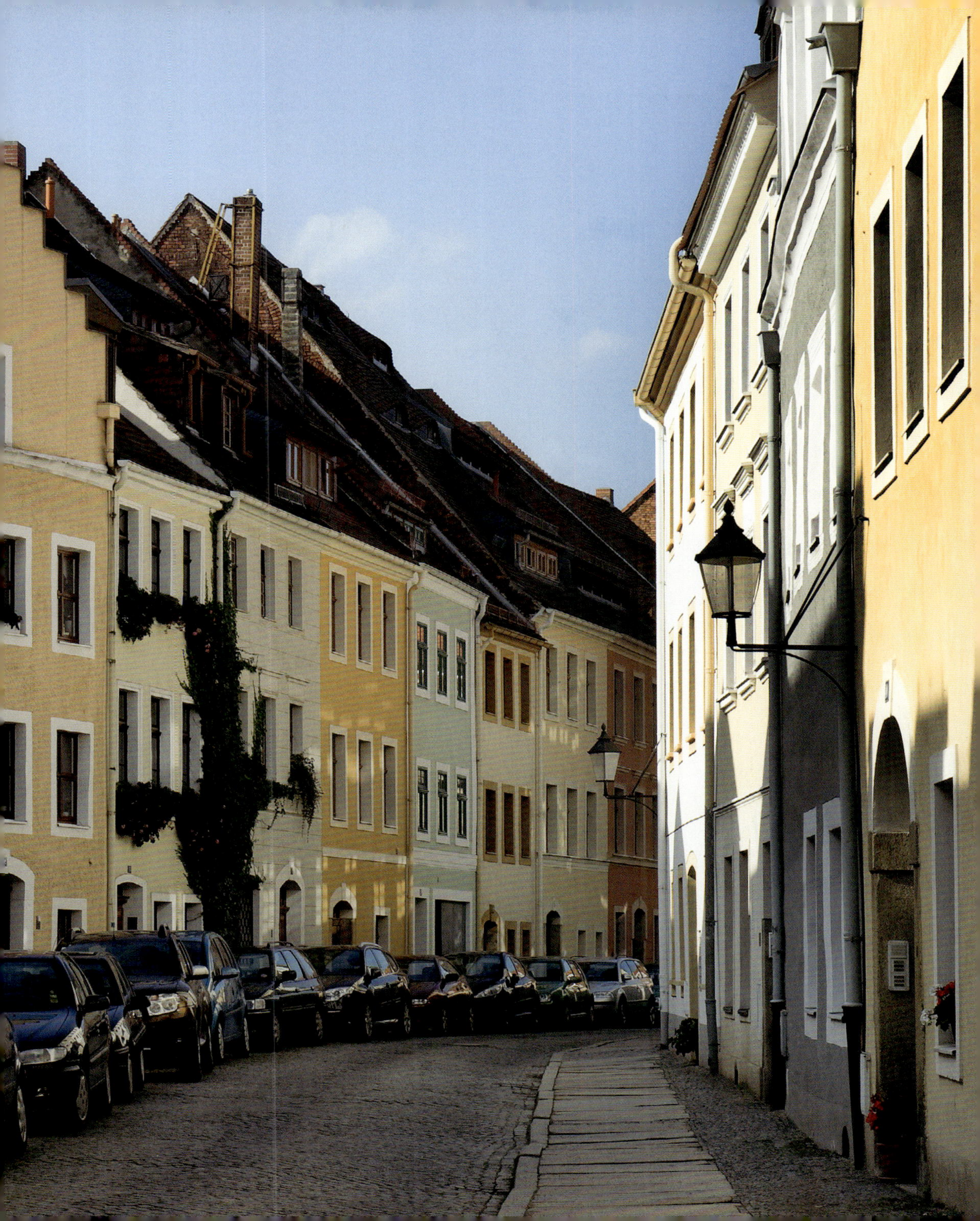

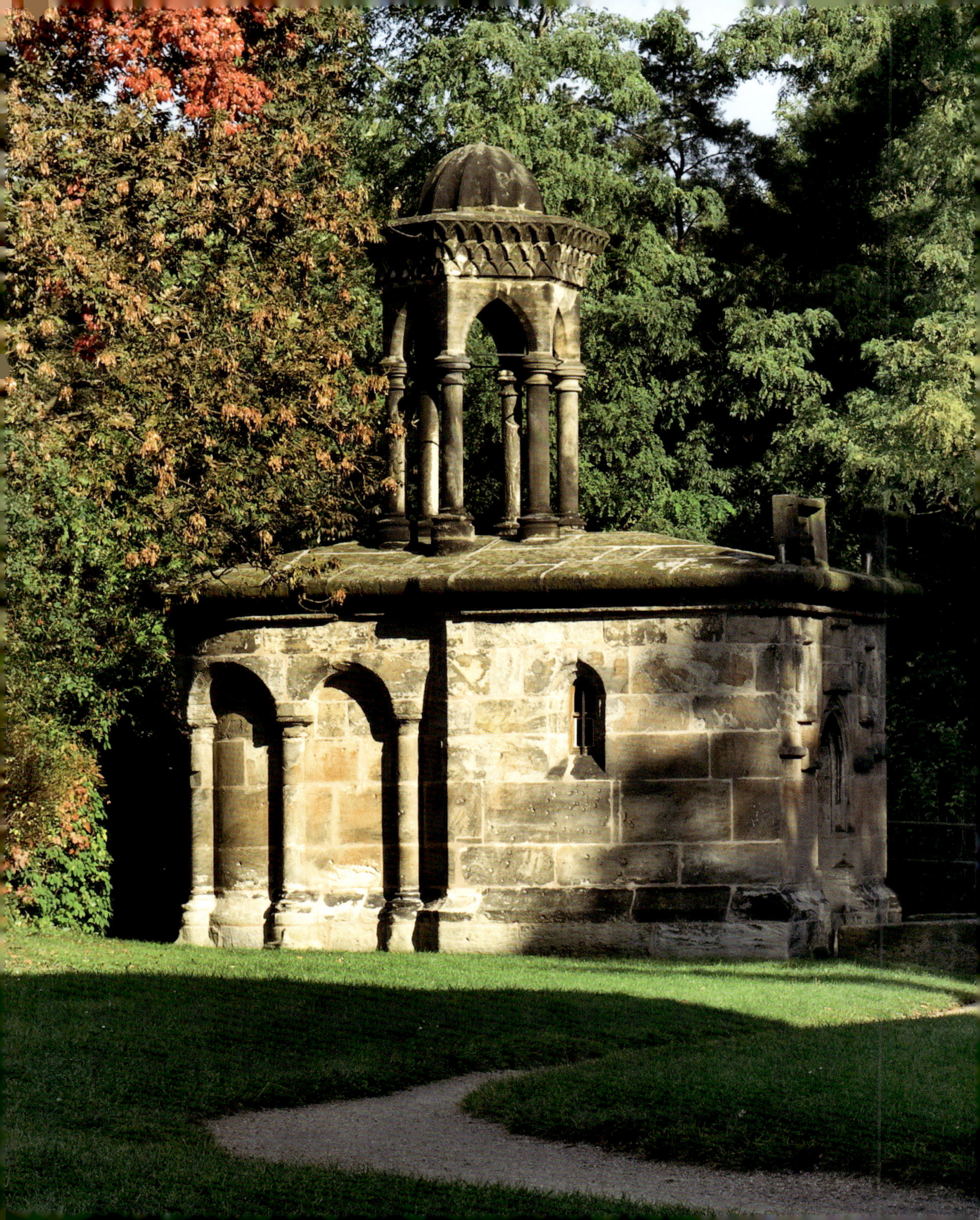

Das Heilige Grab

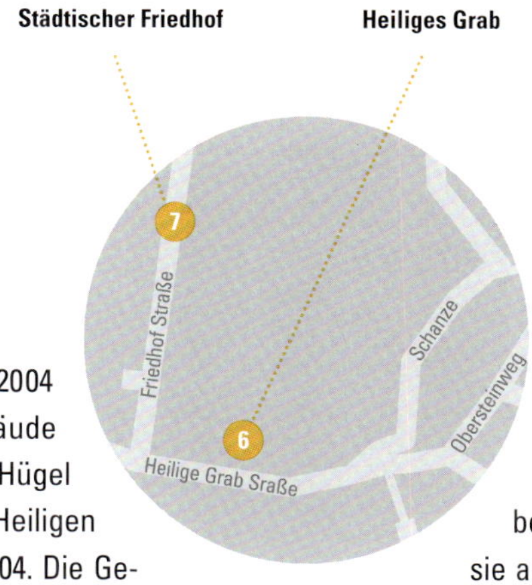

Heiliges Grab

Durch ein eher unschönes, 2004 vollendetes Empfangsgebäude aus Beton betritt man den Hügel der Wallfahrtsstätte des Heiligen Grabes, errichtet 1481 bis 1504. Die Geschichte ist folgende: Georg Emerich, Sohn des Görlitzer Bürgermeisters und Hauptes der Ungarnpartei, später selbst Bürgermeister und Kaufmann, schwängerte, schon 42 Jahre alt, 1464 die minderjährige Tochter des Ratsherrn und Kaufmanns Nikolaus Horschel, Anhänger der böhmischen (utraquistischen) Partei. Horschel verlangte die Heirat oder finanzielle Entschädigung. Emerich verweigerte dies und entschloss sich 1465, eine Pilgerreise nach Jerusalem anzutreten, wo er zum Ritter vom Heiligen Grabe geschlagen wurde und 1466 zurückkehrte. Nach einer Verschwörung der Anhänger König Georgs von Podiebrad, der böhmischen Partei, 1467 wurde die Familie Horschel vertrieben.

links:
Die Grabkapelle · eine verkleinerte Nachbildung des Grabes Christi in Jerusalem

1481 stiftete Georg Emerich, der inzwischen als Nachfolger seines Vaters Bürgermeister geworden war, die Anlage des Heiligen Grabes. Es ist jedoch nicht geklärt, ob er sie auch finanzierte oder lediglich Mitbürger zu Stiftungen anregte. Die gesamte Anlage besteht aus der Heilig-Kreuz-Kapelle, dem Salbhäuschen und der Grabkapelle, die sich in ihrer räumlichen Anordnung und teilweise auch in ihren Abmessungen eng an den heiligen Stätten in Jerusalem orientieren. In alten Berichten von Georg Emerichs Pilgerfahrt heißt es zwar, er habe in seiner Begleitung Männer gehabt, die das Heilige Grab zu vermessen hätten. Wahrscheinlich geht die Görlitzer Planung aber auf Illustrationen von Erhard Reuwich in dem 1486 erschienenen Buch »Peregrinatio in terram sanctam« zurück.

Das »Lausitzer Jerusalem« erschöpft sich aber nicht in einem Architekturensemble. Nördlich der Heilig-Grab-Kapelle blickt man hinunter in den sogenannten **Ölberggarten**, eine Senke, die mit den Bezeichnungen »Jüngerwiese«, »Ölberg« und »Bach Kidron« die Topografie der Heiligen Stätte symbolisierte.

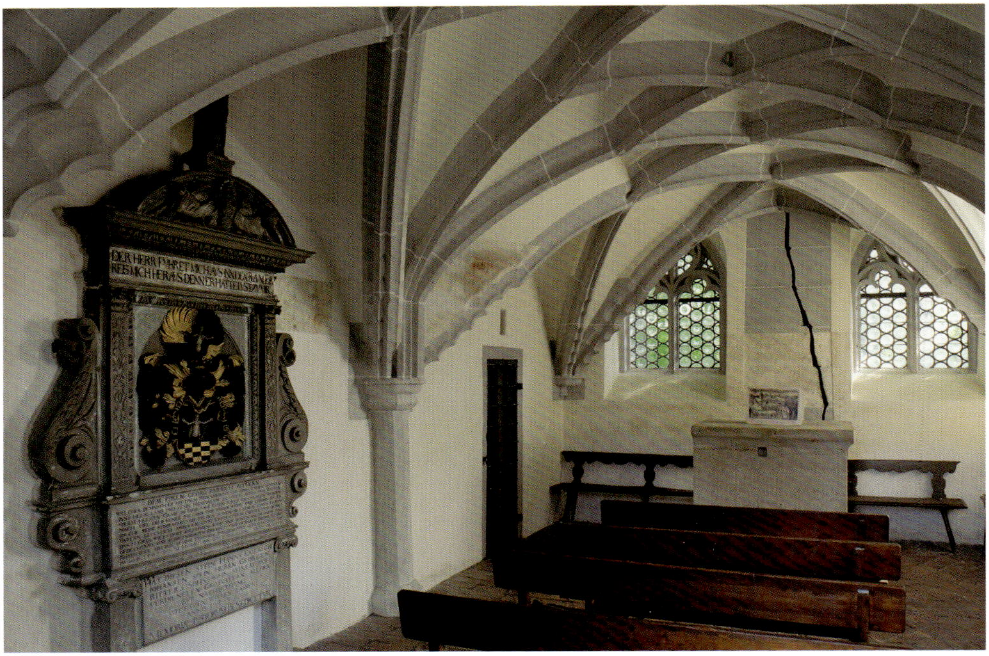

Heilig-Kreuz-Kapelle · im Hintergrund der Riss, der an das Erdbeben beim Kreuzestod Christi erinnert

Diese Interpretation wurde auch auf die Stadt selbst ausgeweitet: Am Westportal der Peterskirche begann ein mit Bildstöcken und Bildwerken markierter Kreuzweg. Diese durch die Nikolaivorstadt bis zur Grabkapelle führende »Via Dolorosa«, deren Stationen heute nur noch teilweise erhalten sind, war über Jahrhunderte Schauplatz von Kreuzwegprozessionen.

Seine Glanzzeit erlebte der Heilig-Grab-Kult in Görlitz erst nach dem Dreißigjährigen Krieg, also in lutherischer Zeit, als die Kultstätte in reformatorischem Sinne umgedeutet und weiter genutzt wurde. Sie ist damit der einzige lutherische Wallfahrtsort der Passionsverehrung. Bis heute finden am Karfreitag Prozessionen von der Peterskirche zum Heiligen Grab statt.

Am Eingang stehen neben dem Wächterhaus von 1853 drei 1980 neu gepflanzte Linden, Sinnbild für die drei Kreuze auf Golgatha. Es folgt die aus Sandsteinquadern errichtete zweigeschossige **Heilig-Kreuz-Kapelle**, die einen quadratischen Grundriss besitzt. Ihr steiles Satteldach wird von einem nadelspitzen Dachreiter überragt. Die Idee, hier eine Doppelkapelle als Sinnbild für Altes und

Gräber und Kreuzwege

NACHBILDUNGEN VON HEILIGEN STÄTTEN

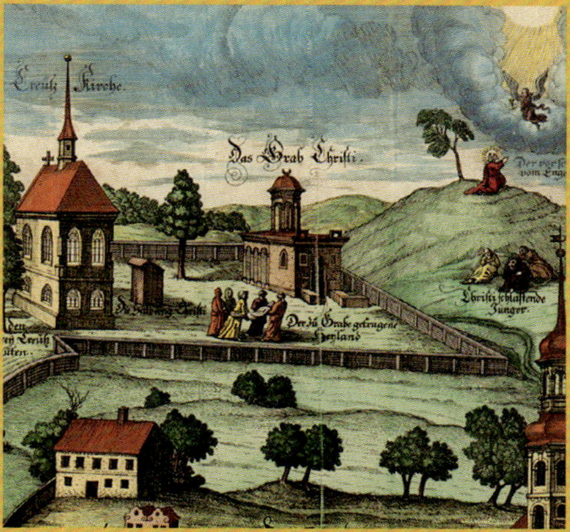

Das Heilige Grab, kolorierter Kupferstich, 1719 (Ausschnitt)

Das Heilige Grab in Jerusalem war über Jahrhunderte die wichtigste christliche Pilgerstätte. Doch für eine Wallfahrt benötigte man sehr viel Zeit und Geld – in der Regel konnten es sich nur Wohlhabende leisten, auf diese Weise den Heiligen Stätten besonders nahe zu sein und dort um Heil zu bitten. Daher wurden in den verschiedensten Orten Nachbildungen geschaffen. In der Zeit um 1000 wurden große Nachbildungen der Rotunde der Grabeskirche an Kirchengebäuden gebaut. Später entstanden dann Nachbildungen der eigentlichen Grabeskapelle im Inneren von Kirchen. Das älteste erhaltene Beispiel – aus dem 12. Jahrhundert – befindet sich in der Stiftskirche St. Cyriakus in Gernrode am Harz, bedeutende spätere Beispiele sind das im Münster von Konstanz (13. Jahrhundert) und das von Leon Battista Alberti entworfene Heilige Grab in der Cappella Rucellai der Kirche San Pancrazio in Florenz (um 1470). Die früheste freistehende bauliche Nachbildung des Heiligen Grabes stand neben dem Norisstift in Nürnberg (1459, zerstört); sie bildete wohl das Vorbild für die Grabkapelle in Görlitz.

Im 15. Jahrhundert wurden die Pilgerreisen nach Jerusalem immer populärer. Es bildeten sich dafür eigene Bruderschaften. Dies ist auch der Hintergrund für die Entstehung der »Kreuzwege«, die vor allem im Barock vor Wallfahrtskirchen angelegt wurden. Diese Nachahmungen der via dolorosa in Jerusalem – also des Weges Jesu vom Haus des Pontius Pilatus bis zur Kreuzigung auf Golgatha und der Grablegung – erlaubten es den Gläubigen, sich die Leiden Christi an sieben Stationen (seit dem 16. Jahrhundert verdoppelte man ihre Anzahl auf 14) zu vergegenwärtigen. Der von der Peterskirche zum »Heiligen Grab« führende Kreuzweg in Görlitz gehört zu den ältesten im deutschen Sprachraum. Die Heilig-Grab-Anlage selbst, die auch als »Lausitzer Jerusalem« bezeichnet wird, ist in ihrer Verflechtung von Landschafts- und Architekturensemble einzigartig.

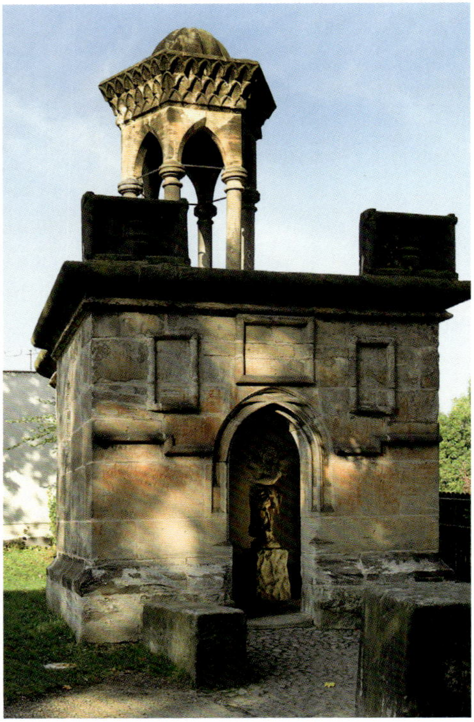

Grabkapelle · über dem Eingang die Symbole für Siegel und Riegel des Grabes

Neues Testament zu bauen, stammt vielleicht von dem am Bau beteiligten Werkmeister Thomas Neukirch aus Krems in Niederösterreich. Die Unterkirche, 1481 bis 1489 entstanden, versinnbildlicht das Grab Adams unter dem Kreuz Christi. In dem gedrückten, niedrigen Raum gibt es eine freistehende Altarmensa, in der Wand dahinter verweist ein vertikaler Riss auf das Erdbeben beim Kreuzestod Christi. Eine Außentreppe führt hinauf in die nach 1490 vollendete **Golgathakapelle**. Den hellen Raum decken reiche Schleifrippengewölbe. Die Architektur schufen Conrad Pflüger und der Parlier Blasius Börer, die Baumeister der Gewölbe der Peterskirche. Die drei runden Öffnungen im Boden der erhöhten Stufe sind Zeichen für die drei Kreuze; die mittlere hat einen Metallrahmen – wohl zum Einstecken eines Kreuzes. Davor ist eine Rinne für das Blut Christi eingetieft. Hier mündet die Spalte aus der Adamskapelle. Der Altartisch in der Ecke steht über der Kreuzesstelle des reuigen Schächers. Hier lagen einst drei goldene Würfel, ein Verweis auf die Verlosung des Gewandes Christi.

Seitlich neben der Kreuzkapelle steht das **Salbhäuschen**. Es ist fraglich, ob die um 1500 geschaffene Figurengruppe Maria Magdalena darstellt, die den auf einem Stein liegenden Leichnam Christi salbt, oder – laut Inschrift am Sockel – die den toten Sohn beweinende Mutter Maria. Bildhauer war wohl Hans von Olmütz. Das Gitter stammt aus dem 18. Jahrhundert.

An erhöhter Stelle steht die **Grabkapelle**, eine etwas verkleinerte Nachbildung des Grabes Christi in Jerusalem, wie es von 1099 bis 1555 bestand. Sie hat die Form eines rechteckigen Kubus, an dessen Rückseite eine halbrunde, von Säulen umstellte Apsis angefügt ist. Auf dem flachen Dach erhebt sich ein offener Pavillon in orientalischen Formen. Über dem spitzbogigen Eingang sieht man symbolisch die Siegel und Riegel des Grabes, davor drei große Steine als Verweis auf die gebrochene Grabplatte. Im vorderen Raum findet sich die barocke Figur des das Grab bewachenden Engels, im hinteren Raum, der eigentlichen Grabkammer, eine Steinbank, auf die einst in der Passionszeit die Figur des toten Christus gelegt wurde.

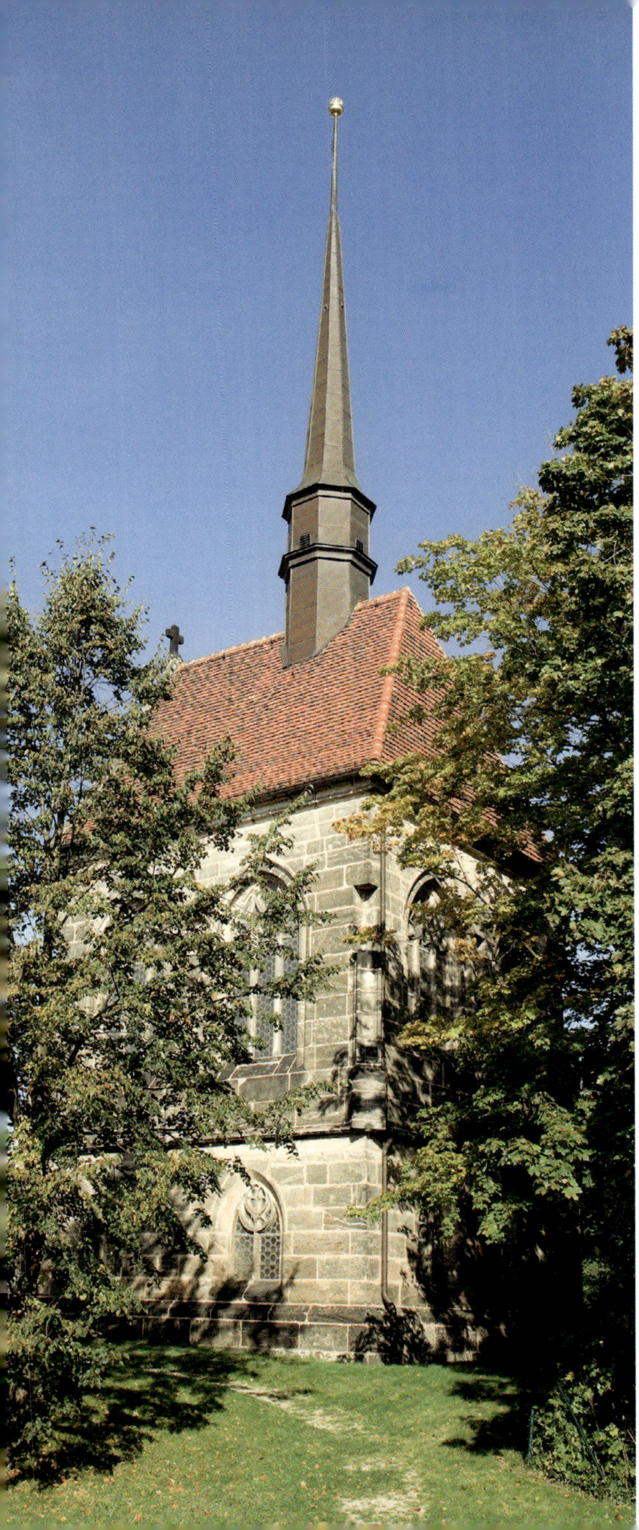

Nördlich des Nikolaifriedhofs – erreichbar vom Heiligen Grab aus über die Schanze und den Luthersteig – liegt der 7 **Städtische Friedhof.** Dieser wurde ab 1847 angelegt. Die erste hier vorgenommene Bestattung war die von Oberbürgermeister Gottlob Ludwig Demiani. Sein Grab ist heute an der historischen Friedhofsmauer zu finden.

Der Friedhof erfuhr zahlreiche Erweiterungen und zeugt mit seinen zum Teil aufwendigen Grabanlagen vom Reichtum früherer Görlitzer Bürger. Die wohl bekannteste hier bestattete Person ist Wilhelmine Herzlieb (1789 – 1865), die als Minchen Herzlieb unter anderem von Goethe verehrt wurde, der ihr mehrere Sonette widmete.

Auf dem Friedhof wurde 1913 das **Krematorium** als erste Feuerbestattungsanlage der Provinz Schlesien errichtet. Nach dem Entwurf des städtischen Hochbauamtes entstand ein monumentaler kubischer Baukörper mit Jugendstilelementen. Er wird von einem hohen Walmdach bedeckt und hinterfangen durch die zu einer Turmwand zusammengefassten Schornsteine. Eine Treppe führt zur sehr ruhig gegliederten Eingangsfront, auf deren Giebelrelief ein Engel zwei Trauernde segnet. Die Zeichen Alpha und Omega stehen für Anfang und Ende.

Heilig-Kreuz-Kapelle
deren zwei Geschosse sind Sinnbild
für Altes und Neues Testament

Altstadtrand

BÜRGERLICHES SELBSTBEWUSSTSEIN IM 19. JAHRHUNDERT

Anspruchsvolle Wohnhäuser, Theater, Schulen, Kaufhäuser und der Stadtpark – südlich der Altstadt begann sich Görlitz im 19. Jahrhundert zu öffnen. Die repräsentativen Bauten für Verwaltung, Kultur und Konsum zeugen vom Selbstbewusstsein eines wohlhabenden Bürgertums. Als steingewordener Ausdruck von dessen gesteigertem Nationalbewusstsein erhebt sich östlich der Neiße die »Ruhmeshalle«. Dieses Denkmal deutschnationaler Gesinnung befindet sich heute im polnischen Zgorzelec.

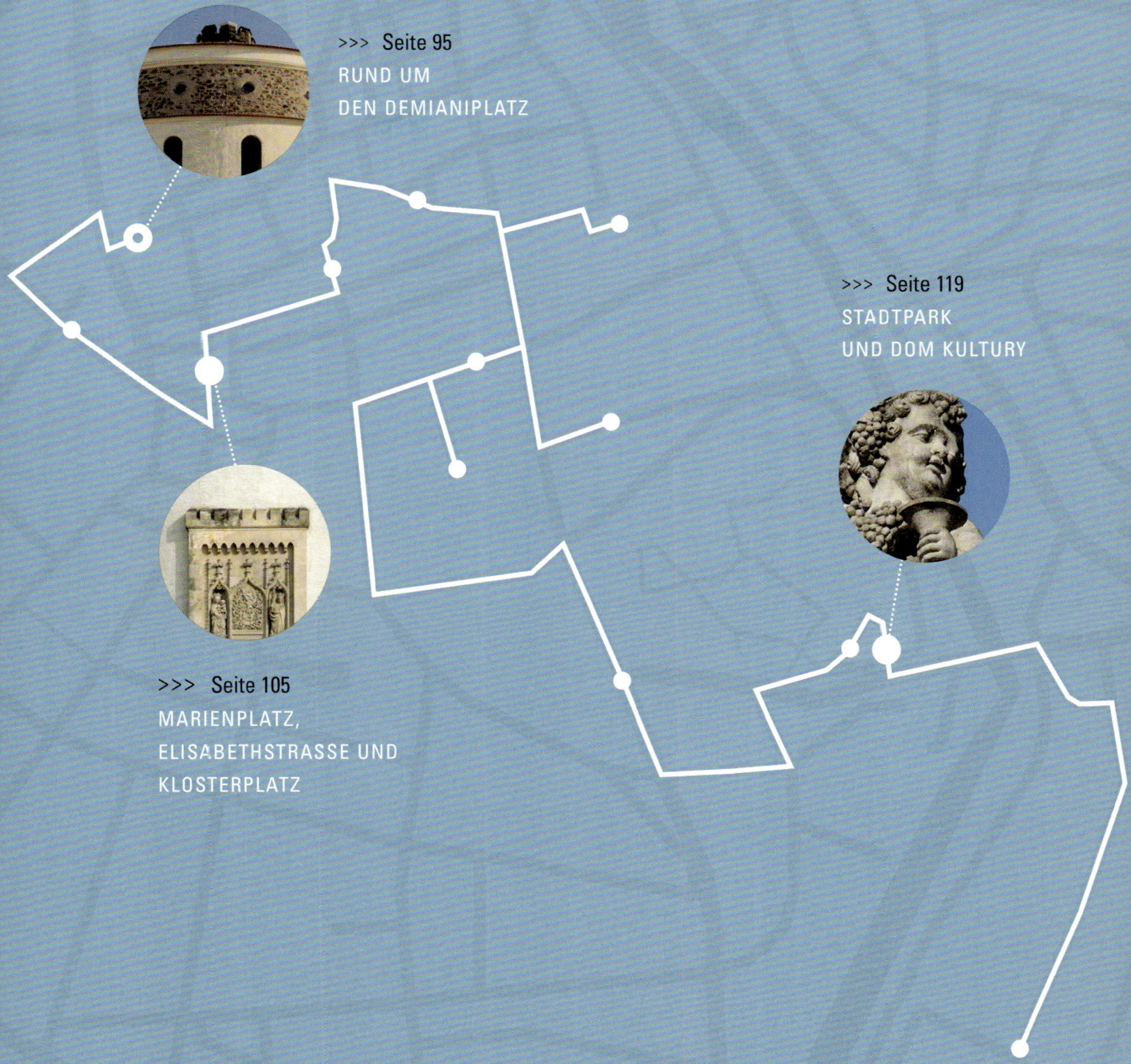
>>> Seite 95
RUND UM
DEN DEMIANIPLATZ
>>> Seite 119
STADTPARK
UND DOM KULTURY
>>> Seite 105
MARIENPLATZ,
ELISABETHSTRASSE UND
KLOSTERPLATZ

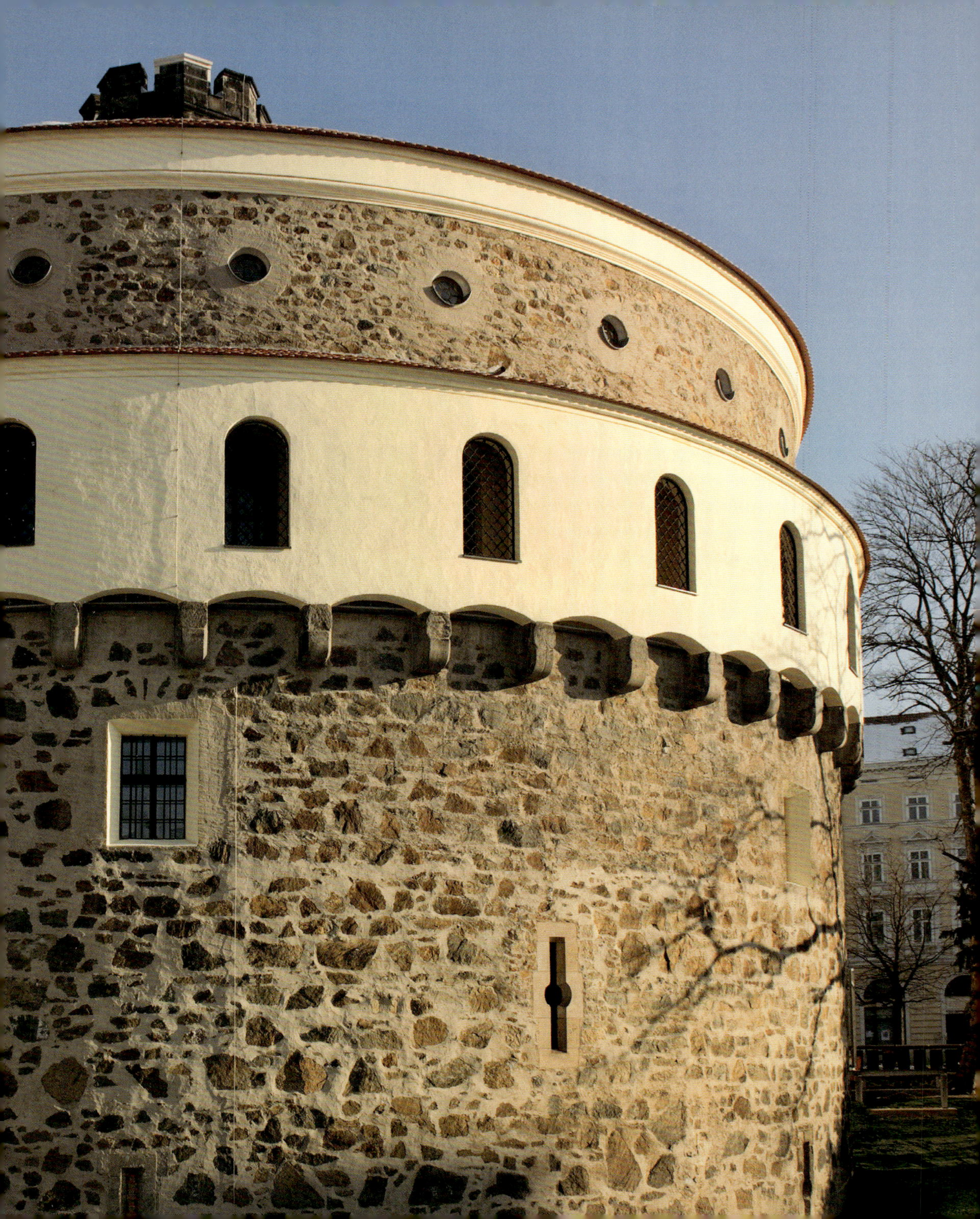

Rund um den Demianiplatz

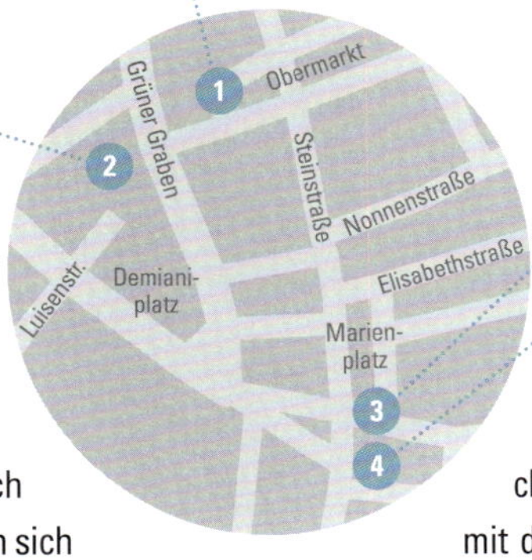

Der **Demianiplatz,** 1846 nach dem verdienten Oberbürgermeister benannt, entstand nach dem Abbruch der Stadtbefestigung. Hier siedelten sich Wagenbauer an, daher die ursprüngliche Bezeichnung »Rademarkt«.

Der 1 **Reichenbacher Turm,** ursprünglich Budissiner (Bautzener) Turm, bewachte neben dem 1848 abgetragenen Stadttor zum Obermarkt den einstigen Haupteingang in die Stadt. Sein Unterbau stammt wohl aus dem 14. Jahrhundert, der zylindrische Aufbau mit dem Wehrgang ist von 1485 und war ursprünglich von einem steilen, spätgotischen Helm bekrönt; die barocke Haube ist von 1782. Der Turm dient heute als Aussichtsturm des Kulturhistorischen Museums.

links:
Der Kaisertrutz · einst Teil
der Stadtbefestigung, heute Museum

Der runde 2 **Kaisertrutz** war die Bastei (Barbakane) des Reichenbacher Tores, durch eine Brücke mit diesem über den Stadtgraben hinweg verbunden. Der höchst eindrucksvolle, wehrhafte Rundbau wurde ab 1490 errichtet; seinen Namen hat er seit der Belagerung 1641, als die schwedischen Truppen den kaiserlichen Belagerern trotzten. Bis 1848 war der Kaisertrutz mit dem Reichenbacher Tor verbunden, dann wurde er zum Wachgebäude, Zeughaus und Militärgefängnis umgebaut, dafür um ein drittes Geschoss erhöht, Ecktürme und Flügel wurden hinzugeführt und der Turm in der Mitte neugotisch, mit Zinnen (diese 1932 bei Erhöhung um ein weiteres Geschoss beseitigt) aufgestockt. So erscheint der Kaisertrutz heute weniger als ein mittelalterliches Bauwerk, denn als eines des romantischen Historismus. 2009 bis 2011 fanden umfangreiche Sanierungsarbeiten statt. Der Kaisertrutz beherbergt heute Abteilungen des Kulturhistorischen Museums.

Kulturhistorisches Museum

DREI HÄUSER – EIN MUSEUM

Der Kaisertrutz, das Haupthaus des Kulturhistorischen Museums, beherbergt 2011 die 3. Sächsische Landesausstellung »via regia«. Das Gebäude ist seit 1932 Teil des Museums und war der Erweiterungsbau des in der Oberlausitzer Gedenkhalle 1904 eröffneten Kaiser-Friedrich-Museums auf dem Ostufer der Neiße. Das einstige Haupthaus des Museums ist heute Dom Kultury, Kulturhaus von Zgorzelec. Im Kaisertrutz können die Besucher ab 2012 auf drei Etagen Ausstellungen zur reichen Geschichte und Kultur der Stadt und der Oberlausitz von 12000 v. Chr. bis in das Jahr der politischen Wende 1989 besichtigen. Gezeigt werden die bedeutendsten Museumsexponate der Regional- und Stadtgeschichte – angefangen von unscheinbaren Steinwerkzeugen der späten Altsteinzeit und slawischen Hacksilberschätzen der Zeit um 1000 bis hin zum Schrein der Görlitzer Tuchmacher von 1664, Zeugnissen des Görlitzer Theosophen Jakob Böhme oder des schwierigen Neubeginns in der geteilten Stadt nach 1945. Eine Etage ist der Kunst der Moderne vorbehalten. Dort wird man unter anderem das bedeutende Monumentalgemälde »Trauernde Juden« des jüdischen Impressionisten Lesser Ury bewundern können. In einem Geschoss werden Sonderausstellungen zu wechselnden Themen aus Archäologie, Geschichte, Kunst und Kultur präsentiert.

Dem Kaisertrutz gegenüber befindet sich der Reichenbacher Turm, einer von ehemals vier Türmen der Görlitzer Stadtverteidigung. Beim gemächlichen Aufstieg über 165 Stufen können sich die Besucher über die mittelalterliche Stadtverteidigung, über Turmuhren und Wetterfahnen sowie alles Wissenswerte zum Türmerwesen informieren. Die Mühen des Aufstiegs werden in der Wohnstube der Türmerfamilie durch einen beeindruckenden Ausblick über die Dächer der Stadt bis hin zum Iser- und Riesengebirge belohnt. Der Turm gehört seit 1953 zum Museum und erfreut sich seither großer Beliebtheit.

Mitten im Herzen der Altstadt, direkt an der via regia, befindet sich das Barockhaus Neißstraße 30 als drittes Ausstellungsgebäude des Kulturhistorischen Museums. Mit großen Geschäfts- und repräsentativen Privaträumen gilt es als das bedeutendste Handels- und Wohnhaus der Barockzeit in Görlitz. Gleichzeitig ist es seit Langem geistiges Zentrum der Oberlausitz. Die Oberlausitzische Gesellschaft der Wissenschaften hatte hier von 1804 bis 1945 ihren Sitz. Seit 1951 gehört das Haus zum Museum.

Die repräsentativen Räume im ersten Obergeschoss des Vorderhauses führen als ehemalige Wohnräume des Hausherrn, Johann Christian Ameiß, mit Interieur-Inszenierungen, original erhaltenen, farbigen Stuckdecken und ausgewählten Exponaten die Vielfalt barocker Lebenswelten des 18. Jahrhunderts in Görlitz und der Oberlausitz vor Augen. In Sammlungskabinetten werden bedeutende Gemälde und Skulpturen des 17. und 18. Jahrhunderts, Gold- und Silberschmiedearbeiten, geschnittene Gläser, Porzellan- und Fayence-

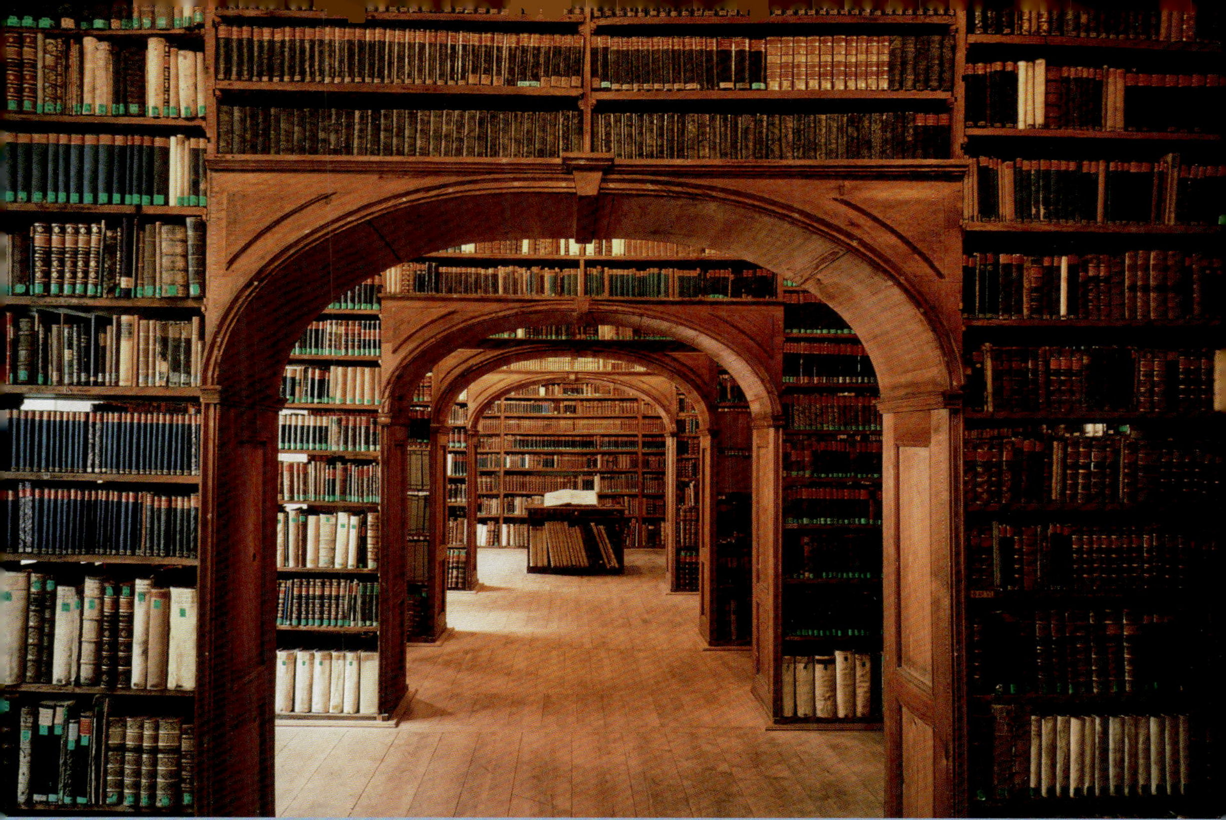

Oberlausitzische Bibliothek der Wissenschaften

gefäße, Prunktextilien und Kunstwerke auf Papier präsentiert. Außerdem entsteht eine Raritäten- und Wunderkammer, in der Wunderdinge der Natur, Altertümer und wissenschaftliche Geräte ausgestellt sind. In diesem Geschoss befindet sich auch die Oberlausitzische Bibliothek der Wissenschaften mit ihren berühmten historischen Räumen und herausragenden Buchbeständen.

Das zweite Obergeschoss ist dem Wirken der Wissenschaftsgesellschaft gewidmet. Hier ist als herausragende Kostbarkeit das Physikalische Kabinett des Gelehrten Adolf Traugott v. Gersdorf zu bewundern. Es enthält unter anderem die 1792 gefertigte, weltweit einzige erhaltene große Scheibenelektrisiermaschine eines seinerzeit berühmten Amsterdamer Konstrukteurs und auch ein einzigartiges Konvolut an »elektrischen Gemälden«, den sogenannten Lichtenbergschen Figuren. In weiteren historischen Sammlungsräumen, wie dem Altertümerkabinett, dem Literatur- und Musikalienkabinett und dem Graphischen Kabinett, werden erstmals die überregional bedeutenden Görlitzer Bestände zur Kunst- und Wissenschaftsgeschichte der Aufklärungszeit in größerem Umfang öffentlich präsentiert.

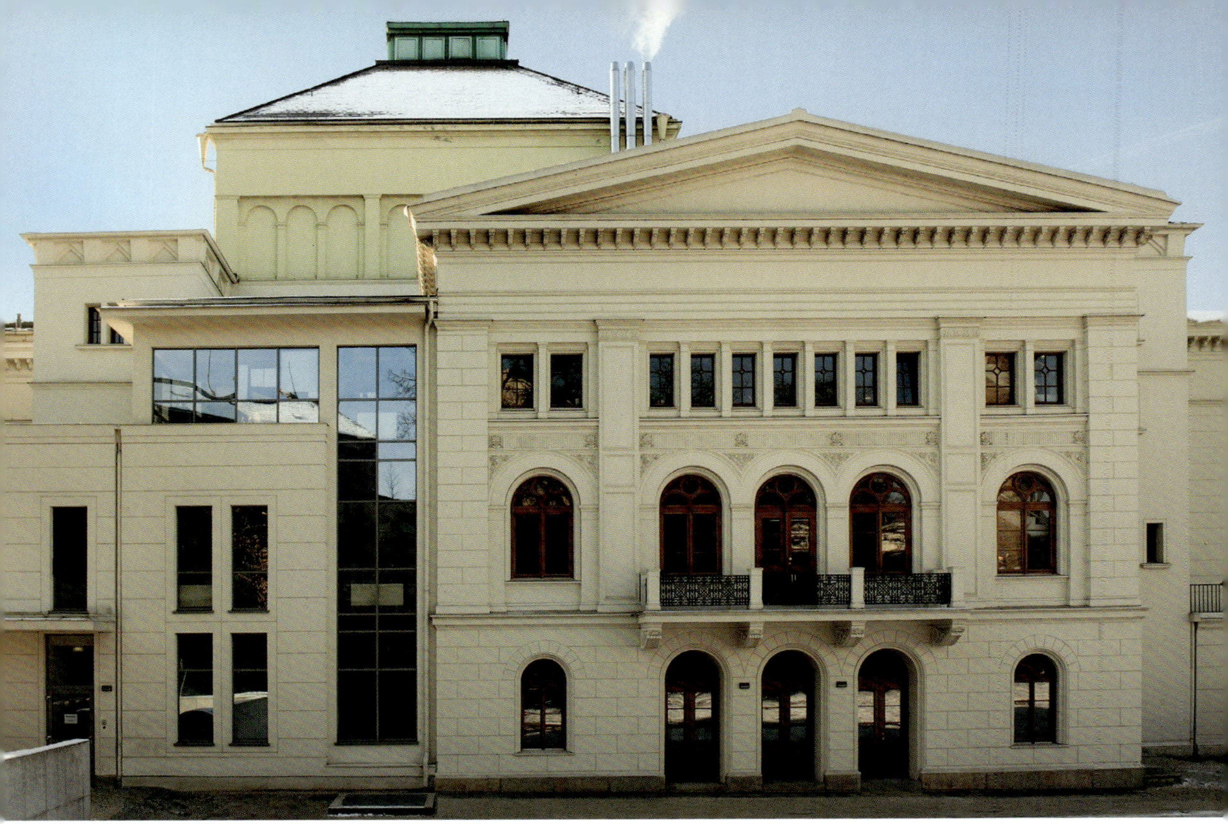

Gerhart-Hauptmann-Theater · Seitenfassade

Neben dem Reichenbacher Turm steht das **Humboldthaus** (Platz des 17. Juni 2), vom Maurermeister Edmund Koritzky 1870/71 als Haus des Gewerbevereins gebaut. Es war 1923 bis 1933 Freimaurerloge und ist seit 1949 Verwaltungs- und Vortragsgebäude des Senckenberg-Museums für Naturkunde und daher nach Alexander von Humboldt benannt. Seine klar gegliederte und wohlproportionierte Fassade folgt dem Stil des späten Berliner Klassizismus.

Der ansehnliche Bau des **Gerhart-Hauptmann-Theaters** (Demianiplatz 2) zeigt wichtige Elemente des klassizistischen Theatertypus: Tempelfront mit Portikus, flacher Giebel des Zuschauerraums, überragender Bühnenturm. 1850 bis 1851 von Eduard Tietz erbaut, wurde es mehrfach umgestaltet. So stammt der Giebelportikus der Eingangsfront von 1911, eine Rundumerneuerung fand 1925 bis 1927 statt. Vom Ursprungsbau ist heute nur der linke Seitengiebel unverändert erhalten. Der Zuschauerraum mit zwei Rängen wurde 2002 in Anlehnung an die Fassung von 1873 wiederhergestellt.

Zwischen Kaisertrutz und Theater steht das **Demianidenkmal.** Ursprünglich sollte es von dem damals angesehensten Denkmalbildhauer Ernst Rietschel aus Dresden geschaffen werden. Dieser lehnte jedoch ab (er starb auch schon 1861) und empfahl seinen Schüler Johannes Schilling (1828–1910). Dieser war später einer der erfolgreichsten Denkmalkünstler in Deutschland. Er schuf mehrere Denkmäler und Plastiken in der Dresdner Innenstadt; als sein Hauptwerk gilt das Niederwald-Nationaldenkmal bei Rüdesheim, vollendet 1886. Die Görlitzer Bronzefigur, datiert 1862, war Schillings erster Denkmalauftrag. Die Statue stand ursprünglich auf dem Marienplatz und wurde in den 1930er Jahren hierher versetzt.

Hinaus auf die Straße, erblickt man den monumentalen Block des ehemaligen Kaufhauses Hertie.

Der ursprüngliche Name des 3 **Warenhauses »zum Strauß«** (An der Frauenkirche 5/6) erinnerte an die abgerissene Gaststätte an dieser Stelle. Es ist das letzte original erhaltene Beispiel des Bautyps der repräsentativen Großstadtwarenhäuser und wurde von dem Potsdamer Architekten Carl Schmanns (1863–1957) 1912 bis 1913 als Stahlbetonkonstruktion mit Natursteinverkleidung erbaut. Das Äußere zeigt eine monumentale Ordnung: Der gesamte Baukörper präsentiert sich mit einer vertikalen Gliederung in regelmäßige, durch Kolossalpilaster markierte Joche, die mit schmalen, hohen Fensterbahnen gitterartig ausgefüllt sind. Sieben hohe Arkadenbogen bestimmen die Eingangsfront. Die niedrigen Eckjoche lassen den vorderen Bauteil wie angesetzt erscheinen, was subtil durch das hier etwas höher ansetzende Mansarddach unterstrichen wird. Das Äußere besitzt eine umfangreiche figürliche Ausstattung in stilisierenden Formen. Im Inneren gibt es einen dreigeschossigen Lichthof, wie er als Typus zuerst für die Pariser Warenhäuser entwickelt und in Deutschland im Berliner Kaufhaus Wertheim übernommen wurde. Der Lichthof erinnert in seiner zeremoniellen Raumform und der Pracht seiner Ausstattung an barocke Schlosstreppenhäuser. Die Wände sind mit Marmor inkrustiert. Die dekorative Gestaltung der Arkaden auf der obersten der umlaufenden Emporen und die zum feierlichen

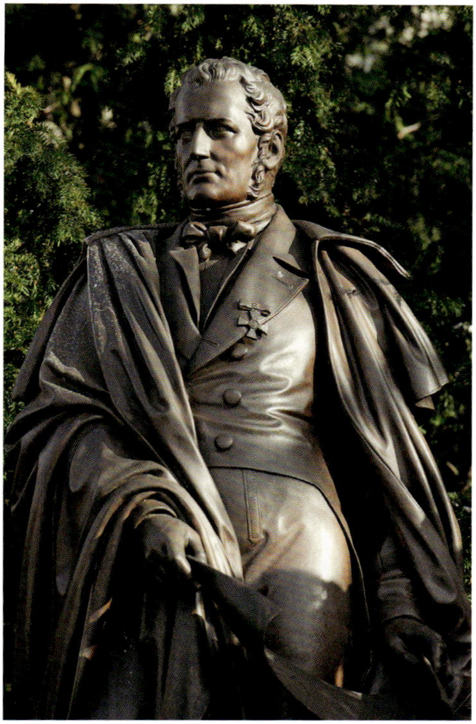

Demianidenkmal von Johannes Schilling

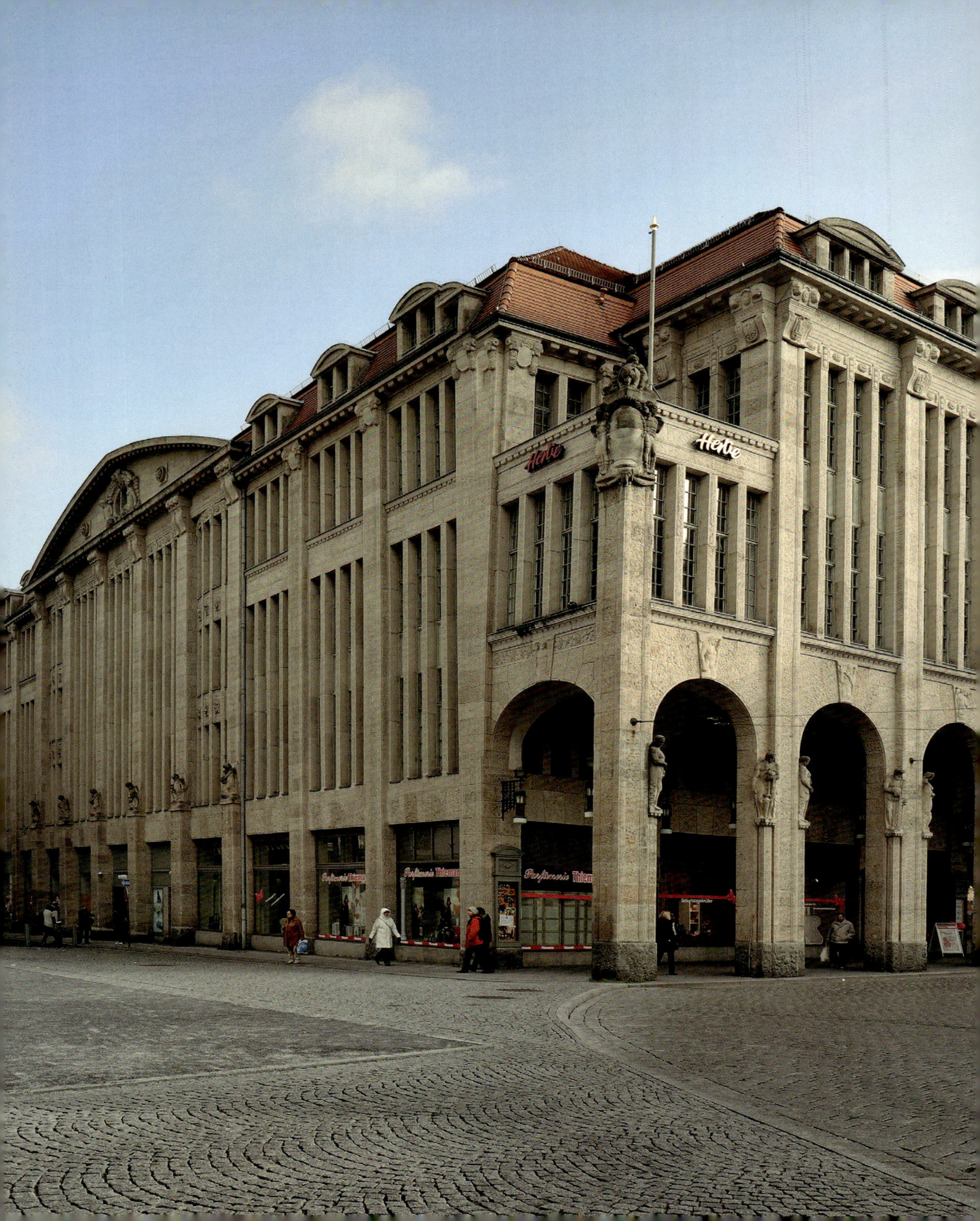
Hertie
Hertie

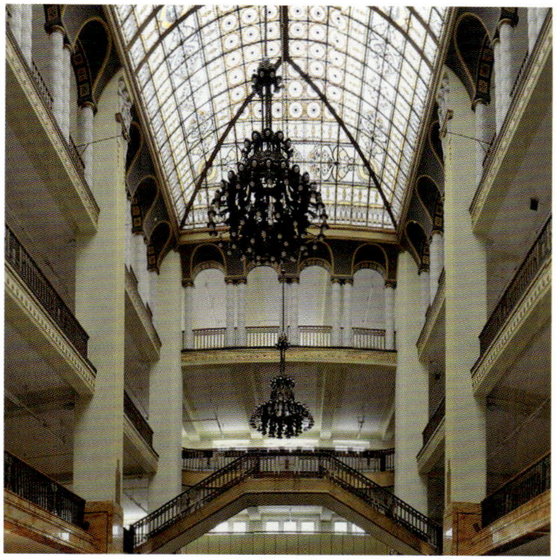

Ehemaliges Warenhaus zum Strauß

Schreiten einladenden Treppenbrücken leiten den Blick nach oben zu dem schiffskielförmigen Buntglasdach, das wie ein ausgemaltes Deckengewölbe wirkt. Dennoch gibt es keine neubarocken stilistischen Elemente. Der Jugendstil zeigt hier sein ganz eigenes, aus der Grafik entwickeltes motivisches Repertoire.

Das Kaufhaus wurde nach 1990 von Karstadt bzw. Hertie betrieben und ist jetzt ohne Nutzung.

Die 4 **Frauenkirche,** ehemalige Friedhofs- und Spitalkirche Zur Lieben Frau, stand ursprünglich vor dem Südtor der Stadt und war von einer Mauer mit Rundtürmen umgeben. Die Ummauerung wurde 1840 abgerissen. Die Kirche wurde in der Mitte des 14. Jahrhunderts gegründet und aus Sühne-

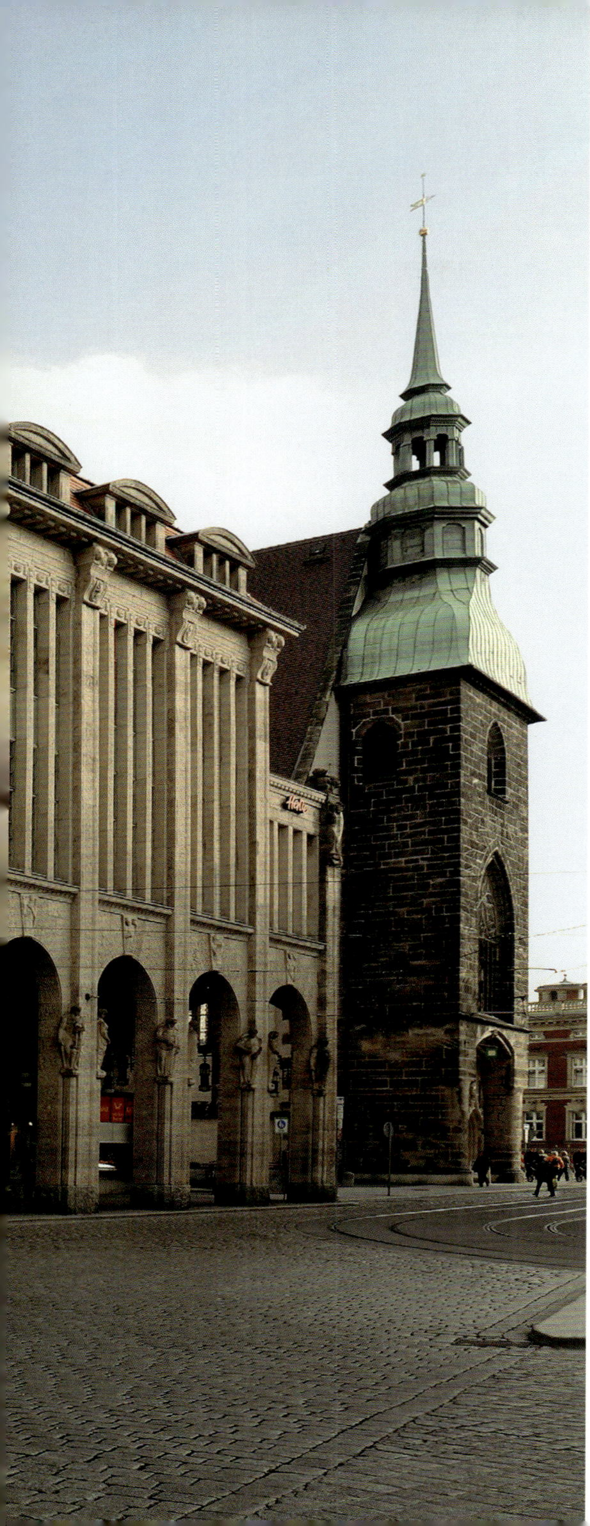

Ehemaliges Warenhaus zum Strauß (Hertie)
und Westseite der Frauenkirche

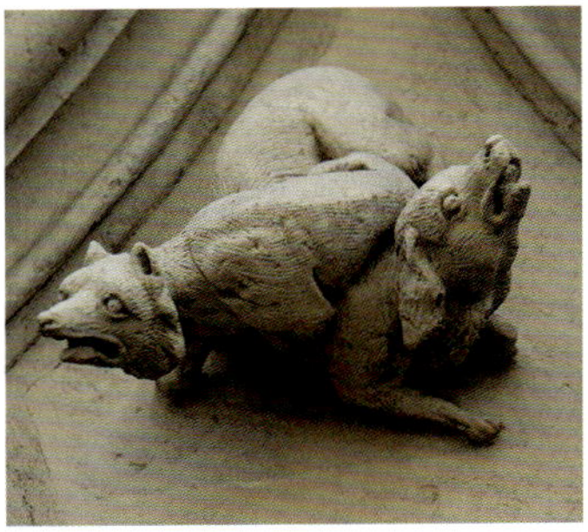

geldern bezahlt, die der Raubritter Friedrich von Biberstein für Überfälle auf Görlitzer Händler bezahlen musste. Ab 1449 errichtete die Stadt einen Neubau in Form einer dreischiffigen Hallenkirche, die 1473 geweiht wurde. Die Bauarbeiten dauerten allerdings bis in die 1490er Jahre an. Der vor die Westwand gestellte, flache Turm entstand 1494. Er reichte ursprünglich nicht bis zum Dachfirst, wurde 1696 bis 1697 erhöht und erhielt seine jetzige Haube 1737. An der Westseite befindet sich unter dem großen, sechsbahnigen Maßwerkfenster ein Doppelportal in einer Nische; die reich gestalteten Öffnungen sind von gedrehtem Gewändestabwerk mit Filialen und Kielbogen gerahmt. Darüber sind auf Konsolen und unter Baldachinen der Engel und die Maria der Verkündigung zu sehen. In den Portallaibungen finden sich musizierende Engel. Durch das Doppelportal gelangt man in eine Vorhalle mit kräftigem Netzgewölbe. Dessen Schlusssteine zeigen unter anderem den böhmischen Löwen und den doppelköpfigen Reichsadler. Das Langhaus betritt man unter der von niedrigen, kräftig profilierten Spitzbogen getragenen, breiten Sängerempore mit zierlicher Maßwerkbrüstung. An der mittleren Stütze stand eine seit 1945 verschollene Marienfigur aus der zweiten Hälfte des 15. Jahrhunderts. Das Langhaus ist relativ kurz und breit. Während sich am Außenbau drei Joche abzeichnen, bildet das Gewölbe im Inneren deren vier. Das deutet darauf hin, dass das Gewölbe erst in einer zweiten Bauphase in den 1480er Jahren nach verändertem Plan eingezogen wurde. Die kräftigen Rippen des Netzgewölbes wachsen aus den schlanken achteckigen Pfeilern heraus. Die formalen Eigenschaften sind denen des Chores der Peterskirche sehr ähnlich. Das Gewölbe des breiten zweijochigen Chores endet in Kopfkonsolen – ein Kopf ist durch Hörner und Gesetzestafel als Moses, ein anderer durch Spruchbänder als Prophet gekennzeichnet, daneben gibt es einen weiblichen Kopf und den eines Narren. Die Schlusssteine des Langhauses zeigen elf Szenen des Marienlebens sowie Anna Selbdritt, dazu die heiligen Jungfrauen Katharina, Barbara, Margarete und Dorothea, die Schlusssteine des Chores die vier Evangelistensymbole. Am Ostende des nördlichen Seitenschiffs befindet sich die schwalbennestartig angehängte Empore der (nicht mehr vorhandenen) Orgel des 16. Jahrhunderts. Kanzel und Altar sind neugotisch, nach 1870 entstanden. Der spätgotische Altar von 1430 bis 1450 befindet sich heute als Depositum im Kulturhistorischen Museum.

rechts:
Frauenkirche · Doppelportal am Westturm mit Verkündigungsgruppe

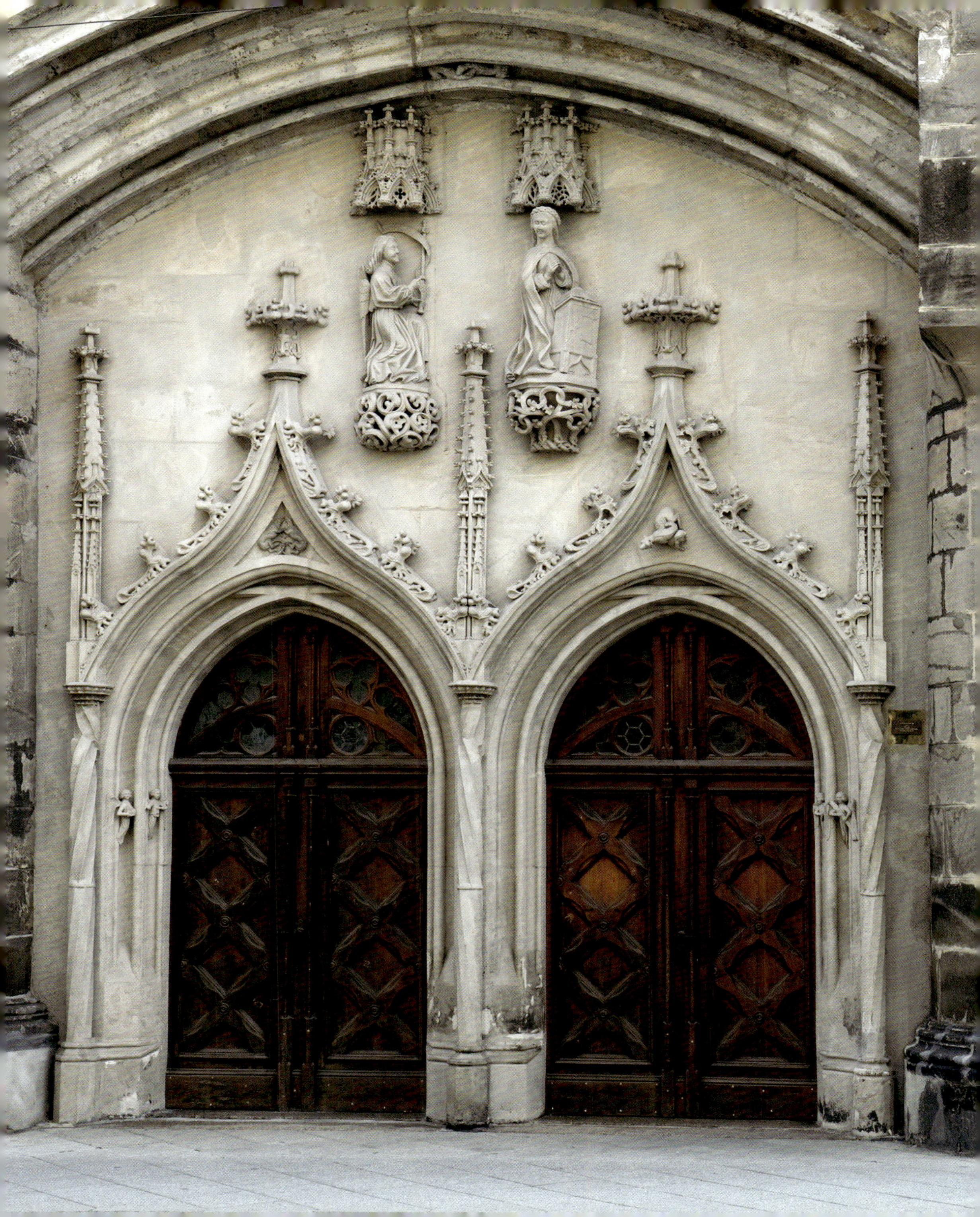

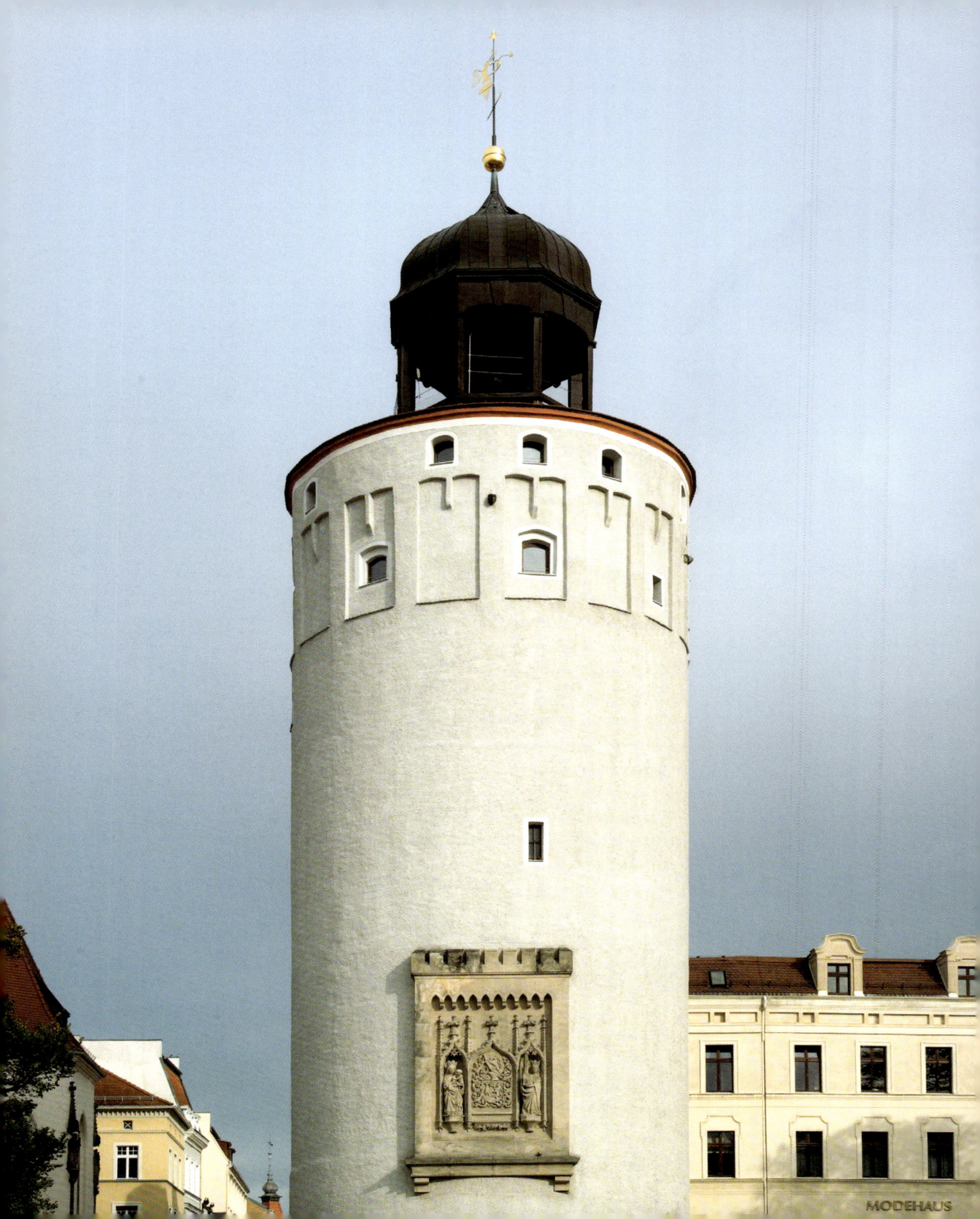
MODEHAUS

Marienplatz, Elisabethstraße und Klosterplatz

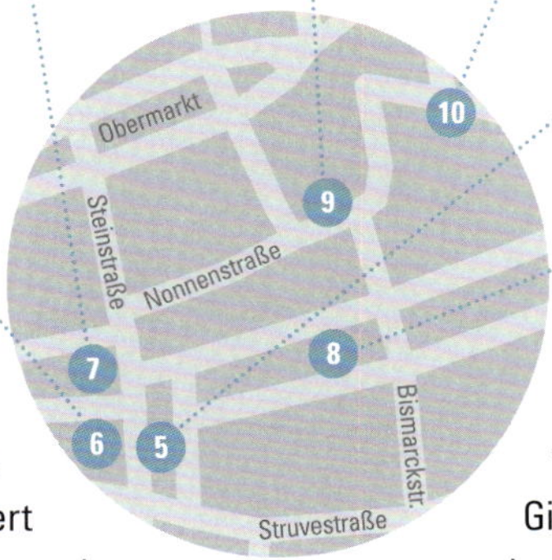

5 Marienplatz

Neben dem Kaufhaus beginnt der fast quadratische Marienplatz, ehemals Taubenmarkt. Er existiert seit dem Abbruch der Befestigung und der Toranlage 1852 als großer städtebaulicher Raum, jetzt mit einer 2001 bis 2002 angelegten modernen Platzgestaltung. Das Geschäftshaus an der Nordostecke ist der 1902 um zwei Geschosse erhöhte Umbau eines älteren Hauses, ausgestattet mit dekorativen Jugendstilformen. Die zweigeschossigen hohen Schaufenster sind typisch für Geschäftshäuser dieser Zeit. Das Jugendstilgebäude überragt das des 6 **Senckenberg-Museums für Naturkunde** (Am Museum 1), das 1859 bis 1860 auf dem Gelände des ehemaligen Stadtgrabens errichtet wurde. Die barockisierenden Formen an dessen dreiteiliger, von Kolossalpilastern gegliederten und von einem geschweiften Giebel in der Mitte überragten Fassade sind ungewöhnlich für diese Zeit.

Am nördlichen Rand erhebt sich der runde Frauenturm (auch Zittauer Turm), populär **Dicker Turm** genannt. Aus verputzter Grauwacke errichtet, stand er neben dem 1848 abgerissenen Frauentor, dem südwestlichen Eingang in die Stadt. Das Frauentor bestand aus drei hintereinanderstehenden Toren. Das große Relief, ursprünglich am Torhaus des Frauentors, 1856 an den Turm übertragen, zeigt das von Kaiser Sigismund verliehene zweite Stadtwappen zwischen den Figuren von Maria mit Kind und der hl. Barbara, eine vorzügliche, 1477 von dem Bildhauer Briccius Gauske geschaffene Arbeit. Das Wappen wurde der Stadt für seine Treue zur böhmischen Krone in den Hussitenkriegen verliehen. Unter dem Relief die Inschrift »INVIA VIRTUTI NULLA EST VIA« (Der Tugend ist kein Weg unmöglich).

links:
Der Dicke Turm · das Wahrzeichen des Marienplatzes

Senckenberg-Museum

EINE REISE DURCH DIE LAUSITZ, IN UND UM DIE ERDE

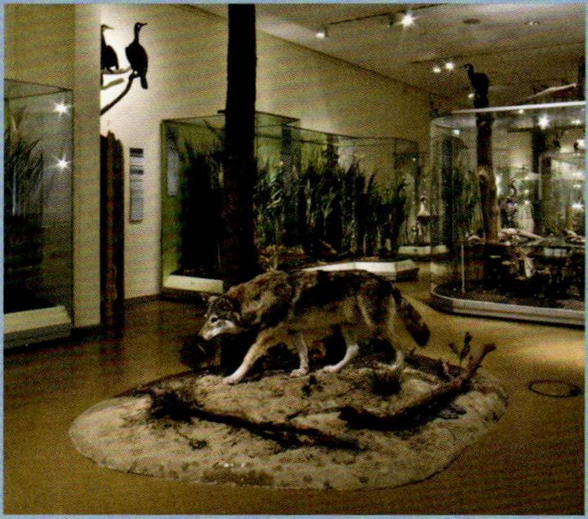

Tiere und Pflanzen der Oberlausitz

Das Museum für Naturkunde geht auf die 1811 gegründete Ornithologische Gesellschaft zurück, die sich 1823 in »Naturforschende Gesellschaft zu Görlitz« umbenannte. Für ihre umfangreichen Sammlungen errichtete sie von 1858 bis 1860 das Gebäude am Marienplatz, in dem 200 Jahre Sammlungs- und Forschungsgeschichte vereint sind.

Den Besucher erwartet ein modernes Naturkundemuseum mit Ausstellungen zur Natur der Oberlausitz und den Tropen. Sie wurden nach umfassenden Neugestaltungen 2003 wiedereröffnet.

Die bewegte Entstehungsgeschichte der Oberlausitz mit Vulkanismus und Braunkohlebildung erklärt die Geologie-Ausstellung. Auf kleinem Raum lassen sich in der Region die vielfältigsten Ausgangsgesteine nachweisen. Sie bilden im wahrsten Sinne des Wortes die Grundlage für die Vielfalt und Schönheit der Oberlausitzer Natur. Seltene und typische Pflanzen und Tiere sind in naturnah gestalteten Dioramen »Auge in Auge« zu erleben. Den Blick in die weite Welt spiegeln die Regenwald- und Savannenausstellungen wieder.

Einigen Tropentieren aber auch Einheimischen begegnet der Besucher im Lebendtierbereich wieder. Dort wohnen Echsen, Schlangen und Korallenfische sowie typische Lausitzfische in einem 8000 Liter umfassenden Lausitzer Teich-Aquarium.

In die sonst verborgene Welt des Lebens unter unseren Füßen führt das 30-fach vergrößerte Modell einer Bodensäule mit ihren skurrilen Bewohnern. Sie repräsentiert den bodenzoologischen Forschungsschwerpunkt des Museums. Weitere nichtöffentliche Forschungsabteilungen bilden die Allgemeine Zoologie sowie Paläontologie und Blick in die Geologie. Die Abteilung Botanik deckt die Gefäßpflanzen, Pilze und Flechten ab. Allen Bereichen gemeinsam ist der geografische Forschungsfokus auf die Paläarktis, also den kalten Teil Eurasiens. Die Sammlungsbestände umfassen mittlerweile rund 6 Millionen Objekte. Zum Museum gehört eine öffentlich zugängliche Fachbibliothek mit ca. 137 000 Bestandseinheiten.

oben: Annenkapelle · seit Anfang des 20. Jahrhunderts Aula der Annenschule

unten: Annenkapelle · Netzgewölbe mit Monogrammen von Frenzel und Stieglitzer in den Schlusssteinen

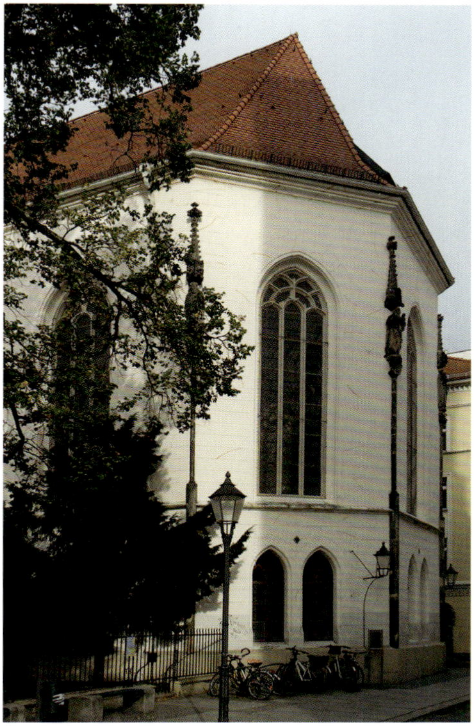

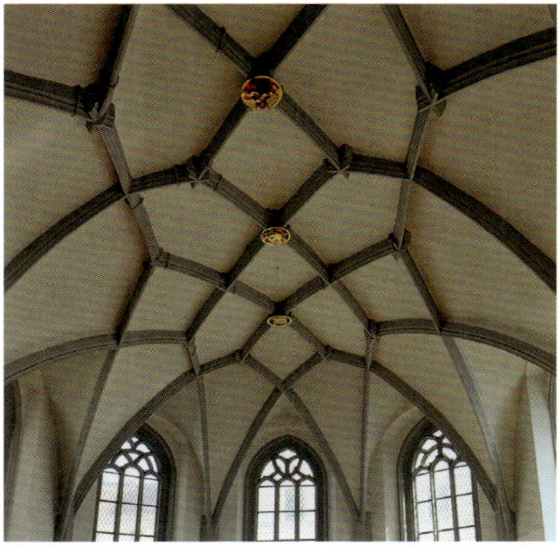

Westlich des Dicken Turmes steht die 7 **Annenkapelle.** 1508 bis 1511 ließ sich Hans Frenzel »der Reiche« weit entfernt von seinem Wohn- und Geschäftshaus am Untermarkt, auf dem Grund des 1474 abgerissenen Schlosses des Herzogs Johann von Görlitz, von dem Stadtbaumeister Albrecht Stieglitzer eine private Eigenkirche erbauen. Sie war der Dank für die Geburt seines Sohnes und geweiht der Namensheiligen seiner Frau. Obwohl es ihm gar nicht zustand, erreichte er auch die Besetzung seiner Privatkirche mit Priestern. Nach der Reformation erfuhr diese wechselnde Nutzungen, u. a. als Kirche des danebenstehenden Armen-, Zucht- und Waisenhauses. An dessen Stelle entstand 1901 bis 1904 die Annenschule (heute: Augustum-Annen-Gymnasium), für die die Annenkapelle seither, durch eine Zwischendecke unterteilt, als Turnhalle und Aula dient. Der einschiffige Bau mit polygonalem Abschluss besitzt hohe Fenster mit Fischblasenmaßwerk. Die kleinen Fenster unten stammen vom Umbau 1901. Das mit einem reichen Bogen verzierte Portal an der Nordseite wird gerahmt von den Figuren der Verkündigung an Maria. An den Ecken des Chorpolygons auf hohen Säulen sind die künstlerisch qualitätvollen Figuren der Heiligen Sippe zu sehen: an der Südostseite Joachim, der Mann der hl. Anna und Vater von Maria (auf der Konsole das Wappen von Hans Frenzel

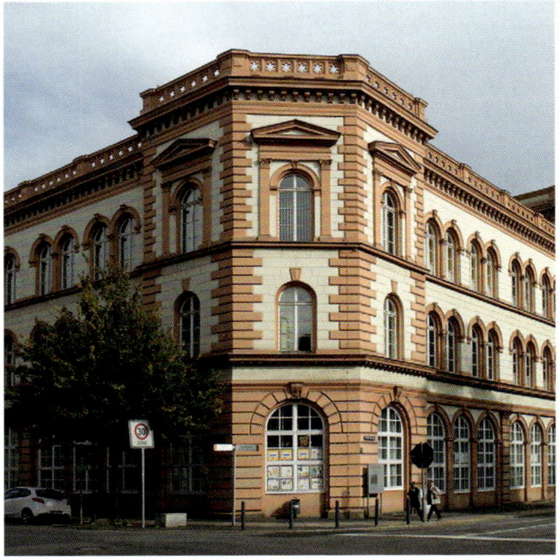

Ehemalige Mittelschule mit rot-weiß gegliederter Neorenaissancefassade

mit dem Monogramm HF), dann Maria, Joseph (auf der Konsole die Büste des Baumeisters Albrecht Stieglitzer), Christus, dazu Johannes der Täufer und der hl. Laurentius. Im Inneren hat sich im Obergeschoss das schöne Netzgewölbe mit den Evangelisten und den Monogrammen von Hans Frenzel und von Stieglitzer in den Schlusssteinen erhalten.

8 Elisabethstraße

Rechtwinklig vom Marienplatz abgehend die Elisabethstraße, die 1853 bis 1855 auf dem Gelände der mittelalterlichen Stadtmauern und des Stadtgrabens als Promenade mit einer doppelten Allee angelegt wurde. Seit 1864 findet hier täglich der vom Untermarkt verlegte Markt statt. Die Straße umgibt eine Mietshausbebauung aus der zweiten Hälfte des 19. Jahrhunderts bis zur Jahrhundertwende. Das Eckhaus zum Marienplatz **Elisabethstraße 42** ist ein um 1860 errichtetes Bankgebäude, dessen überhöhte, abgeschrägte Ecke mit dem in Görlitz in dieser Zeit häufigen klassischen Motiv der gesimstragenden weiblichen Figuren (Koren) geschmückt ist. In der ehemaligen Communalständischen Bank **Elisabethstraße 40** ist die um 1890 entstandene Schalterhalle sehenswert.

Gegenüber steht die **ehemalige Mittelschule** (Elisabethstraße 13). Das 1872 bis 1874 errichtete Gebäude ist eine aus einem Wettbewerb 1871 hervorgegangene Synthese der Entwürfe zweier Architekten. Der dreigeschossige repräsentative Neurenaissancebau im Schlosstypus hat einen überhöhten Mittelrisalit, gekuppelte rundbogige Fenster und eine rot-weiße Farbgliederung. Über der Eingangshalle befinden sich die Köpfe der großen Erzieherpersönlichkeiten Johann Heinrich Pestalozzi, Friedrich Adolph Diesterweg, des Philosophen Johann Gottlob Fichte und Friedrich Ludwig Jahn (»Turnvater Jahn«).

9 Klosterplatz

Nördlich der Elisabethstraße liegt der Klosterplatz, der ehemalige Flachsmarkt. Er ist nach dem ehemaligen Franziskanerkloster neben der jetzigen Dreifaltigkeitskirche benannt, an dessen Stelle heute das **Gymnasium Augustum** (jetzt – zusammengelegt mit der Annenschule – Augustum-Annen-Gymnasium) steht. 1565 wurden die Klostergebäude vom letzten Mönch an den Rat übertragen, der darin die städtische Schule unterbrachte, die ein Jahr später zum Gymnasium erhoben wurde. Insbesondere in der frühen Neuzeit besaß diese Lehranstalt überregionale Bedeutung, der ersten

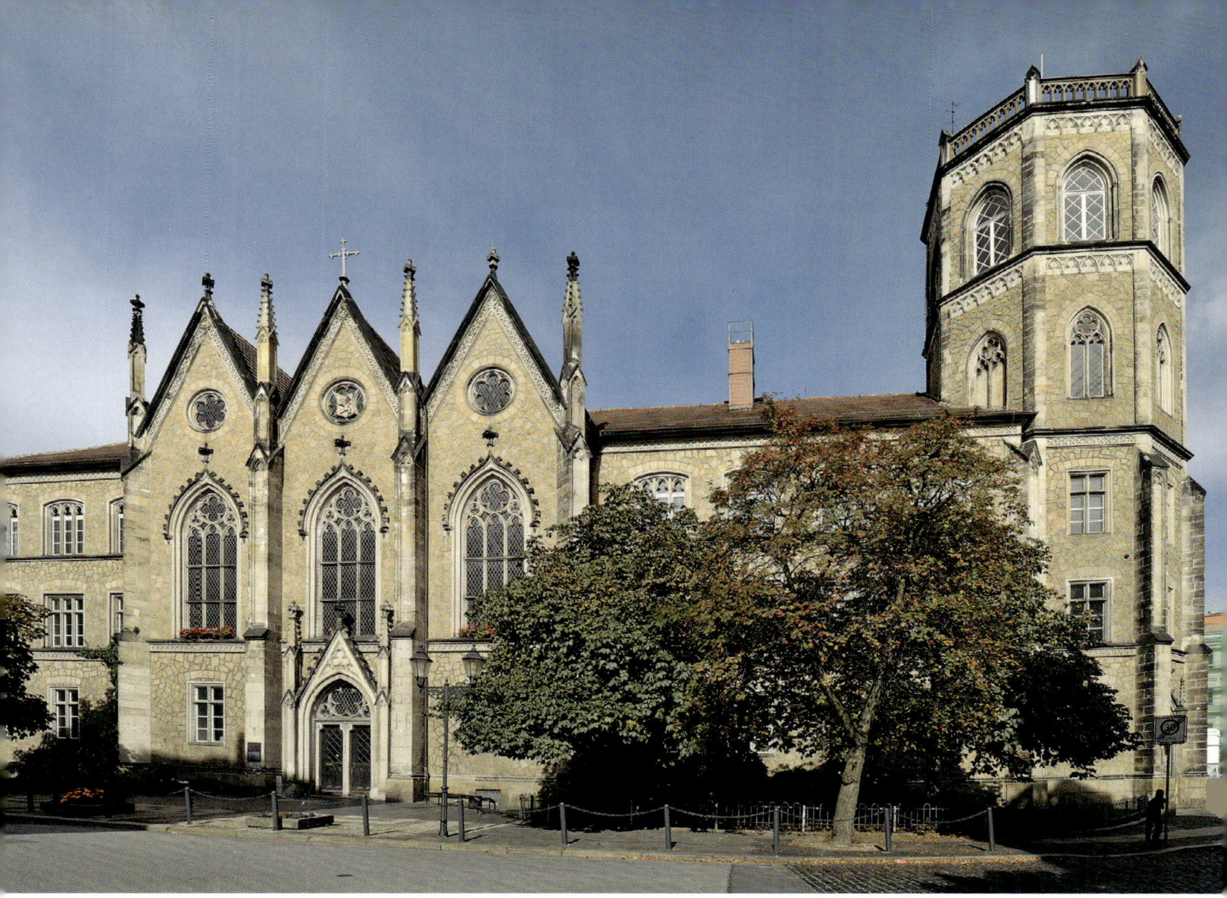

Augustum-Annen-Gymnasium mit
neogotischer Eingangsfront

Schulordnung lag ein anspruchsvolles humanistisches Programm zugrunde. Auf Anordnung der Berliner Behörde wurden die Klostergebäude 1854 gegen lokalen Widerstand abgerissen und durch einen 1856 vollendeten Neubau ersetzt. Architekt war angeblich der Görlitzer Stadtbaurat Hermann Otto Wilhelm Martins, deutlich ist aber der Einfluss der preußischen Baubehörde, der damals der Schinkelschüler Friedrich August Stüler vorstand. Die Dreiteiligkeit mit Mittelrisalit und dreigeschossigen Flügeln entspricht dem aus dem Schlossbau übernommenen klassizistischen Typus für Repräsentationsbauten. Die Materialästhetik des unverputzten Bruchsteins mit Sandsteingliederung und der gotische Stil, der im Mittelrisalit sakralen Charakter wie bei englischen Colleges aufweist, ent-

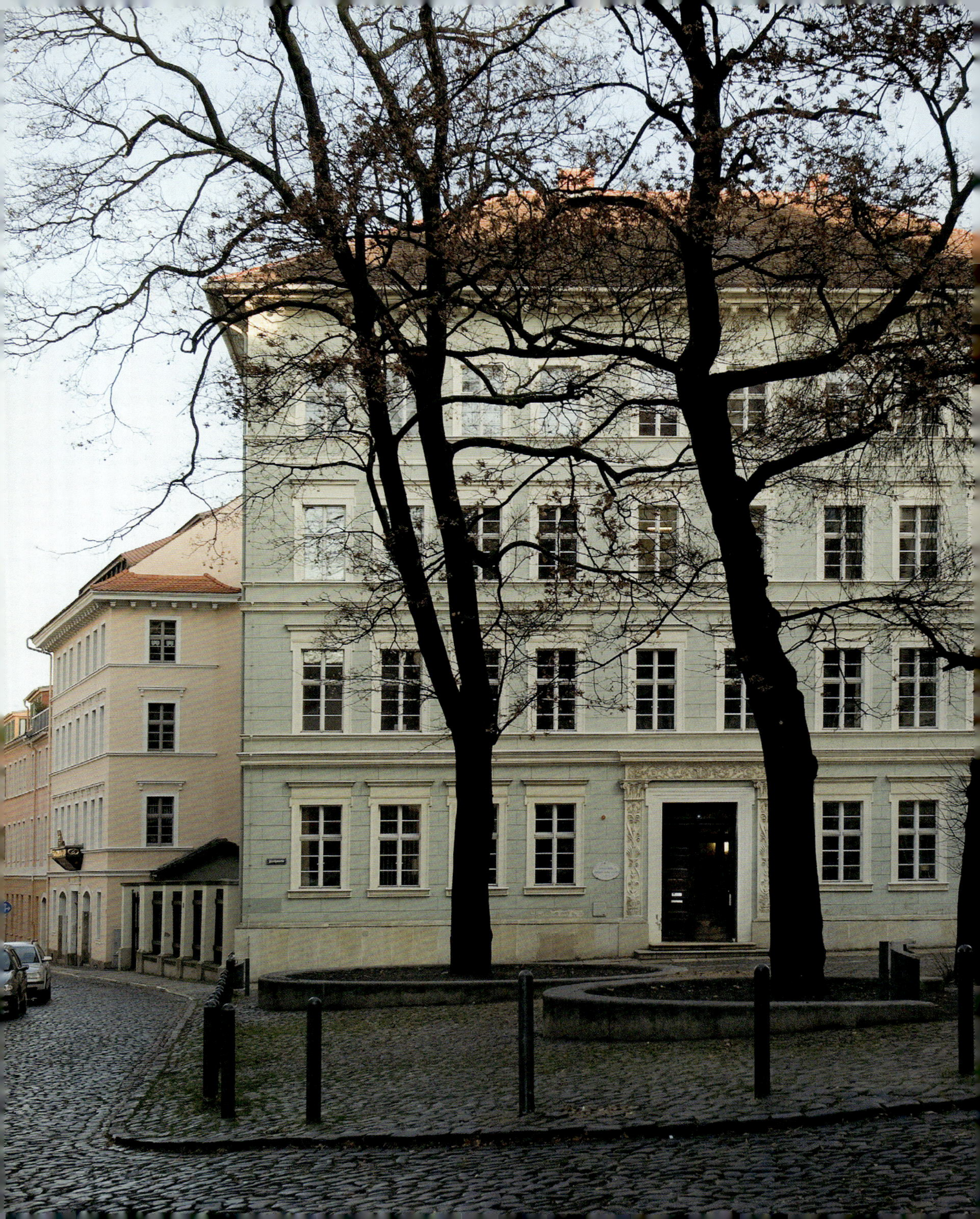

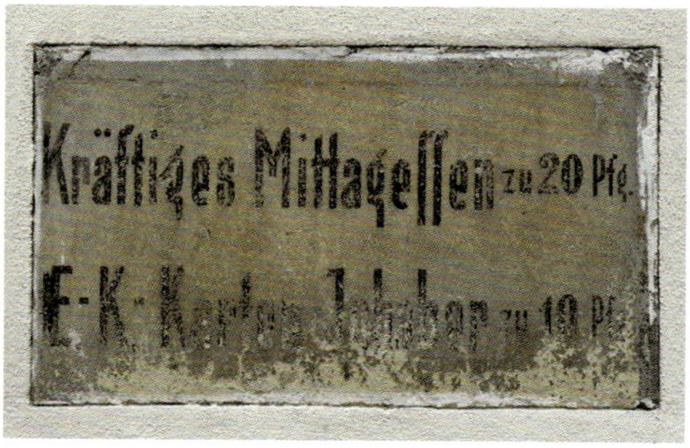

sprechen dem Geist einer akademisch gewordenen Romantik. Die Idee des ein astronomisches Observatorium tragenden Turms ist von Karl Friedrich Schinkels Schloss Babelsberg bei Potsdam übernommen.

An der rechten Platzseite hinter den regelmäßigen Rundbögen befanden sich **zehn Kaufläden,** errichtet 1840, als hier noch Marktleben herrschte. Von hier führt die Fischmarktstraße nach Osten zum **10** **Fischmarkt** – heute ein ruhiger, baumbestandener Platz, beherrscht von zwei großen Gebäuden. Das eine ist die **Musikschule Johann Adam Hiller**, (Fischmarkt 6), gebaut 1836 bis 1838 als Mädchen-Mittelschule, ein streng gegliederter Bau mit im Putz vorgetäuschter Quaderung. Die das Portal rahmenden Pilaster und das Gebälk sind mit antikischem, vegetabilem Ornament in Terrakotta geschmückt. Das andere Gebäude ist die **Grundschule Innenstadt** (Fischmarkt 11), ehemals die katholische Gemeindeschule, 1897 von Regierungsbaumeister Paul Schröder errichtet. Die große malerische Fassade orientiert sich am Stil der Görlitzer Frührenaissance.

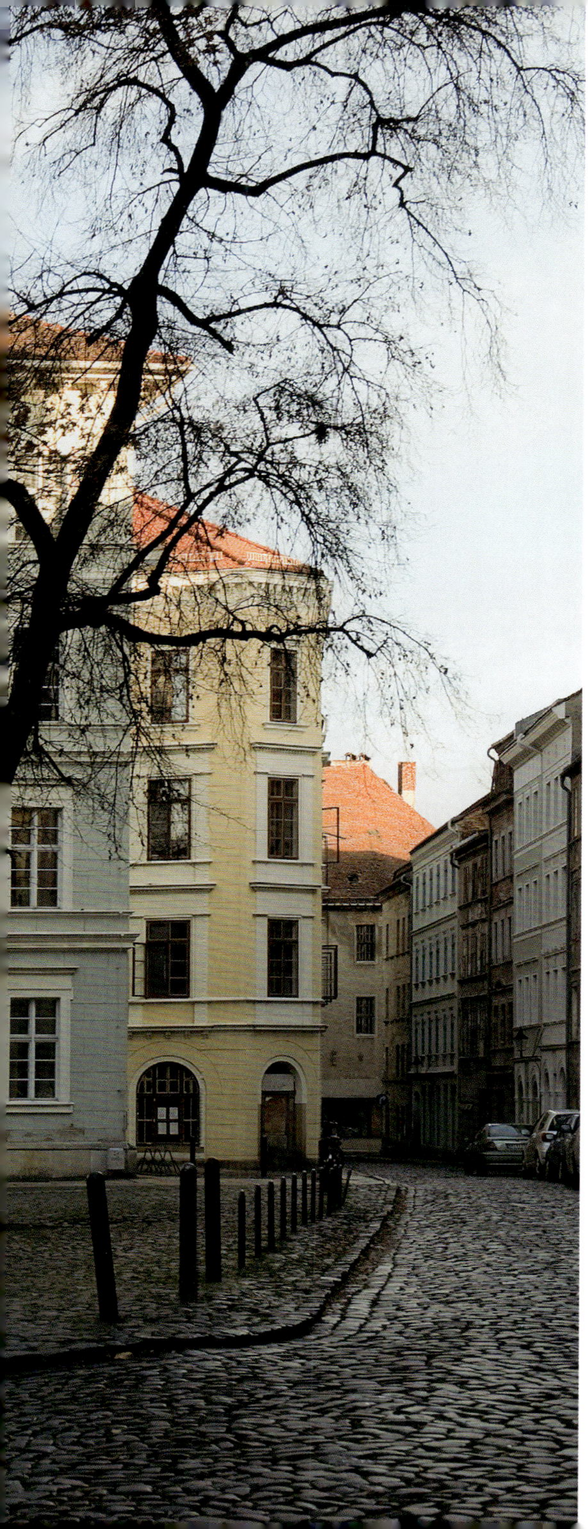

Fischmarkt · ehemalige Mädchenschule,
heute Musikschule

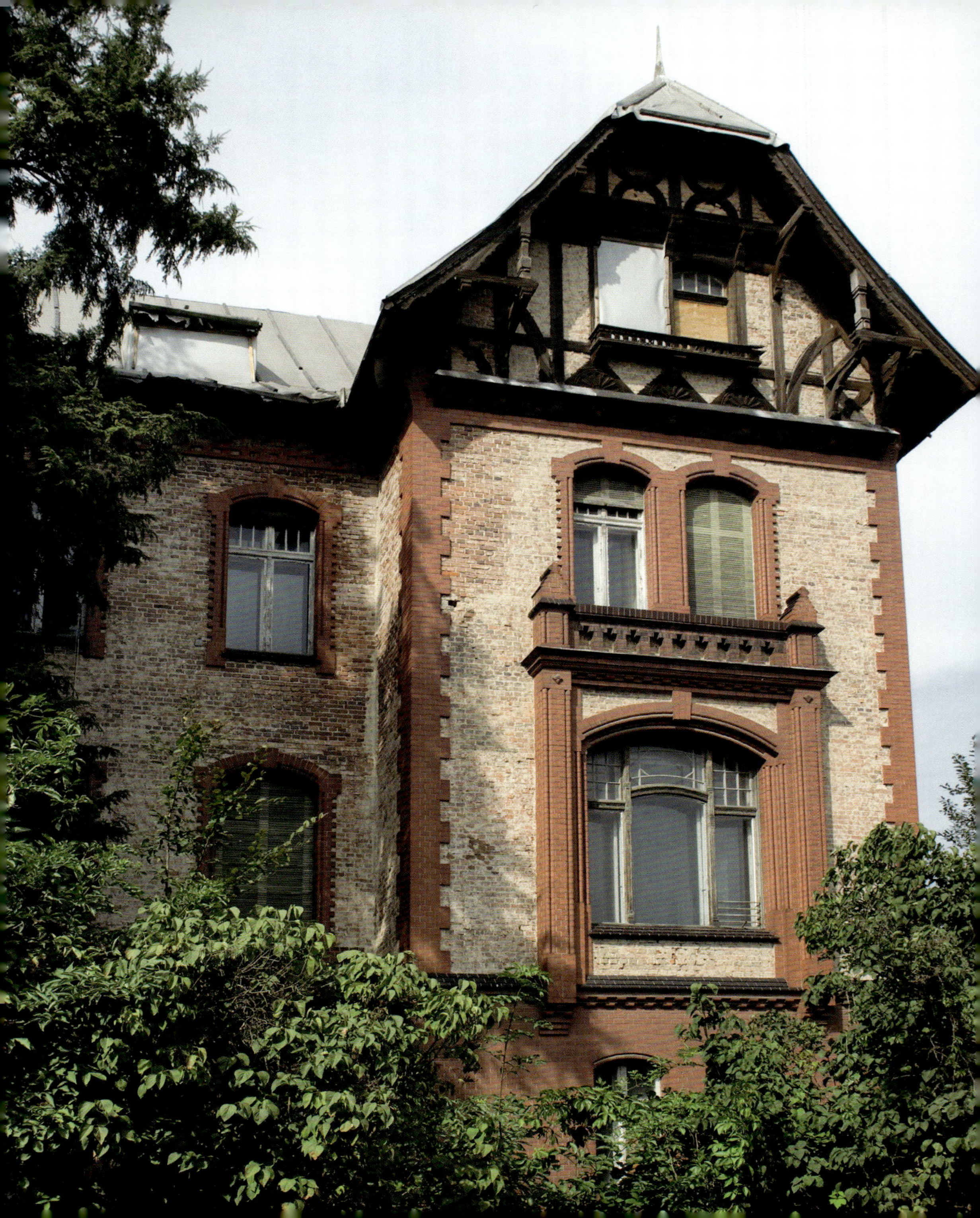

Fabrikantenvillen, Heilig Kreuz und Synagoge

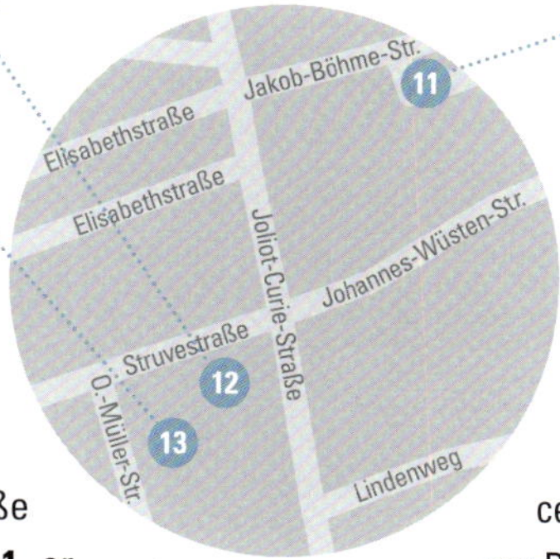

Durch die Krischelstraße hinaus aus der Altstadt und über die Jakob-Böhme-Straße gelangt man zur Bergstraße. Hier steht die große Fabrikantenvilla (11) **Bergstraße 1,** erbaut um 1895 auf steilem Hang oberhalb der ehemaligen Fabrik, ein repräsentatives Beispiel des malerischen Villenstils des späten 19. Jahrhunderts in den »altdeutschen Formen« der »Deutschen Renaissance«, in Formen und Material vielfältig und asymmetrisch zusammengesetzt. Neben der Villa befindet sich der Zugang zur **Ochsenbastei,** Teil der ehemaligen Stadtbefestigung. Die Jakob-Böhme-Straße wieder zurück zur Joliot-Curie-Straße, steht an der Kreuzung zum südlichen Teil der Elisabethstraße das Doppelhaus **Joliot-Curie-Straße 1–2,** erbaut 1876 in nobler Einfachheit mit genuteten Putzquadern und im Inneren zwei identischen monumentalen Treppenhäusern.

Die **ehemalige Ressource** (Joliot-Curie-Straße 3) war das Veranstaltungshaus der Ressource-Gesellschaft, eines Bürgervereins zur Pflege des gesellschaftlichen und kulturellen Lebens, wie sie seit dem Ende des 18. Jahrhunderts in vielen Städten gegründet wurden. Das Gebäude wurde 1824 erbaut und mehrfach verändert und erweitert. Von 1903 stammen die zwei Jugendstilhäuser **Joliot-Curie-Straße 4–5.** In der Eingangshalle von Nr. 5 sieht man schöne Jugendstildekoration und eine Tiffany-Verglasung. Die anschließende Häuserreihe endet an der Ecke zum Lindenweg mit einer hochherrschaftlichen Villa im Stil der antikisierenden italienischen Hochrenaissance. Hier sind weiterhin zwei Fabrikantenvillen sehenswert – **Lindenweg 3–4** –, beide im Stil der Deutschen Renaissance mit Giebeln und Ecktürmen, Nr. 3 wurde 1892 vollendet.

Wiederum zurück über die Joliot-Curie-Straße gelangt man in die **Struvestraße.** Hier befindet sich auf der Nordseite eine geschlossene Front zweigeschossiger Mietshäuser mit herrschaft-

links:
Villa Bergstraße · vergangene Pracht

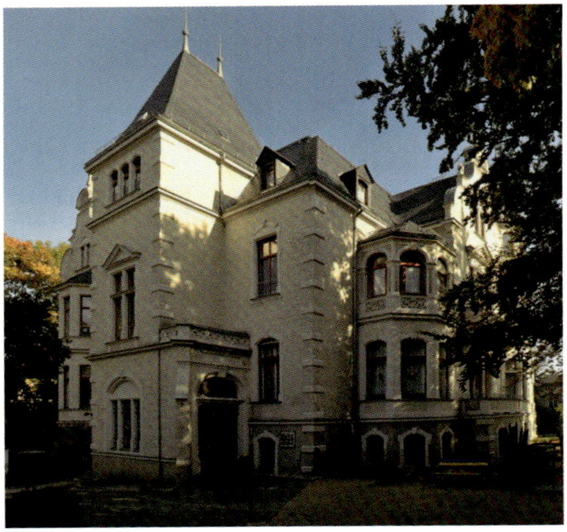

Fabrikantenvilla Lindenweg 4

lichen spätklassizistischen Fassaden – mit den leichten Variationen der noblen Stilformen von Haus zu Haus ein außerordentlich schönes Architekturensemble. In der Struvestraße steht außerdem in einem Garten die 12 **katholische Kirche Heilig Kreuz.** Seit 1835 war infolge von Zuzügen aus Schlesien eine katholische Gemeinde in Görlitz entstanden. Die Kreuzkirche war deren erste Pfarrkirche. Sie entstand 1850 bis 1853 nach dem Entwurf des Berliner Architekten August Soller (1805 – 1853) – ein Schüler Karl Friedrich Schinkels, der in der preußischen Oberbaudirektion für den Kirchenbau zuständig war. Die statt mit einem Turm nur mit einem Dachreiter ausgestattete, dreischiffige und dreijochige Hallenkirche aus Bruchstein

rechts: Struvestraße · herrschaftliche spätklassizistische Fassaden

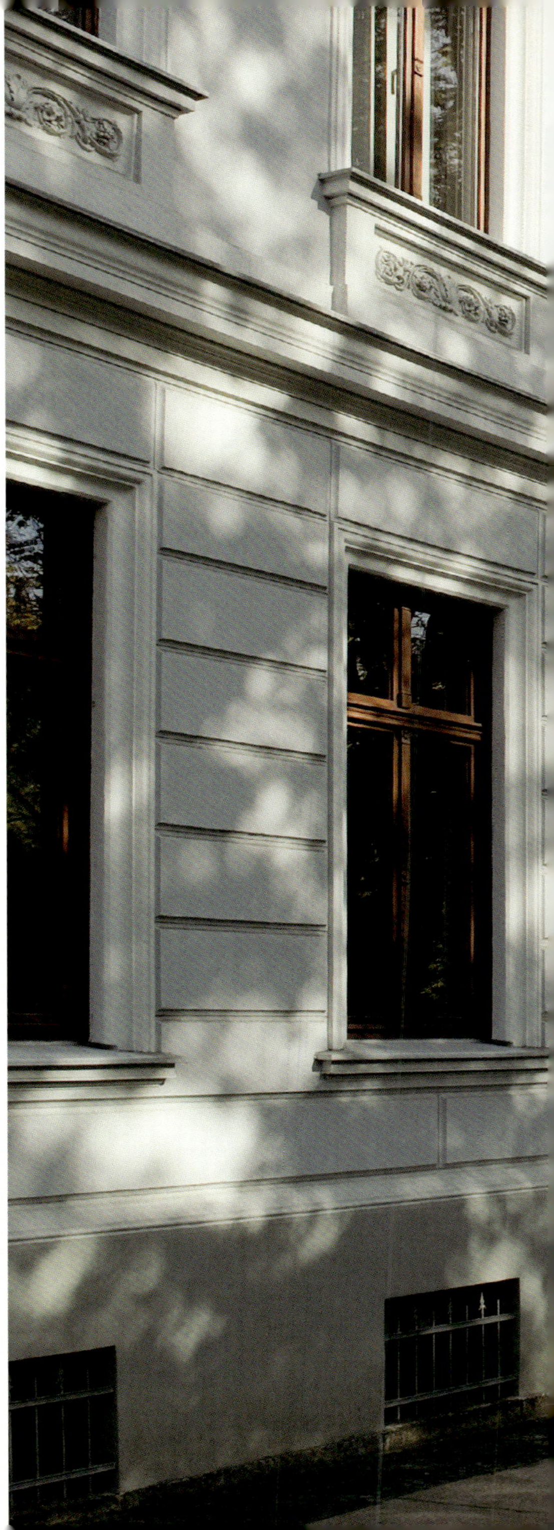

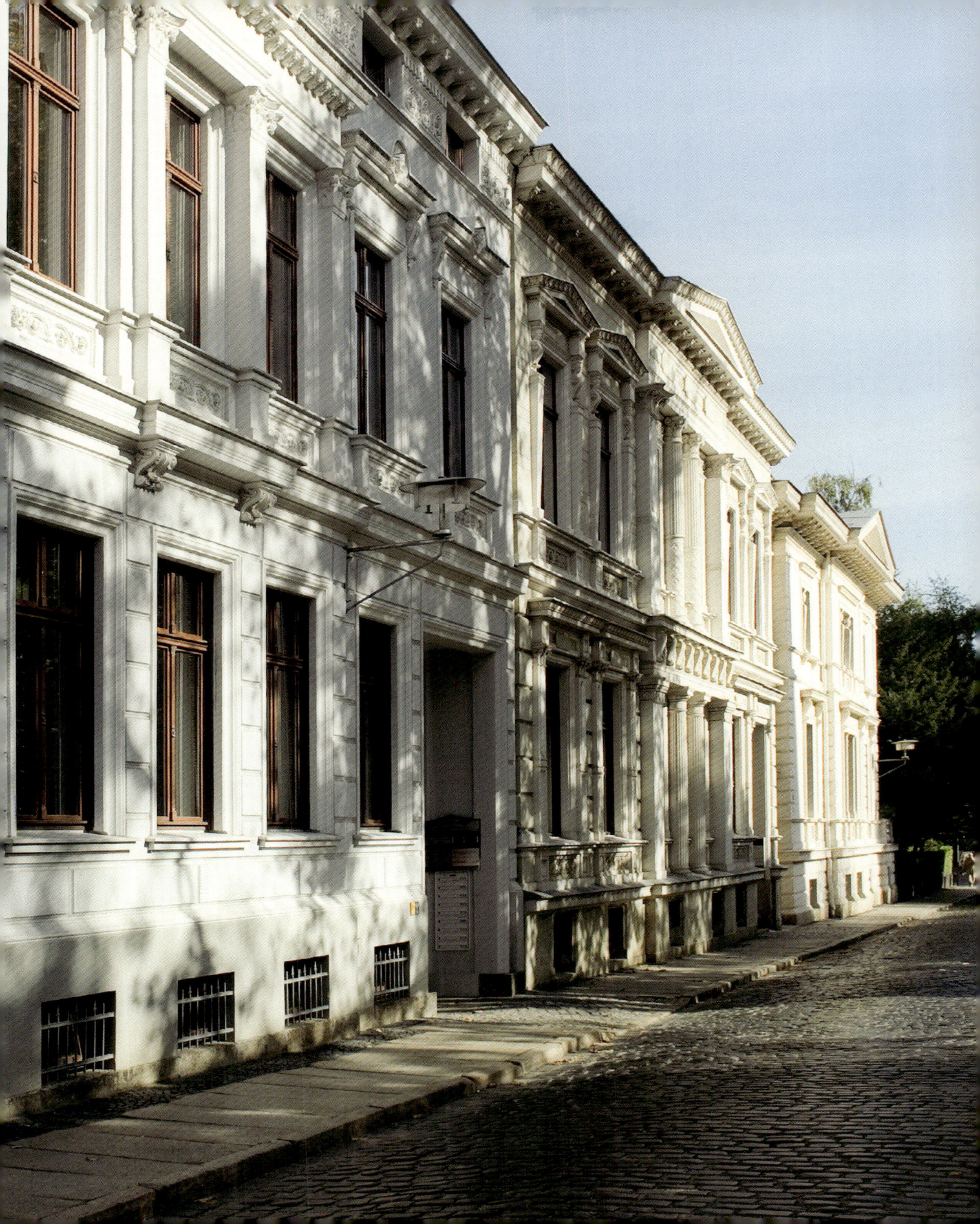

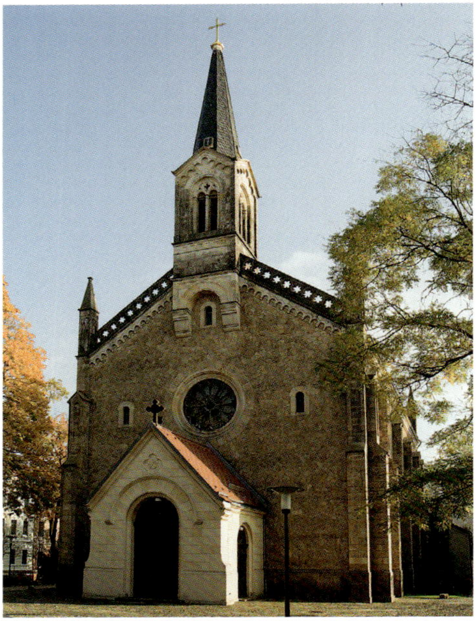

Heilig Kreuz Kirche

zeigt den typischen kargen preußischen »Rundbogenstil« der Jahrhundertmitte, der für öffentliche Gebäude von sekundärem Rang verwendet wurde. Das Altarbild des gekreuzigten Christus war eine Stiftung König Ludwigs I. von Bayern, gemalt von Julius Zimmermann in München. Die sandsteinerne Vorhalle wurde 1893 angefügt. Die große, durchaus qualitätvolle Kreuzigungsgruppe davor ist von 1895.

Die **Otto-Müller-Straße** wurde 1907 bis 1911 angelegt. Die klassizistische Villa neben der Kreuzung zur Struvestraße entstand 1864. Gegenüber steht das ehemalige **Kreishaus,** 1910 errichtet, schlossartig mit vorspringendem Mittelrisalit.

Am Ende der Straße befindet sich die 13 **Synagoge.** Um 1900 hatte die jüdische Gemeinde von Görlitz etwa 600 Mitglieder; sie war also eher klein, aber wohlhabend. Schon 1853 war eine – heute noch existierende – Synagoge auf dem Grundstück zwischen Obermarkt 17 und Langenstraße (von dort aus sichtbar) errichtet worden. 1909 veranstaltete die jüdische Gemeinde einen Architekturwettbewerb für einen größeren und repräsentativeren Neubau. Gewinner war das renommierte Dresdner Büro William Lossow & Max Hans Kühne (Erbauer u.a. des Leipziger Hauptbahnhofs). 1911 wurde der Bau eingeweiht als Zentrum der über Görlitz hinausreichenden Niederschlesischen Synagogalgemeinde. In der Pogromnacht am 9. November 1938 wurde die Synagoge von der SA in Brand gesteckt, aber von der Feuerwehr gelöscht. So überlebte das Gebäude leicht beschädigt, wurde nach dem Krieg allerdings jahrzehntelang vernachlässigt und wird jetzt als multifunktionale Kultur- und Begegnungsstätte wiederhergestellt. Es handelt sich um einen Betonskelett- und Ziegelbau, verputzt, teilweise mit Sandsteinverkleidung – ein Zentralbau, der sich in der äußeren Erscheinung allerdings als Längsbau unter einem breiten Satteldach darstellt, über dem ein mächtiger, kubischer Kuppelturm aufragt. Die gerundeten Raumgrenzen des Inneren prägen sich außen an den Seitenmauern aus. Die Eingangsseite erscheint als klassische Giebelfront, jedoch statt mit antikischen Formen mit dicht verschlungener, vegetabilischer, an Byzantinisches erinnernder Ornamentik geschmückt. Im Inneren ist der runde Hauptraum zur Hälfte von der geschwungenen Frauenempore umgeben.

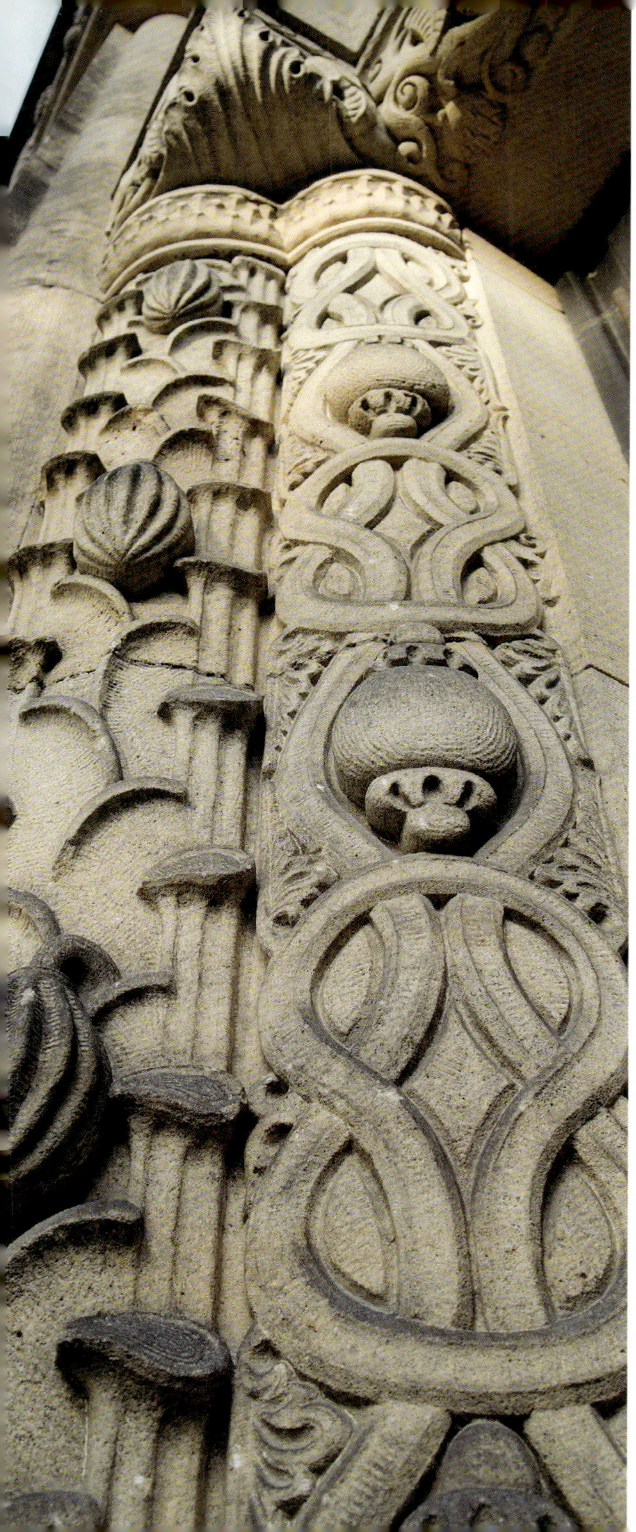

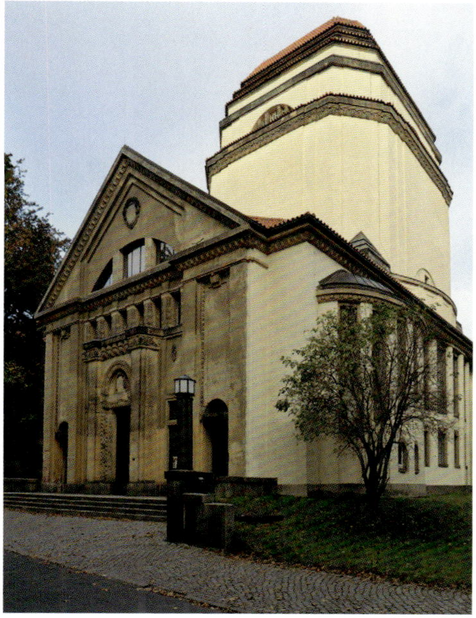

Synagoge

Der Betraum hatte 500 Plätze, davon 220 auf der Frauenempore. Das Innere ist stark farbig. Die Kuppel – konstruktiv vom Turm abgehängt – ist mit einem Schuppenmuster und einem Fries von Löwen (Symbol für Juda) geschmückt. Das motivische und stilistische Vorbild dafür war das Ischtartor des alten Babylon (heute im Pergamonmuseum in Berlin). In der Hauptachse öffnet sich hinter vier Marmorsäulen die rechteckige, prächtig ausgestattete Thoranische. Die künstlerische Ausstattung stammt von Dresdner Künstlern: den Malern Alexander Baranowsky und Paul Kießling, dem Glasmaler Josef Goller und dem Kunsthandwerker Karl Groß.

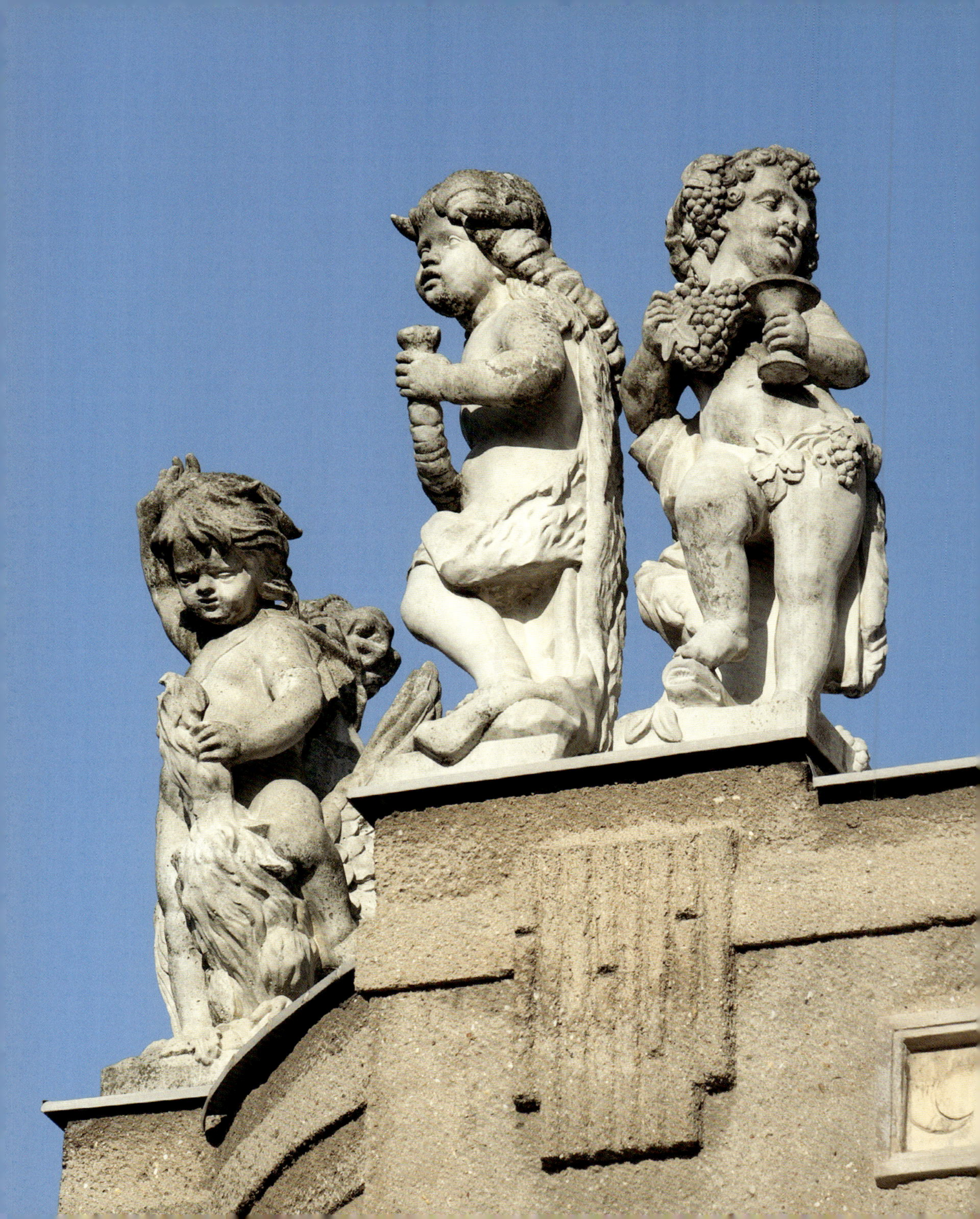

Stadtpark und Dom Kultury

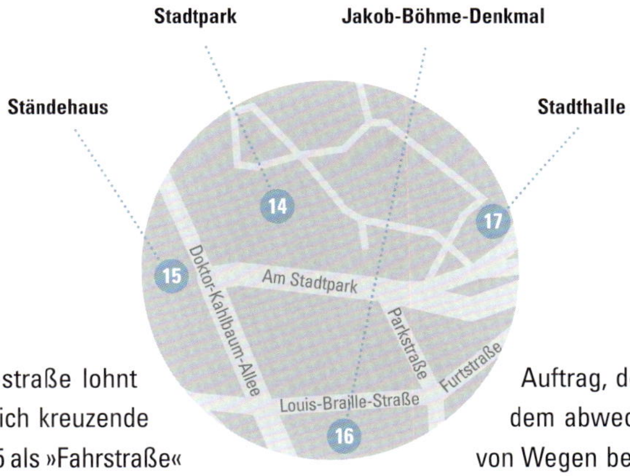

Zurück in der Struvestraße lohnt ein Blick in die westlich kreuzende **Bismarckstraße.** 1865 als »Fahrstraße« angelegt, sind in dieser Straße die wesentlichen Elemente der Bauordnung von 1868 nachzuverfolgen, so die abgeschrägten Kreuzungsecken mit der turmartigen, häufig von Figuren gekrönten Überhöhung. Besonders sehenswert ist das hohe Doppelhaus **Bismarckstraße 18 – 18 a** von 1902 mit reicher Jugendstildekoration.

Von der Bismarckstraße gelangt man über die Schützenstraße wieder in die Joliot-Curie-Straße, von der sich östlich der 14 **Stadtpark** erstreckt. Dieser wurde in den 1840er Jahren als Landschaftspark auf der ehemaligen Viehweide zwischen Innenstadt und Neiße angelegt. 1855 erhielt der Berliner Gartenarchitekt Peter Joseph Lenné den Auftrag, den Park zu erneuern. In dem abwechslungsreichen System von Wegen begegnet der Spaziergänger mehreren Denkmälern. Auf der höchsten Stelle die Bronzebüste Alexander von Humboldts von J. Jordan, Berlin, nach Christian Daniel Rauch. Den kugelförmigen Meridianstein – der durch Görlitz führende Meridian 15 Grad östlicher Länge ist der Meridian der Mitteleuropäischen Zeit – schuf 1961 Carl Däunert aus Görlitz. Des Weiteren befindet sich hier ein Ehrenmal für die Befreiungskriege, ein Granitblock mit dem Datum 1813, darauf ein Kreuz und vier Pyramiden aus Kanonenkugeln.

Im 15 **Ständehaus** (Dr.-Kahlbaum-Allee 31) tagten die Stände der preußischen Oberlausitz nach der Teilung des Landes 1815. Ursprünglich hatten die Stände des Görlitzer Kreises ihr Haus in Bautzen. Erbaut wurde das Görlitzer Haus 1853 bis 1854 nach dem Entwurf von Carl Ferdinand Busse, Berlin. Der rechteckige, dreigeschossige Bau aus Bruchstein mit Sandsteinrahmung hat einen weit vortretenden,

links:
Stadthalle · Putten auf dem Dach

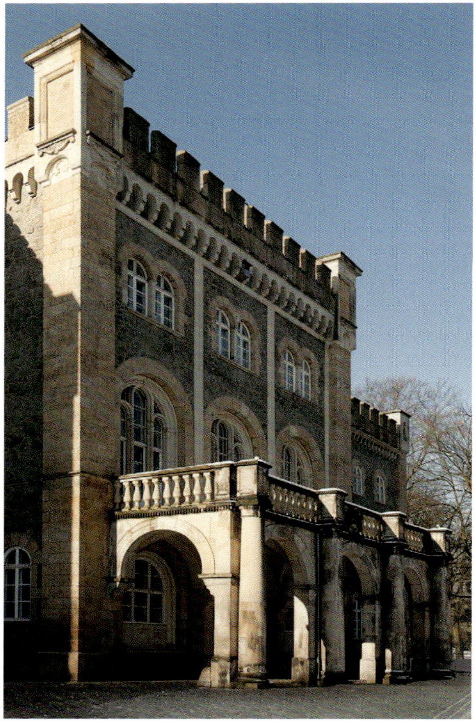

Ständehaus · Versammlungsort der Stände der preußischen Oberlausitz, heute Altenheim

dreiachsigen Mittelrisalit mit großen Maßwerkfenstern und einem Arkadenportikus. Der Zinnenkranz gibt dem Gebäude einen militärischen Charakter. Die Treppenanlage und der Saal im Inneren sind recht repräsentativ. Das Ständehaus ist – wie die Jägerkaserne und die katholische Kirche Heilig Kreuz – ein typisches Beispiel des strengen, auf das Mittelalter verweisenden Rundbogenstils vieler preußischer Staatsbauten der Jahrhundertmitte. Heute dient es als Altenheim.

An der **Dr.-Kahlbaum-Allee** (Karl Ludwig Kahlbaum, 1828 – 1899, war Arzt, Neurologe und Psychiater) – einst eine Promenade, jetzt Verkehrsstraße – stehen Villen aus der zweiten Hälfte des 19. Jahrhunderts. Links gelangt man zum **Otto-Müller-Park,** den der Fabrikant Otto Müller der Stadt stiftete. Hier befindet sich die bronzene Denkmalstatue des Mystikers, Philosophen und Theosophen 16 **Jakob Böhme** (1575 – 1624), eines der bedeutendsten Söhne der Stadt. Böhme, gelernter Schuhmachermeister, schrieb eine Reihe theosophischer Schriften, die mit ihren pantheistischen Gedanken von Gott als »Urgrund« von allem, Gut und Böse, Himmel und Hölle, Innerem und Äußerem, von der lutherischen Orthodoxie zwar heftig angefeindet wurden, die aber starken Einfluss auf zeitgenössische (Angelus Silesius) und spätere Philosophen und Dichter (Hamann, Schelling, Hegel, Goethe, Novalis) ausübten. Das Denkmal wurde 1898 von dem Berliner Bildhauer Johannes Pfuhl (1846 – 1914) geschaffen, ursprünglich neben der Stadthalle aufgestellt und 1976 hierher versetzt. In historischem Gewand sitzt Böhme auf einem Schusterschemel, die Bibel auf das Knie gestützt. Die Hand mit Stift emphatisch an die Brust gedrückt, blickt sein idealisierter Kopf visionär in die Weite.

Südlich des Parks an der **Louis-Braille-Straße** stehen hochherrschaftliche Mietshäuser, um 1900, mit prachtvollen Fassaden in Neubarock und »Deutscher Renaissance«.

An der Südseite des Parks befindet sich auch die 17 **Stadthalle** (Am Stadtpark 1). 1876 wurden die Schlesischen Musikfeste gegründet, die im zweijährigen Rhythmus bis 1942 in Görlitz stattfanden. Vor allem dafür errichtete die Stadt dieses große,

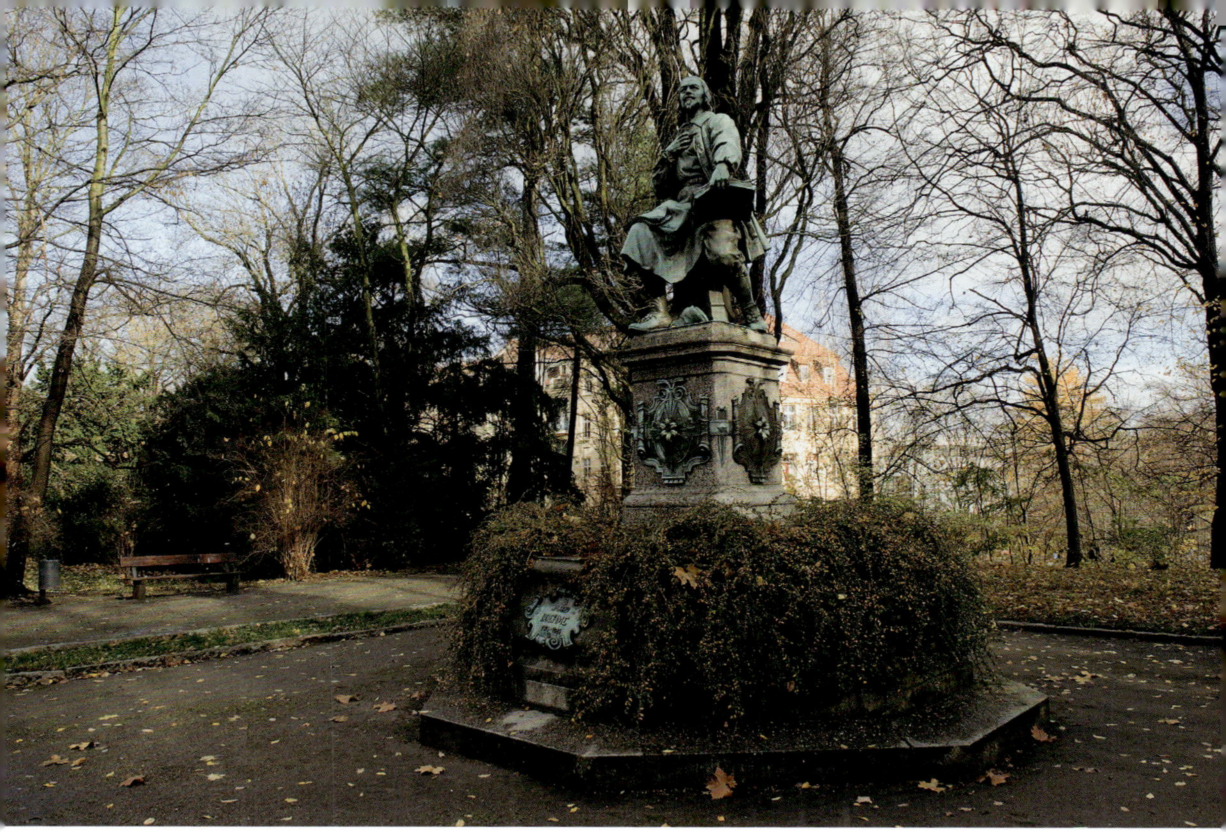

Jakob-Böhme-Denkmal im Otto-Müller-Park

repräsentative Gebäude. Man wollte künstlerisch ganz auf der Höhe der Zeit sein und gab 1906 den Bauauftrag an den Berliner Jugendstilarchitekten Bernhard Sehring (1855–1941), der einer der führenden deutschen Theaterarchitekten war. Während der Arbeiten stürzte 1908 die Dachkonstruktion ein, erst 1910 konnte der Bau vollendet werden. Der verputzte Betonbau – ein großer rechteckiger Kubus mit niedrigen Annexen auf beiden Langseiten – steht unterhalb der zur Neißebrücke führenden Straße. Konvexe und konkave Abrundungen und flache Gliederungselemente nehmen dem Baukörper die geometrische Strenge. Dem Kubus ist eine Eingangsfront vorgesetzt, die über eine Brücke den Zugang vom Straßenniveau erlaubt. Dieser Vorbau hat den Charakter einer großen Kulisse, der eine flache Tempelfront vorgeblendet ist. Vor allem auf der Gebäudekante ist reicher plastischer Schmuck aus Obelisken, Kandelabern, Löwen, Putten – formal zwischen Barock und Jugendstil – ausgebreitet, alles aus Beton.

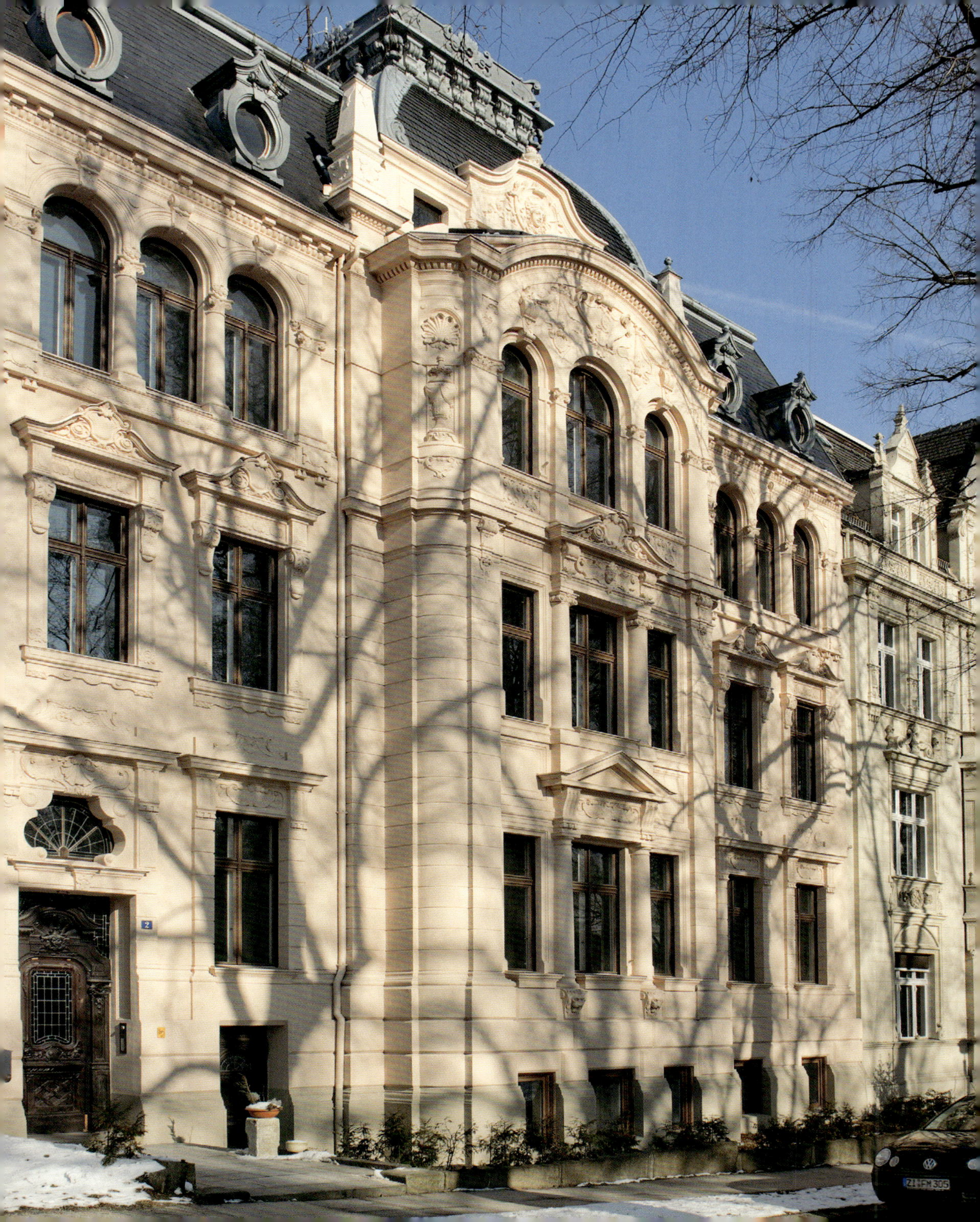

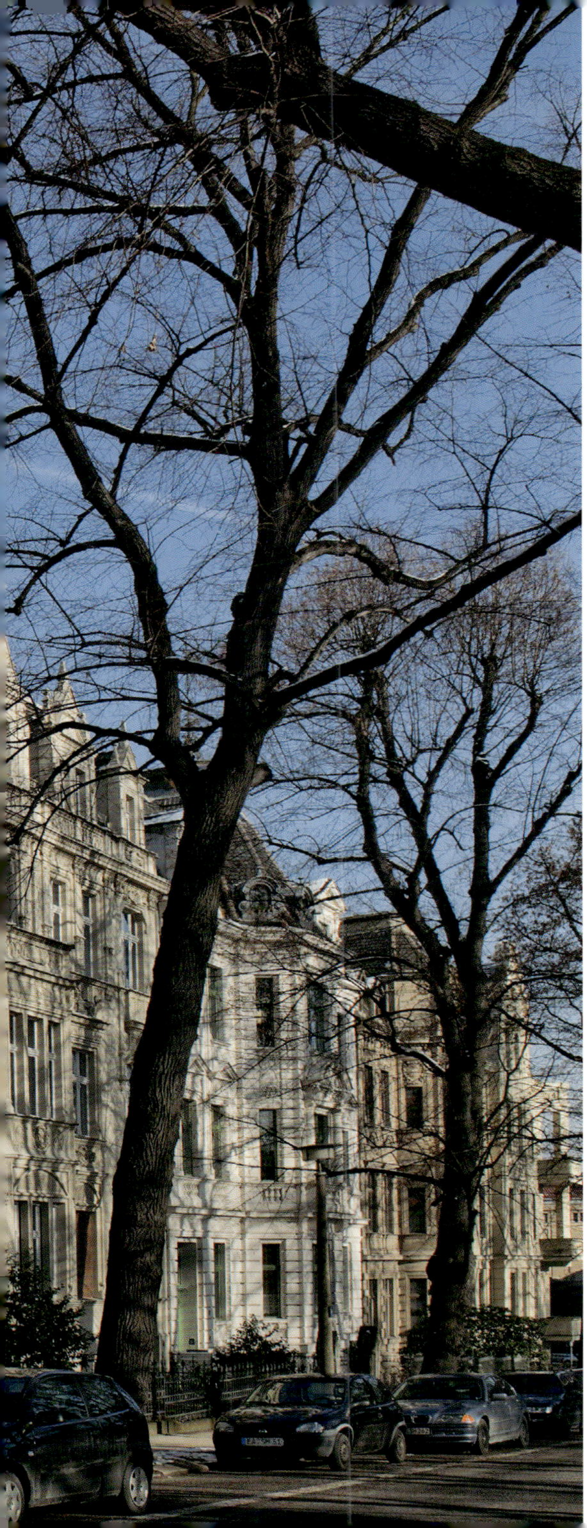

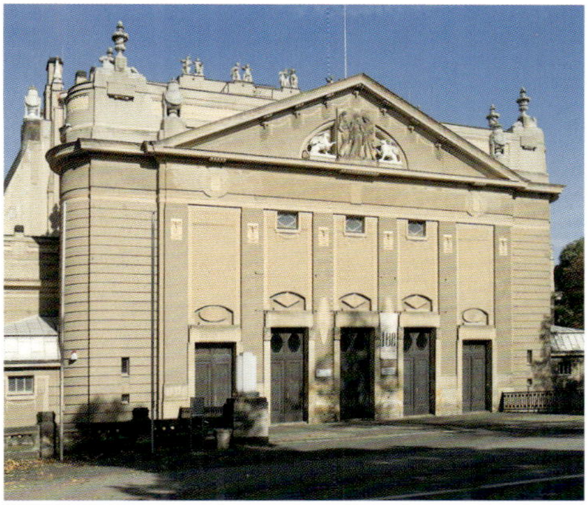

Stadthalle · errichtet für die Schlesischen Musikfestspiele

Im Inneren gibt es im Hochparterre einen großen Saal, der 2700 Personen Platz bietet, mit umlaufendem Rang, tiefer Bühne und einer großen Konzertorgel von 1910, dazu quer im Obergeschoss einen kleineren Saal mit 200 Plätzen. Die Seitenflügel enthalten Foyers. Die dekorative Gestaltung der Innenräume erschien in kultivierter Zurückhaltung, kühlen Farben, vor allem Weiß und Grau, mit sparsamen plastischen Akzenten. Die Ausgestaltung des großen Saales und anderer Räume wurde 1967 entstellend verändert. Die Stadthalle ist seit 2004 nicht mehr in Betrieb. Es ist zu wünschen, dass sie denkmalpflegerisch wiederhergestellt wird. Denn Sehrings eklektizistisch verspielte, dekorative Gestaltung ist eines der bedeutendsten Werke der Jugendstilarchitektur in Deutschland.

Louis-Braille-Straße · hochherrschaftliche Mietshäuser

Zgorzelec

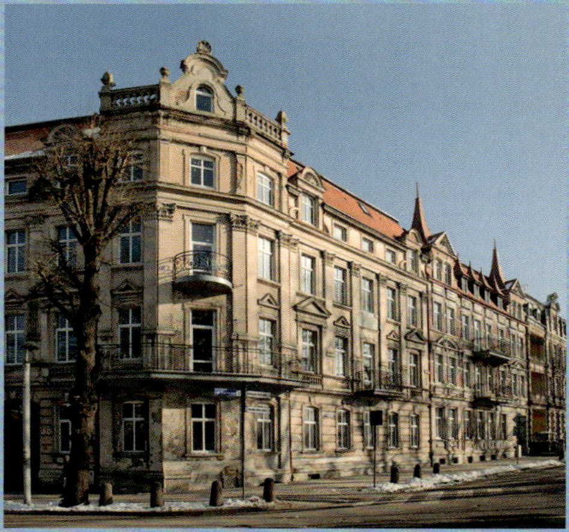

Gründerzeitliche Mietshausfassade
Partyzantów

1875 wurde flussaufwärts eine zweite Brücke, die Reichenberger Brücke, über die Neiße geschlagen. In der Folge entwickelte sich auf dem ansteigenden Gelände hier ein neues Viertel, die Oststadt, mit z.T. anspruchsvollen Wohnhäusern. Die Wolnosci-Straße, Partyzantów-Straße und Domańskiego-Straße zeigen repräsentative Fassaden aus dem Ende des 19. Jahrhunderts und der Jahrhundertwende.

Außerdem hinterließ der Ausbau von Görlitz zu einer preußischen Garnisonsstadt im 19. Jahrhundert Kasernenbauten.

Auf dem Rabenberg befinden sich eine 1910 angelegte Gartenstadt und eine 1934 bis 1935 gebaute »Frontkämpfersiedlung« der Nazizeit (zwischen den Straßen Lubańska bzw. Zamiejsko-Lubańska und Romualda Traugutta bzw. Armii Krajowej).

Nach dem Ende des Zweiten Weltkriegs war einige Jahre lang nicht sicher, ob die Stadtteile östlich der Neiße künftig zu Polen gehören würden. Deshalb wurden hier in den ersten Jahren nach 1945 kaum Polen angesiedelt. Stattdessen ließen sich zwischen 1945 und 1950 über 14 500 Bürgerkriegsflüchtlinge aus Griechenland hier nieder, von denen die meisten später in die Heimat zurückkehrten.

Das heutige Stadtbild der Innenstadt von Zgorzelec wird von Straßenzügen mit gründerzeitlichen Mietshäusern, zwischen denen noch Relikte niedrigerer früherer Bebauung stehen, bestimmt. Die meisten der Häuser sind noch unsaniert. Das Stadtzentrum wird überragt von ebenfalls sanierungsbedürftigen vielgeschossigen Wohnblocks aus Betonfertigteilen ohne ästhetischen Anspruch.

Sehenswert ist die Kirche sw. Józefa Robotnika in der Straße Księdza Jana Kozaka, 1978 bis 1981 gebaut aus drei hohen, dreistrahlig sich treffenden, metallverkleideten Doppelscheiben hinter einem dreieckig über der breiten Freitreppe hervorstoßenden Vordach. Sie ist ein typisches Beispiel für den sich um eine moderne sakrale Monumentalität bemühenden Kirchenbau im späten kommunistischen Polen.

Vom Stadtpark aus führt die Reichenberger Brücke über die Neiße. Hier befindet sich auf polnischer Seite der Park Odrodzonego Wojska Polskiego mit dem **Miejski Dom Kultury** (Städtisches Kulturhaus), der ehemaligen Oberlausitzer Gedenkhalle mit Kaiser-Friedrich-Museum (Ruhmeshalle). Der Plan zu dieser Halle, die zu den pompösesten Monumentalbauten der Regierungsjahre Kaiser Wilhelms II. zählt, geht auf die Initiative eines städtischen Komitees zurück, das im »Dreikaiserjahr« 1888 gegründet wurde. Man wollte ein gewaltiges Architekturdenkmal für die Kaiser Wilhelm I. und Friedrich III. errichten. Aus dem 1897 veranstalteten Wettbewerb ging der Architekt Hugo Behr (1860–1909) als Sieger hervor. 1898 bis 1902 wurde sie gebaut, finanziert teils aus Spenden und Lotterien, teils von der Stadt Görlitz. 1904 wurde in dem Gebäude das Kaiser-Friedrich-Museum eröffnet, seit 1936 städtische Kunstsammlung und Vorgängerinstitution des heutigen Kulturgeschichtlichen Museums im deutschen Görlitz.

Der Bau zeigt sich außen als flacher, quadratischer Kubus mit einem über breiter Freitreppe vorgesetzten Portikus mit Säulen und Giebel, überragt von einer kupfergefassten Glaskuppel auf quadratischem Grundriss. Das Innere besteht aus einer großen und hohen Denkmalhalle, gefüllt von einer in der Achse des Eingangs aufsteigenden, zeremoniellen Treppe, auf der man zu den Galerien des Obergeschosses mit den umgebenden Sälen gelangt. Die Gliederung der äußeren Fassaden ist eingeschossig, über einem Sockel erhebt sich eine Ordnung von Eckpilastern und vorgestellten Säulen, die das verkröpfte Gebälk tragen. Um die Dachverglasung der oberen Säle zu verdecken, sind die

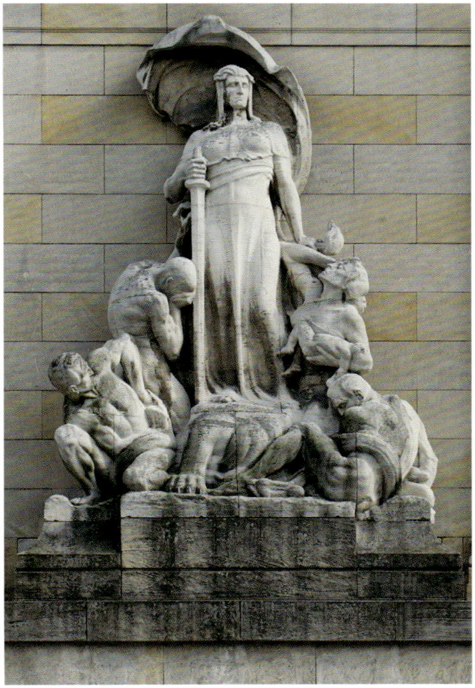

Dom Kultury · Statuengruppe »Krieg« von Hugo Lederer

Seiten durch ein mächtiges Attikageschoss erhöht. Die Ausstattung mit architektonischen Hoheitsmotiven des klassisch-barocken Repertoires ist auf dem allerhöchsten Anspruchsniveau der Zeit. Behr hat sich dabei am gerade fertiggestellten Reichstagsgebäude in Berlin orientiert. Der Tempelgiebel vor dem Eingang und die gläserne Kuppel sind direkt übernommen. Die Denkmalfunktion wird von einem überreichen Programm von bildlichen Darstellungen und Inschriften erfüllt. Der deutsch-nationale Inhalt des Programms hat Polen dazu ver-

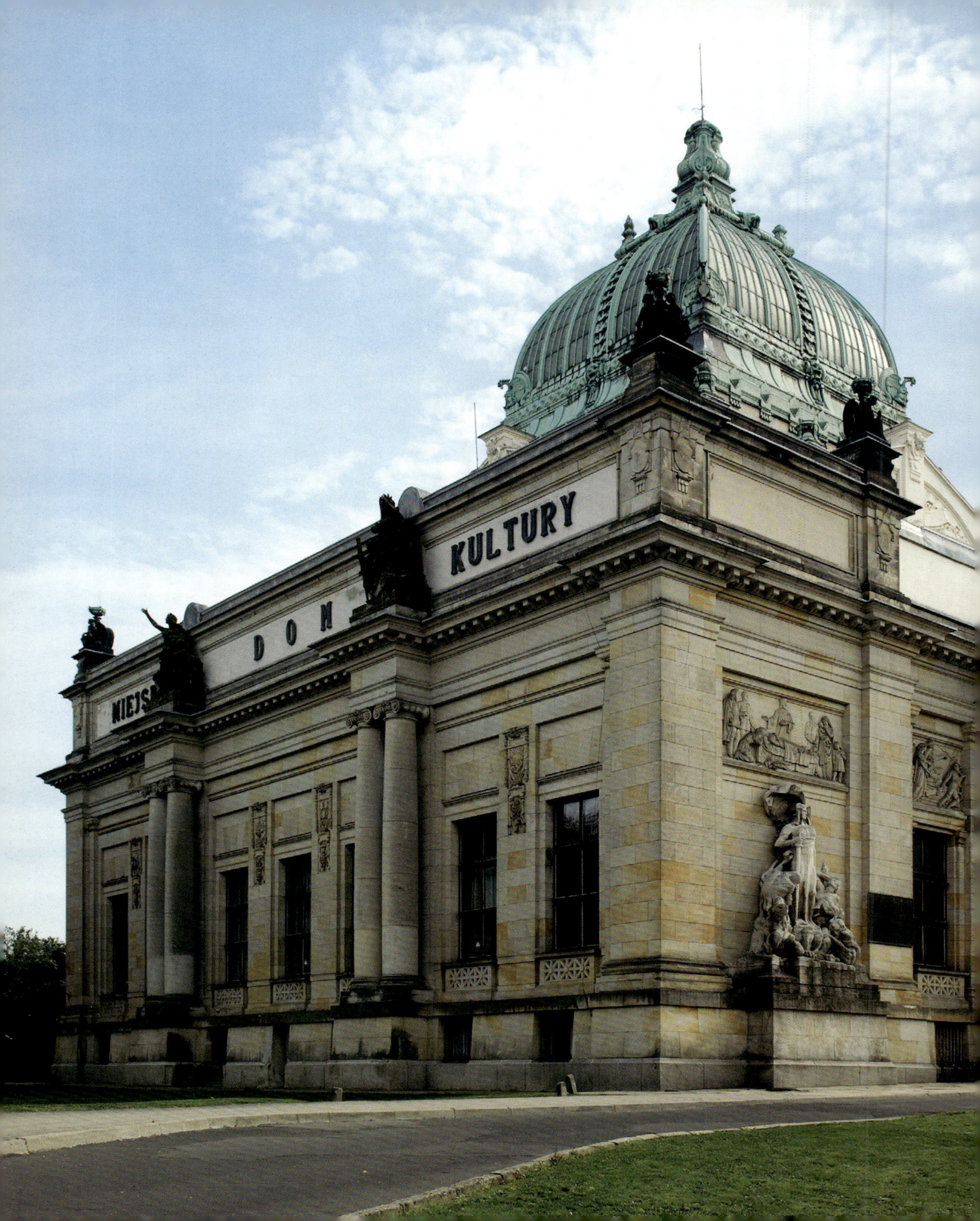

DOM
KULTURY

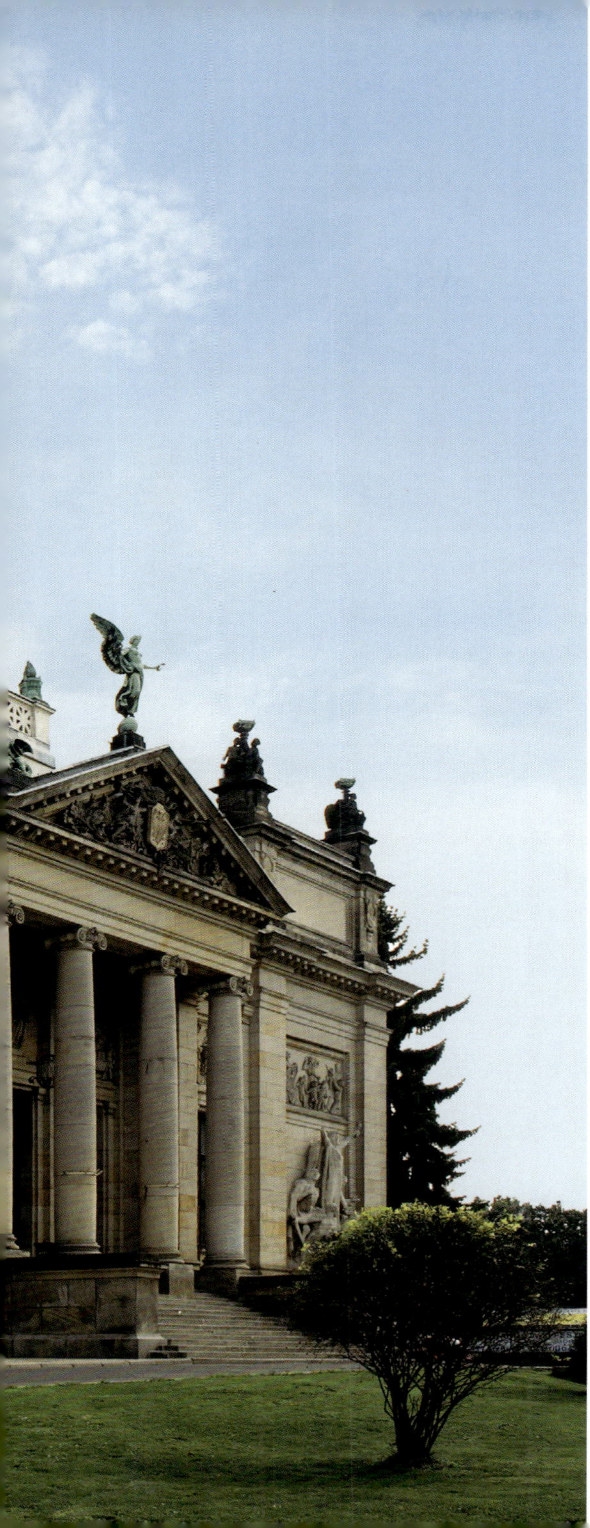

anlasst, vieles davon zu entfernen oder zu überdecken. Am Unterbau der Kuppel las man die große, jetzt verdeckte Inschrift »Den Gründern des Deutschen Reiches – die dankbare Oberlausitz«. Zu beiden Seiten des Portikus stehen noch heute die allegorischen Statuengruppen »Krieg« und »Sieg« von Hugo Lederer (der später durch sein monumentales Bismarckdenkmal in Hamburg berühmt wurde). Die Reliefs darüber verbildlichen die Schrecken des Krieges und den Segen des Friedens. Im Giebel befindet sich der Reichsadler zwischen emphatisch ausgreifenden Genien, Fahnen und Palmzweigen. Über der Giebelspitze schwebt auf der Erdkugel ein geflügelter Genius, der in beiden ausgestreckten Händen Lorbeerkränze für die gefeierten Kaiser hält.

Im Inneren standen am oberen Ende der Treppe vor einem Mosaik der Strahlen aussendenden, aufgehenden Sonne die überlebensgroßen Marmorstatuen der Kaiser Wilhelm I. und Friedrich III. in Prunkuniform und Herrscherpose, darüber im Gewölbebogen die Inschrift »MIT GOTT FUER KAISER U. REICH«. Vor der Wand der rückwärtigen Empore waren die Statuen von Reichskanzler Bismarck, Generalfeldmarschall Graf von Moltke und Kriegsminister von Roon aufgestellt. Vor den Pfeilern des Erdgeschosses standen die Bildnishermen von sechs deutschen Landesfürsten. Alle diese Statuen und Büsten wurden von dem aus Schlesien stammenden Bildhauer Johannes Pfuhl (1846 – 1914) geschaffen. Sie sind heute sämtlich nicht mehr vorhanden; nur die heraldischen Löwen zu beiden Seiten der Treppe sind geblieben.

Dom Kultury · ehemalige Ruhmeshalle, deren Baugestalt sich am Berliner Reichstagsgebäude orientierte

Außerhalb der Altstadt

KLASSIZISMUS, »DEUTSCHE RENAISSANCE« UND MODERNE ZEITEN

Imposante Platzanlagen, Kaufhäuser, Banken und Verkehrsbauten – in den Stadtteilen nördlich und südlich des Bahnhofs fand die Baukultur einer schnell wachsenden Industriestadt ihren Ausdruck. Die Eisenbahnlinie – Symbol des neuen Verkehrszeitalters – verläuft wie eine Ader durch dieses großzügige Gebiet, das sich um die Wende vom 19. zum 20. Jahrhundert mit den neuen architektonischen Statussymbolen füllte. Hier ist das rasante Wachstum einer immer noch reichen Stadt zu erleben.

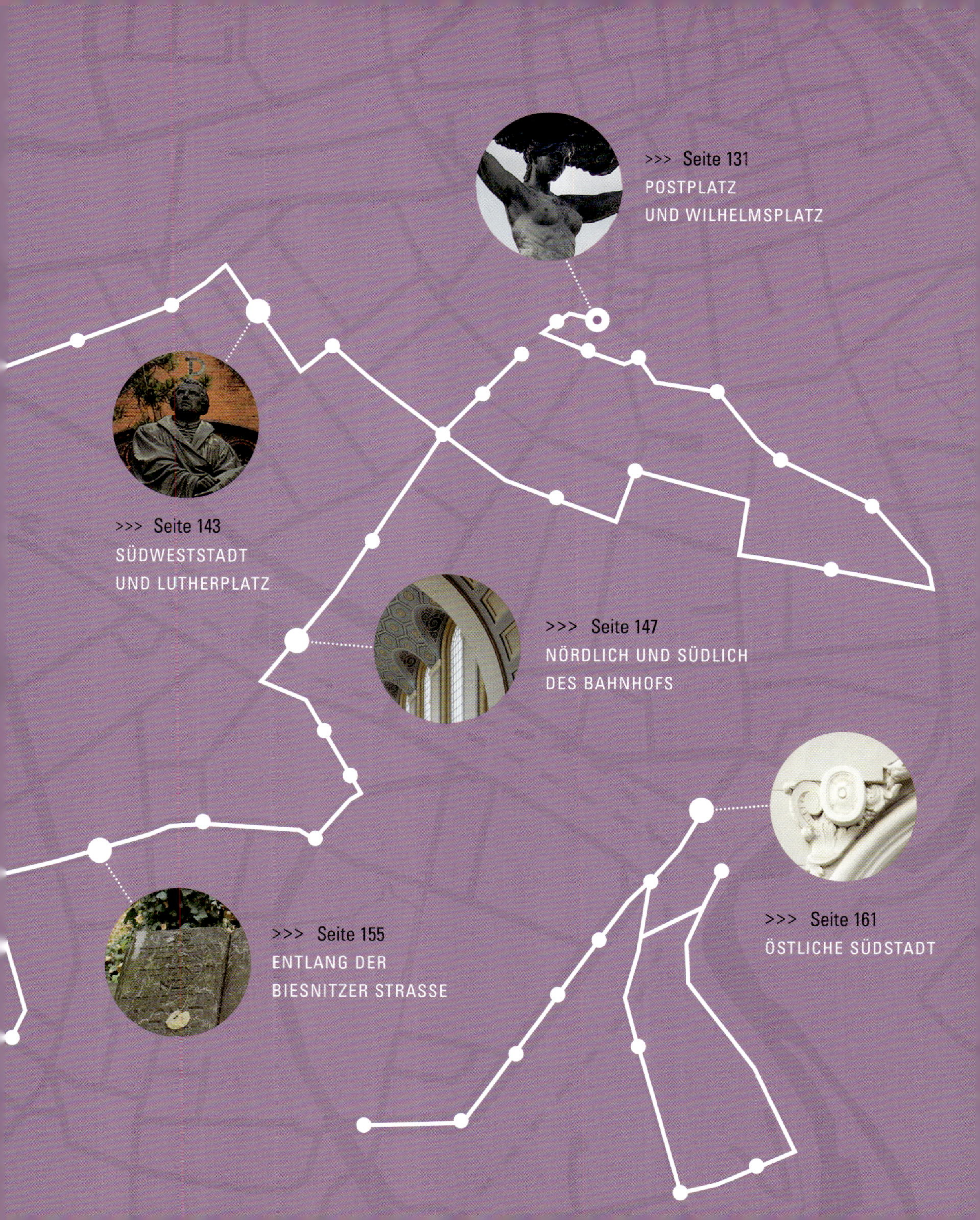
>>> Seite 131
POSTPLATZ
UND WILHELMSPLATZ
>>> Seite 143
SÜDWESTSTADT
UND LUTHERPLATZ
>>> Seite 147
NÖRDLICH UND SÜDLICH
DES BAHNHOFS
>>> Seite 155
ENTLANG DER
BIESNITZER STRASSE
>>> Seite 161
ÖSTLICHE SÜDSTADT

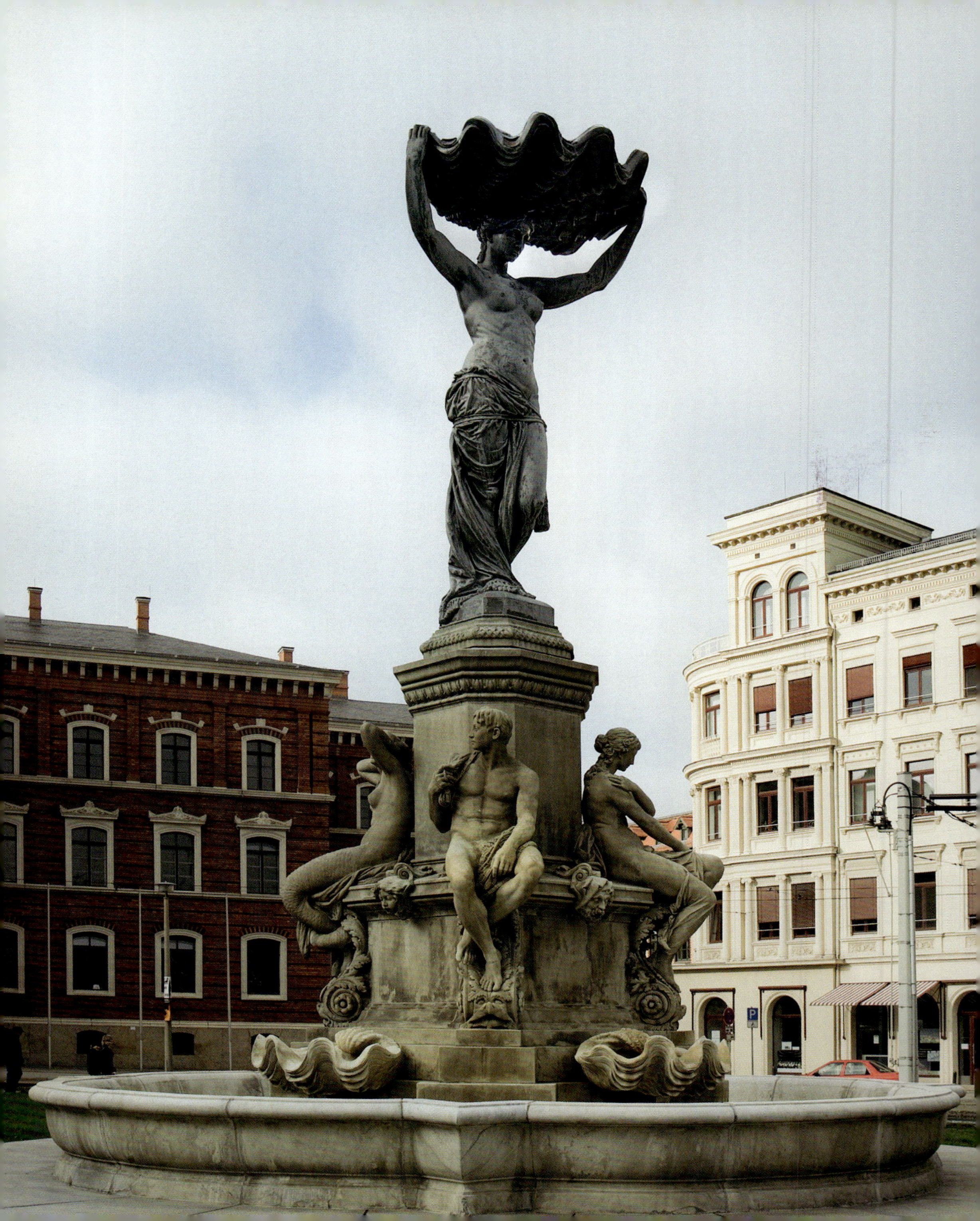
P

Postplatz und Wilhelmsplatz

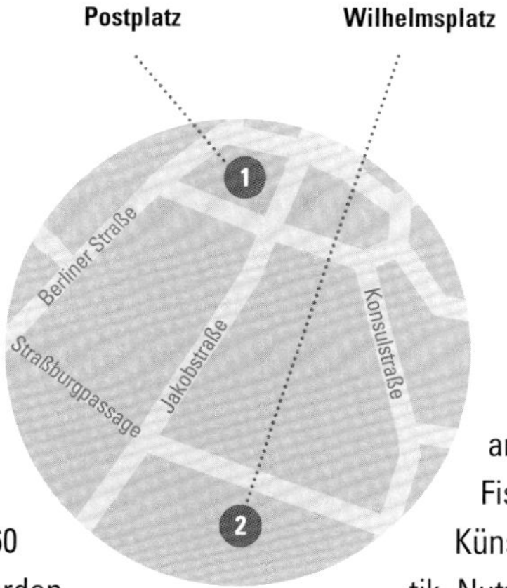

❶ Postplatz

Bis 1845 war hier der Viehmarkt vor der Stadt. Nachdem 1846 und 1860 die Bebauungslinien festgelegt worden waren, entstand an dieser Stelle einer der schönsten Plätze der Stadt – mit anspruchsvoller Architektur und einer gärtnerischen Gestaltung von 1887. In diesem Jahr wurde als Mitte der radial eingeteilten Anlage der allegorische **Brunnen** des Bildhauers Robert Toberentz (1849 – 1895), damals in Breslau, errichtet. Auf einem hohen Sockel steht eine weibliche Bronzefigur (vielleicht eine Flora oder die wasserspendende Natur; populär »Muschelminna« genannt), die eine Muschelschale über ihren Kopf hält, aus der Wasser in das große Brunnenbecken fällt. Sockel und Randfiguren sind aus Carrara-Marmor, die zwei weiblichen und zwei männlichen sitzenden allegorischen Figuren stellen angeblich Nixe, Jäger, Nymphe und Fischer oder in Bezeichnung des Künstlers allegorisch auch »Romantik, Nutzen, Veränderlichkeit und Kraft« des Wassers dar. Die bronzene Hauptfigur wurde 1942 für Rüstungszwecke eingeschmolzen, 1994 durch einen Nachguss ersetzt.

links:
die Muschelminna · markantes Wahrzeichen auf dem Postplatz

Das älteste Gebäude ist das **Gerichtsgebäude** (Postplatz 18), 1863 bis 1865 von dem Berliner Baubeamten Carl Ferdinand Busse (1802 – 1868), einem ehemaligen Assistenten Karl Friedrich Schinkels und Direktor der Bauakademie in Berlin, entworfen. Der breitgezogene Bau hat zum Platz 13 Achsen, einen fünfachsigen Mittelrisalit und zurückgenommene Außenflügel. Auf der Rückseite war das Gefängnis. Der Materialstil des unverputzten Ziegels mit Hausteinrahmungen in den Formen der oberitalienischen Frührenaissance wurde von Schinkel für öffentliche Gebäude von mittlerem Rang eingeführt.

Die ganze Nordseite des Platzes wird von dem Gebäude **Postplatz 19 – 21** eingenommen, das der Kaufmann Eduard Schultze durch einen lokalen

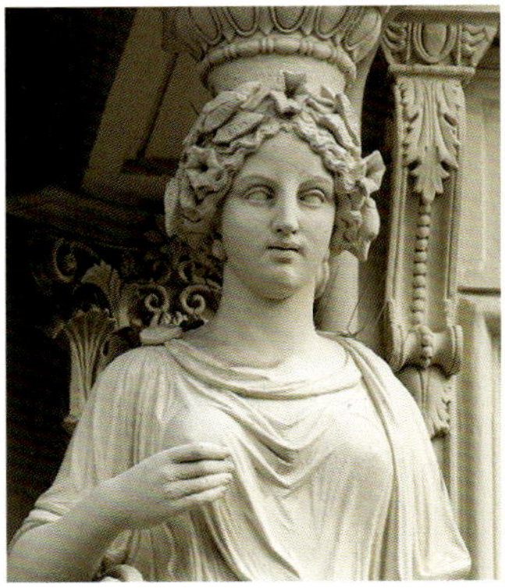

Baumeister namens Pfeiffer 1864 bis 1869 auf dem Gelände des ehemaligen Frauenhospitals der Frauenkirche errichten ließ. Laut dem Bauherrn folgte das Haus Pariser Vorbildern. Das betraf vor allem seine Multifunktionalität: Im Mittelteil befand sich das Hotel Victoria, das erste vornehme Grandhotel in Görlitz. Im Erdgeschoss lagen Geschäfte und ein großes Café, in den Seiten der Obergeschosse herrschaftliche Wohnungen. Der Bauherr stellte großstädtische Repräsentationsansprüche, die sich auch im architektonischen Stil niederschlugen. Der breit gelagerte, weiß verputzte Bau mit überhöhtem Mittelrisalit und mit dem als Korenhalle (dem frühesten Beispiel in Görlitz) gestalteten Balkon (die reich gegliederten, abgerundeten Gebäudeecken wurden später hinzugefügt) ist Berliner Klassizismus auf höchstem Anspruchsniveau.

rechts:
prunkvolles Wohn- und Geschäftshaus Postplatz 19–21 mit repräsentativem Balkon

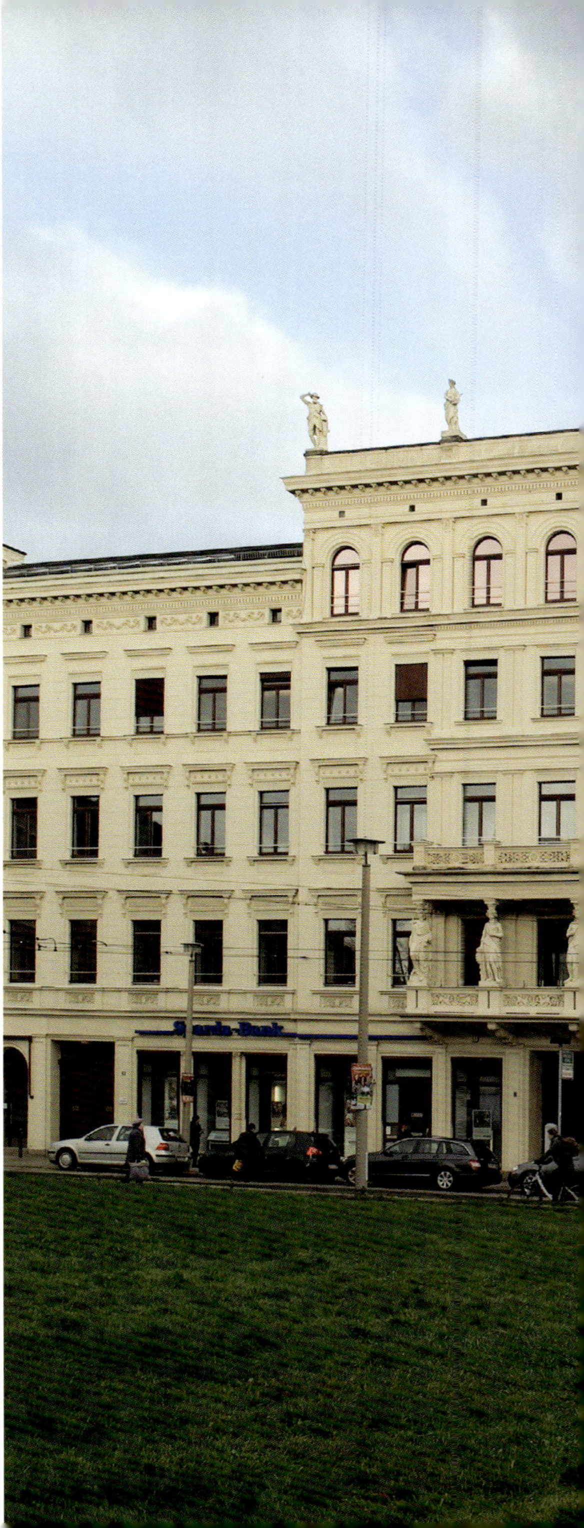

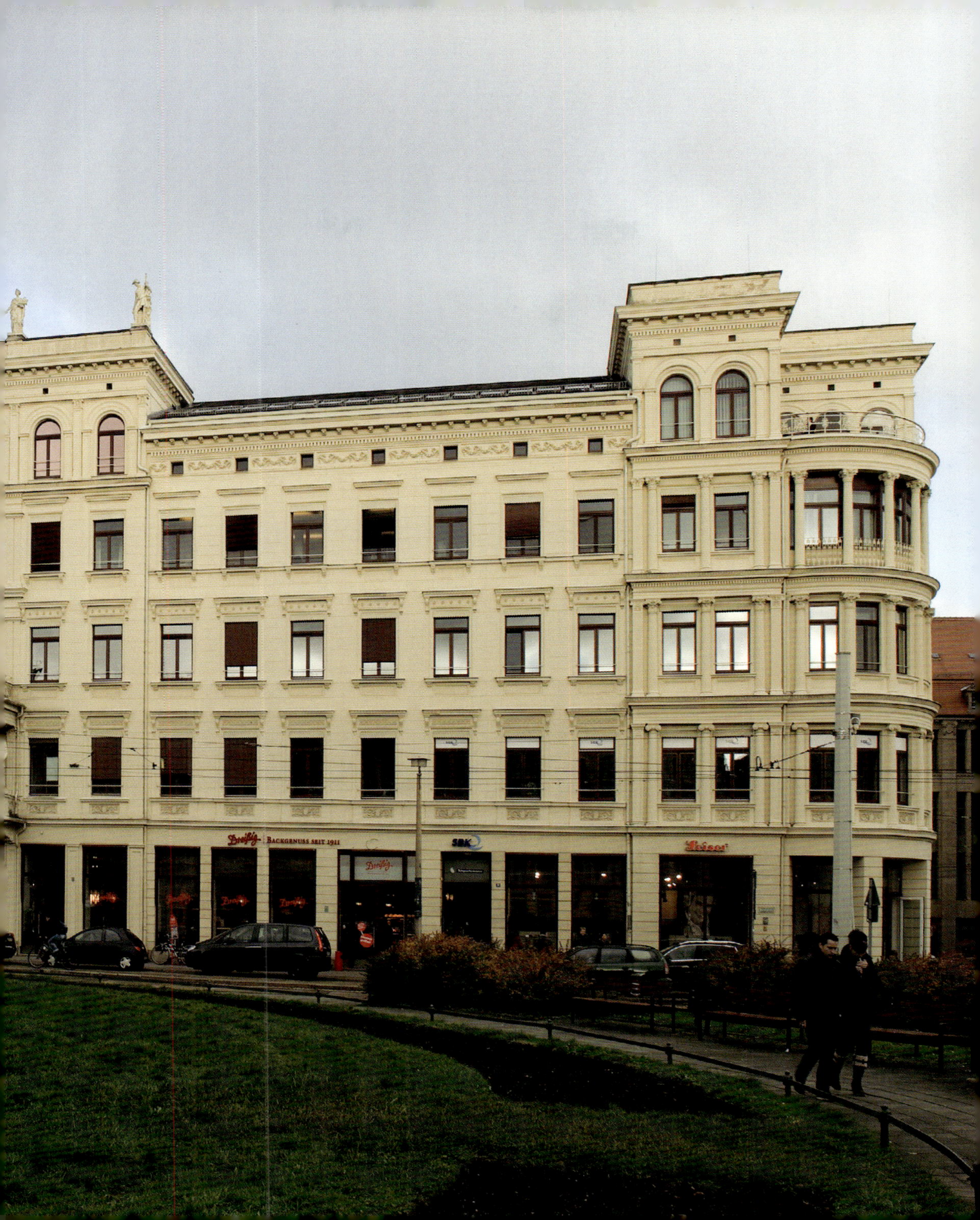
BACKGENUSS SEIT 1911
SBK

Klassizismus und »Deutsche Renaissance«

DIE ARCHITEKTUR DER NEUEN GESCHÄFTS- UND WOHNVIERTEL

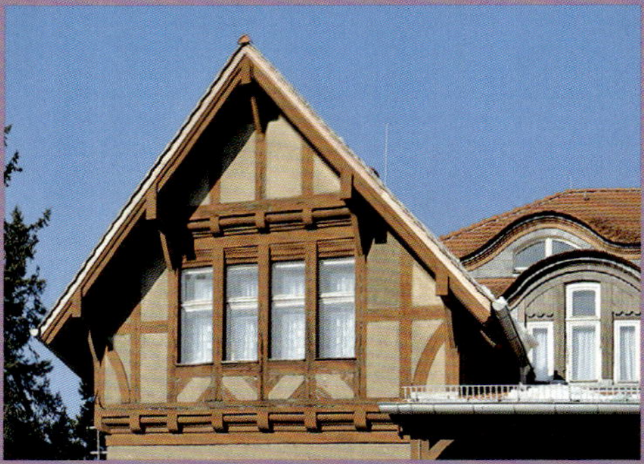

Goethestraße 17

Die im 19. Jahrhundert angelegten Viertel wurden vorzugsweise mit Wohn- und Geschäftshäusern bebaut. Dieser Bautypus mit Geschäften im Erdgeschoss und mehreren Wohngeschossen darüber setzte sich damals in allen Städten durch. Der größte Teil der neuen Görlitzer Stadtteile füllte sich mit Etagenwohnhäusern in geschlossener Straßenrandbebauung, viele davon mit anspruchsvoller Fassadengestaltung und repräsentativer Innenausstattung. Seit den 1880er Jahren kommt verstärkt der Bau freistehender Villen hinzu. Stilistisch folgt die Architektur den Vorbildern des Berliner biedermeierlichen Klassizismus seit der Mitte des 19. Jahrhunderts. Die Struktur der Fassaden folgt in der Regel dem italienischen Palazzotypus mit Erdgeschoss in schwerer Gestaltung mit Rustika- oder (mit Rillen Quaderfugen vortäuschenden) genuteten Putzquadern, dem repräsentativen Hauptgeschoss des »Piano Nobile« mit aufwendig gegliederter Fassadengestaltung sowie einem zweiten, später auch einem dritten, meist etwas zurückhaltender gestalteten Obergeschoss; darüber ragte das Kranzgesims heraus. Konstruktiv handelt es sich um verputzte Ziegelbauten. Die plastischen Motive der Gliederung und Dekoration bestehen in der Regal aus Stuck, seltener aus Stein. Der Dekor hält sich an das antike Formenrepertoire. Mehrfach findet sich im Stadtbild das hochnoble Stützenmotiv der das Gebälk tragenden weiblichen Figuren (Koren). Ein häufig angewandtes städtebauliches Motiv sind die an Straßenkreuzungen abgeschrägten und turmartig überhöhten Gebäudeecken. Dies geht zurück auf die Bauordnung von 1868, die für Wohnhäuser nur drei Geschosse zuließ, ein viertes aber bei dieser Abschrägung. Die dekorative Gestaltung der Fassaden wird nach 1880 zunehmend reicher und nimmt Züge des italienischen Barock an. Der üppig-plastische Neubarock wie in Dresden ist aber in Görlitz kaum anzutreffen. Im letzten Jahrzehnt des 19. Jahrhunderts tritt neben den Berliner Klassizismus der Stil der »Deutschen Renaissance«, das heißt die Nachahmung der stilistischen Formen der niederländischen und deutschen Baukunst des 16. und 17. Jahrhunderts. Die »Deutsche Re-

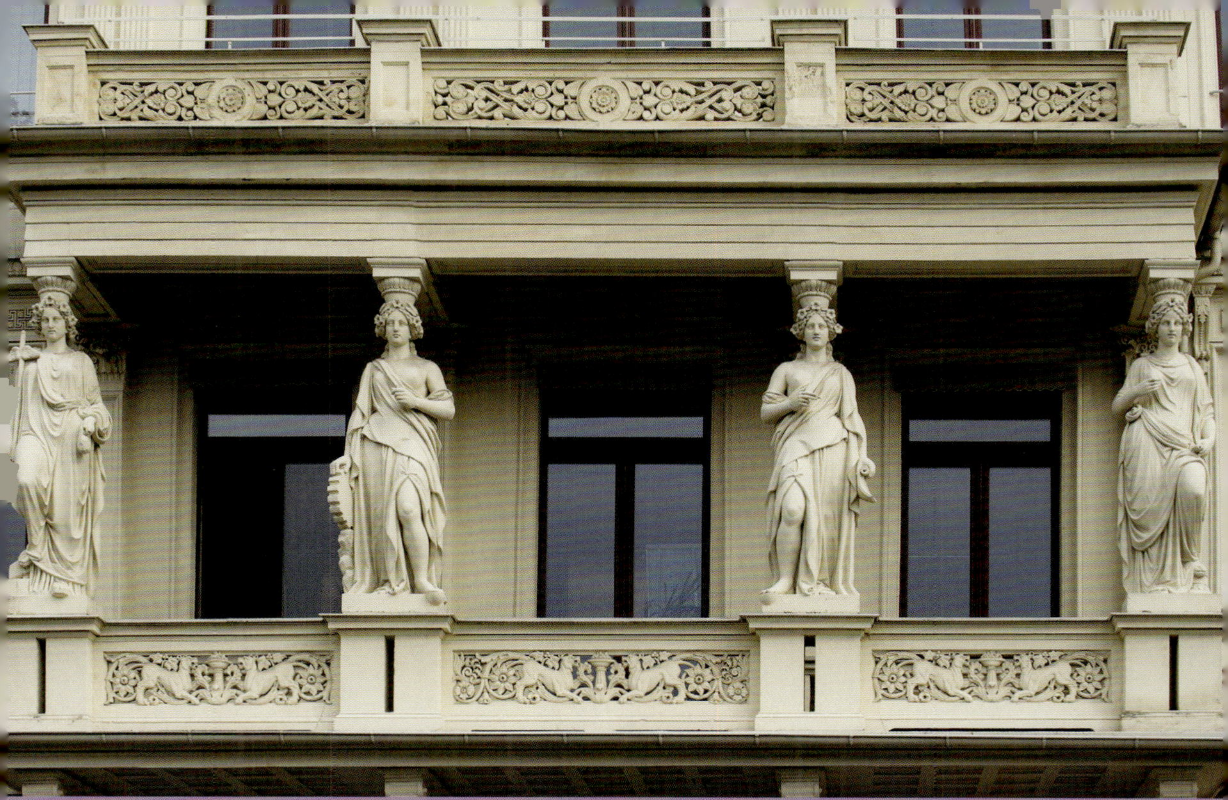

Postplatz · als Korenhalle gestalteter Balkon

naissance« wurde als nationaler deutscher Stil angesehen. Man suchte durch die Vielfalt der Architekturteile und -elemente ein malerisches und plastisches Bild zu erzeugen, das sich von der formalen Strenge der klassizistischen Tradition unterschied. Dazu gehörte auch das ästhetische Spiel mit Materialunterschieden. Anstelle der einheitlichen weißen oder grauen farblichen Erscheinung der klassizistischen Stilrichtung bevorzugte man nun die Kombination von unverputzten roten Backstein- bzw. Klinkermauern mit rahmender grauer Sandsteingliederung. Um 1900 erschienen dann auf den Fassaden die Formen des Jugendstils mit ihren stilisierten, vegetabilischen oder linearen Ornamenten, die die architektonischen Strukturen frei umspielen. In den Jahren vor dem Ersten Weltkrieg herrschte ein heterogener, aber kultivierter Stilpluralismus, der in den 20er Jahren von expressionistisch geprägter und streng geometrischer Formenabstraktion abgelöst wurde.

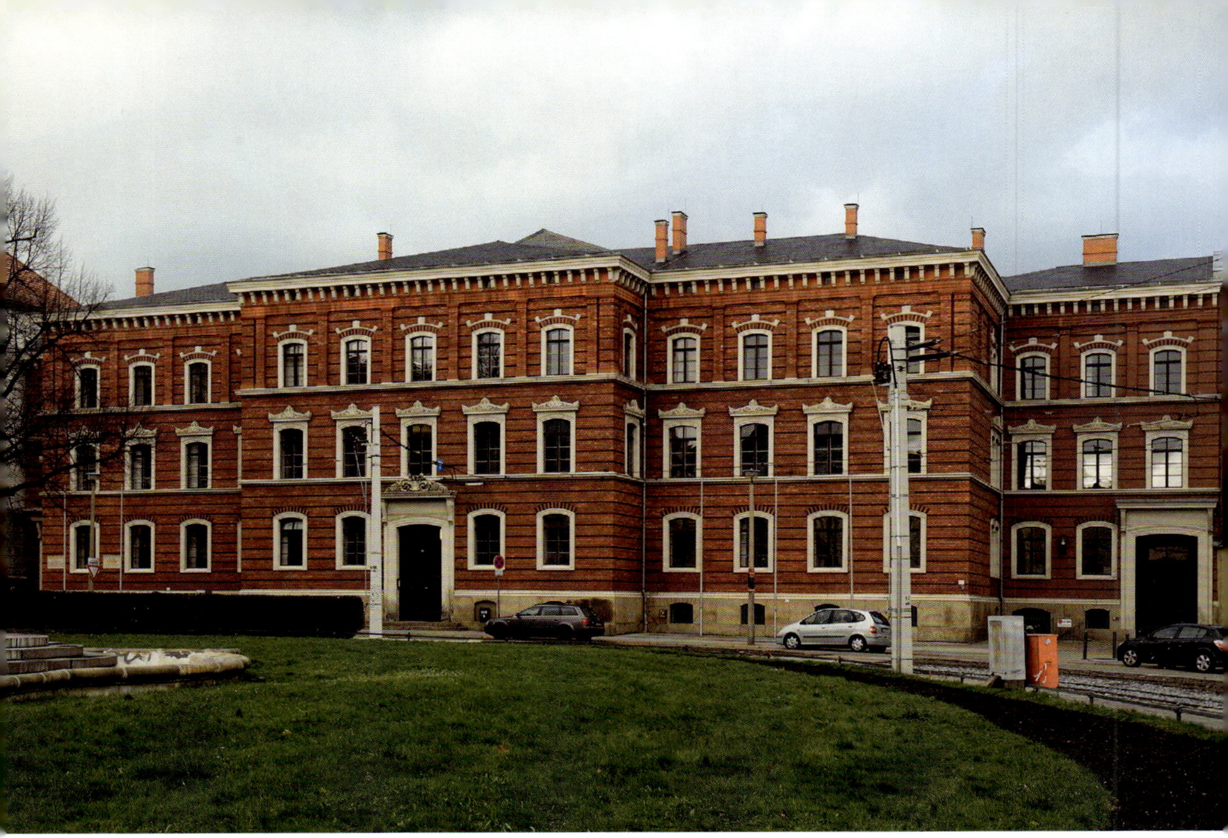

Gerichtsgebäude · ältestes Gebäude am Platz

Auf der Südseite des Platzes befinden sich Wohn- und Geschäftshäuser aus den 1880er und 1890er Jahren. Einen weiteren architektonischen Höhepunkt stellt das Gebäude der **Hauptpost** dar, gebaut 1887 bis 1889 von dem Regierungsbaumeister Karl Oertel. Es war die Zeit des Reichspostmeisters Heinrich von Stephan, der eine Baupolitik für Postämter mit höchstem Anspruch in der architektonischen Gestaltung und der bildlichen Ausstattung betrieb. Das Postgebäude präsentiert sich im Typus eines zweigeschossigen Palazzo mit vorspringenden, von Figurengruppen bekrönten Seitenrisaliten. Die Materialästhetik der Kombination von rotem Ziegel mit heller Hausteinrahmung präsentiert sich hier im Stil des italienischen Manierismus der Mitte des 16. Jahrhunderts, ausgeprägt in den im Wechsel aus rauen und glatten Trommeln geschichteten Säulen des prächtigen Hauptportals. Die Figurengruppen über den Seitenrisaliten nehmen allegorischen Bezug auf das Post- und Telegrafenwesen (die Weltkugel symbolisiert den

oben:
Hauptpostamt · Figurengruppe

unten:
Hauptpostamt · Eingangsbereich

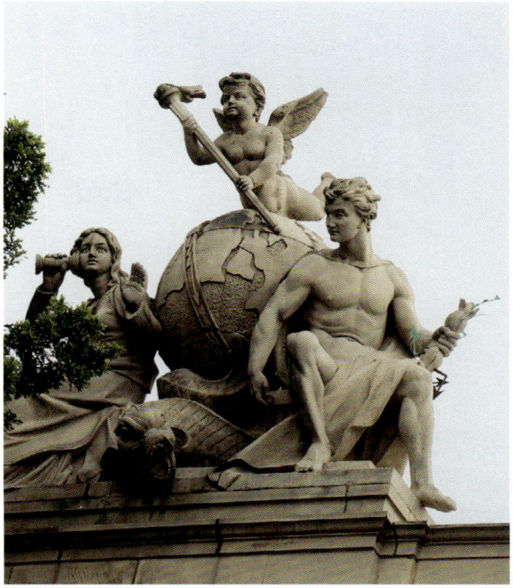

Weltpostverein, die Frau mit Telefon die modernen Zeiten, Posthorn und Pferd stehen für die alten Zeiten). Die Schalterhalle – jetzt modernisiert – war früher mit Wandbildern ausgestattet. An der Rückseite ist ein halbkreisförmiger Hof mit runden Türmen, die ursprünglich zur Aufnahme von Telefonleitungen dienten, angefügt.

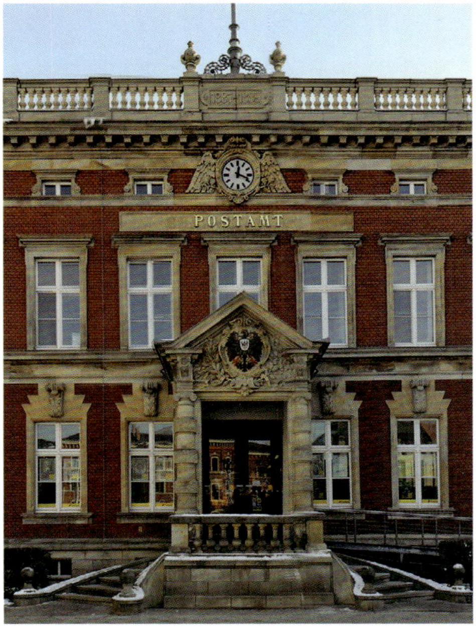

Von der Rückseite des Postgebäudes erreicht man die Schützenstraße. An der in den Stadtpark führenden Straße stehen Villen und vornehme Wohnhäuser. Das Haus **Schützenstraße 6** wurde um 1890 im Stil der manieristischen niederländischen Renaissance gebaut. **Schützenstraße 8,** um 1870 gebaut, zeigt sich in schlichtem, noblem Klassizismus, mit achteckigem Eckturm und Laterne. **Schützenstraße Nr. 9** war das eingeschossige, 1840 bis 1842 errichtete Sommerhaus des Waggonfabrikanten Christoph Lüders. Die klassizistischen Häuser **Schützenstraße 12–13,** um 1870, haben eine einander angeglichene Fassadengestaltung.

Entlang des Parks läuft der Mühlweg, eine der schönsten Straßen des 19. Jahrhunderts in Görlitz mit vornehmen Villen in unterschiedlichen Stilen. Die **ehemalige Handelskammer** (Mühlweg 18) wurde um 1890 im Stil des französischen Neubarock gebaut. Bei dem Haus **Mühlweg 17,** um 1890, sind

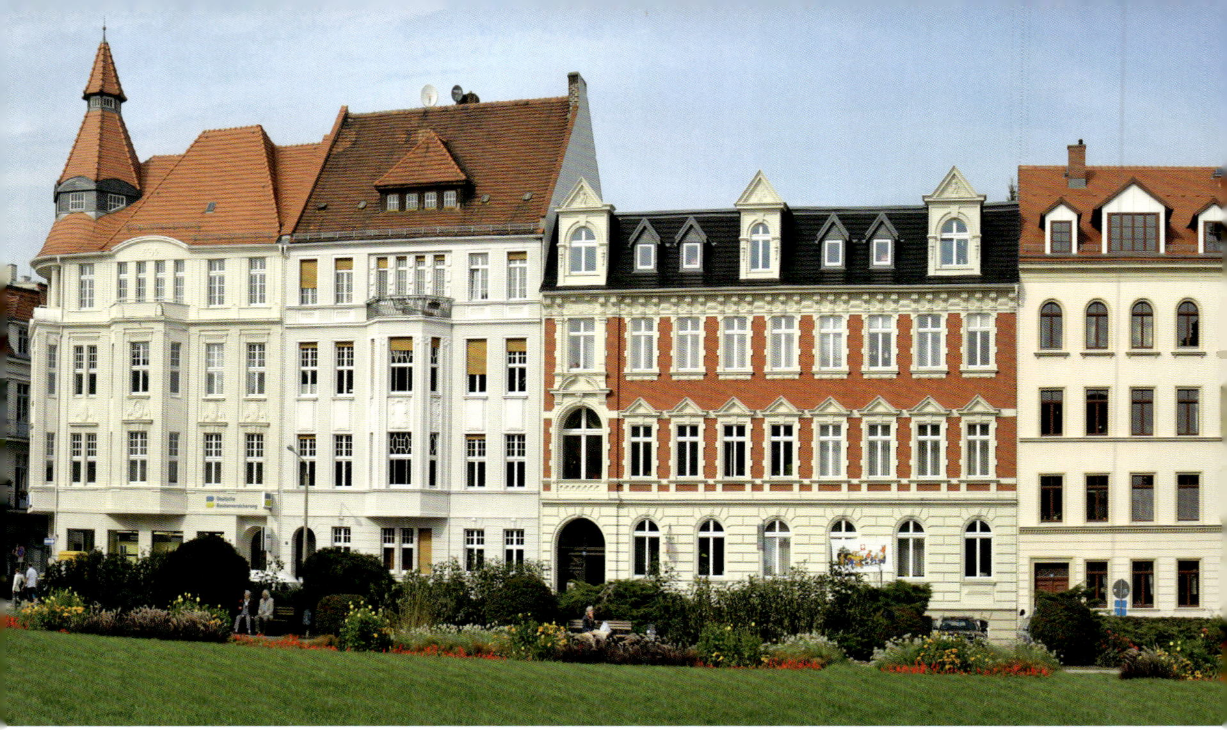

Nordseite Wilhelmsplatz · von Bäumen verdeckt das Joliot-Curie-Gymnasium

Turm und Giebel malerisch miteinander verschmolzen, die stilistischen Formen stehen der »Deutschen Renaissance« nahe. Das Gebäude **Mühlweg 12** wiederum zeigt sich dem antikisierenden Berliner Klassizismus verpflichtet, dasjenige **Mühlweg 11 a**, 1888, mit seiner vielgestaltigen Dachlandschaft dagegen der niederländischen Renaissance.

Eine der nobelsten Straßen des Viertels ist die **Blumenstraße**. Die **Nr. 30** ist ein neubarocker Bau um 1890; aus den antiken Koren sind hier üppige weibliche Hermen als Rahmung der Fenster der Eckjoche geworden. Die viergeschossigen Mietshäuser **Blumenstraße 32–34**, entstanden um 1890, schließen sich zu einer Front von sehr schönen Neubarockfassaden zusammen. Älter, schon um 1870 gebaut, sind die noch zweigeschossigen, klassizistischen Einfamilienhäuser **Blumenstraße 53** sowie **4–7**. Nr. 4 zeigt unter dem Giebel des Mittelrisalits die hohen rundbogigen Fenster des Salons.

In der **James-von-Moltke-Straße** finden sich Beispiele der herrschaftlichen, um 1870 bis 1880 gebauten, zwei- oder dreigeschossigen Etagenhäuser im Stil der italienischen Frührenaissance **(Nr. 45–47)**; die Erdgeschosse haben genutete Putzquader, die hohen übergiebelten Fenster öffnen sich über

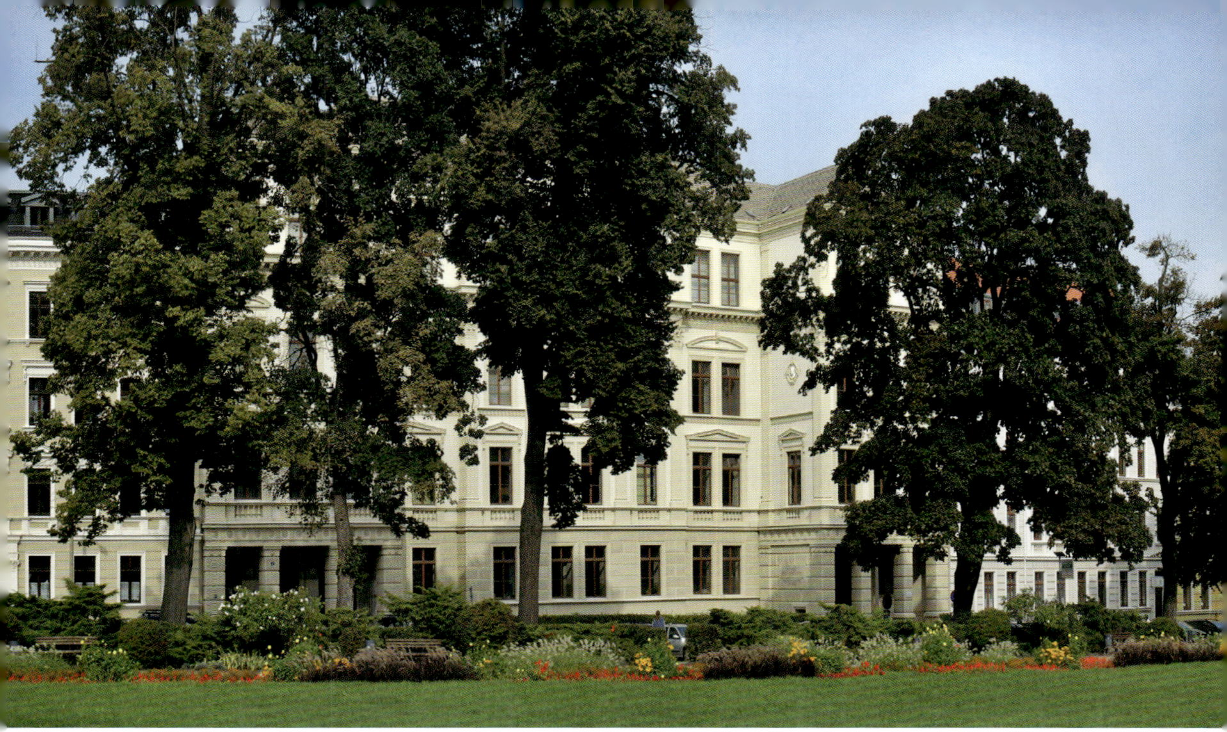

Balustern. An anderen Stellen sieht man an dieser Straße viergeschossige Mietshäuser und freistehende Villen.

Weitere Straßen mit typischen und schönen Beispielen der stilistischen Entwicklung und Varianten des historistischen Wohnhausbaus sind die Gartenstraße, die Konsulstraße, der Konsulplatz, die Emerichstraße und die Schillerstraße – hier gibt es plastisch-bewegte Fassaden aus der Zeit um 1900. Besonders hervorzuheben ist die städtebaulich sehr wirkungsvolle Spitze zwischen Schillerstraße und Bahnhofstraße.

2 Wilhelmsplatz

Am westlichen Ende von Gartenstraße und Blumenstraße erreicht man den Wilhelmsplatz. Der große rechteckige Platz war noch vor dem eigentlichen Beginn der Bebauung des Viertels 1848 als »Neumarkt« angelegt worden, seit 1860 ist er Grünanlage, nach der Reichsgründung 1871 wurde er in Wilhelmsplatz umbenannt. Er ist umstanden von geschlossener Etagenhausbebauung mit zum Teil sehr repräsentativen Fassaden in unterschiedlichen Stilvarianten.

An der Nordseite steht das **Joliot-Curie-Gymnasium** (Wilhelmsplatz 5), ursprünglich Gewerbeschule, dann Höhere-Mädchen-Schule. Es wurde 1872 bis 1873 erbaut, besitzt eine vornehme Fassade mit rustiziertem Sockelgeschoss und Kolossalpilastern;

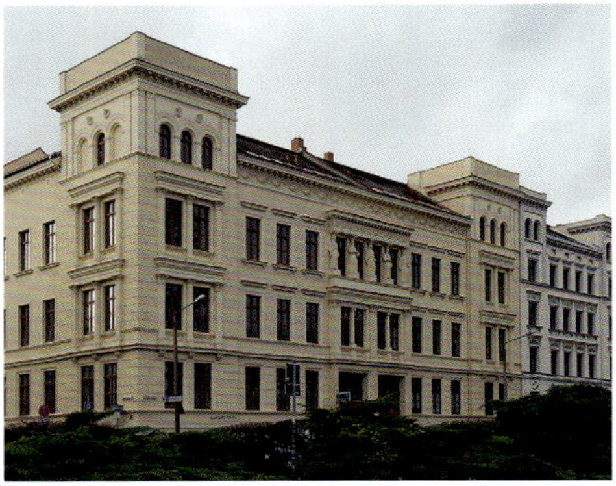

Wilhelmsplatz 12 und 13 mit palastartiger Fassade

durch die Erhöhung um ein Geschoss 1927 ging der obere Fassadenabschluss verloren. Ein Prachtstück des reifen Klassizismus Berliner Prägung bildet das noble Doppelhaus **Wilhelmsplatz 12 und 13** an der Südseite des Platzes mit seiner palastartigen Fassade. In dem monumentalen, klassizistischen Eingangsrisalit findet sich wiederum das klassische Motiv der gebälktragenden Koren.

Seitlich dieses Hauses beginnt die **Augustastraße**, deren Bebauung eines der eindrucksvollsten Architekturensembles des 19. Jahrhunderts in Görlitz darstellt. An den viergeschossigen Häusern sieht man neben den eher flachen und regelmäßigen, der klassizistischen Tradition entsprechenden Fassaden die stark plastischen und malerischen Formen der »Deutschen Renaissance« der Jahre 1890 bis 1900 mit eingetieften Balkons und heraustretenden Erkern, kräftigen Architekturelementen und lebhafter Dachgestaltung.

rechts: Augustastraße
stark plastische, reich geschmückte Fassaden

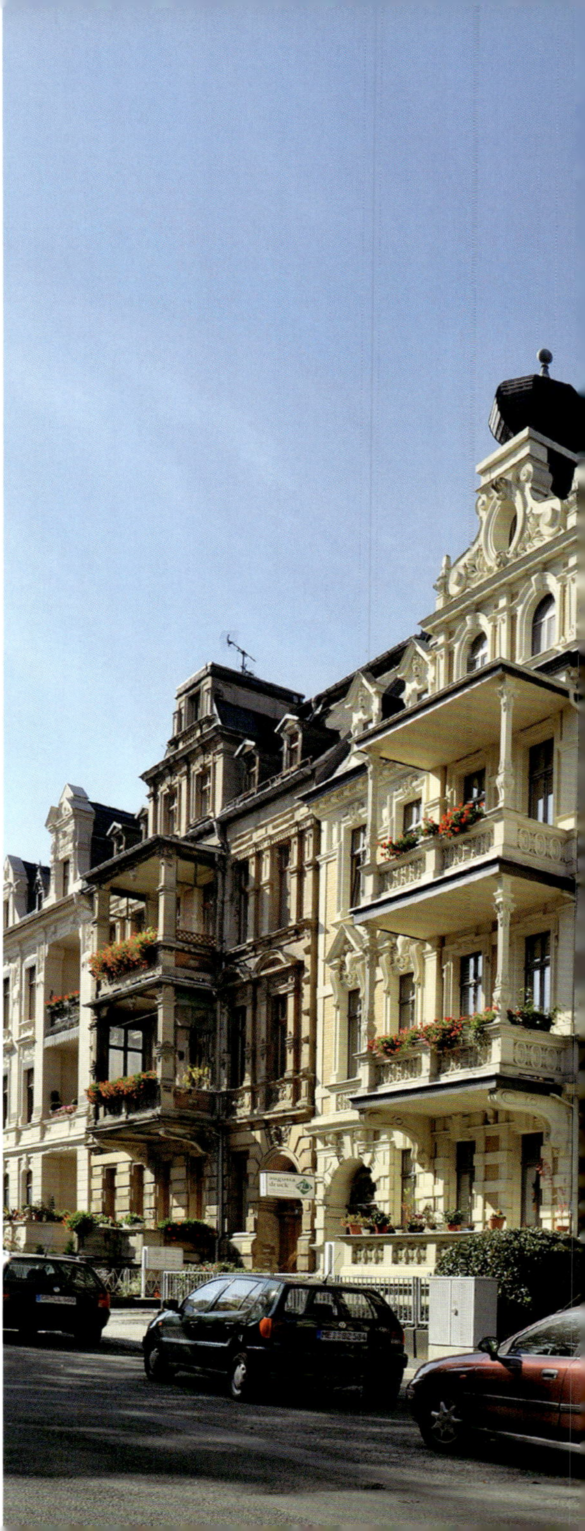

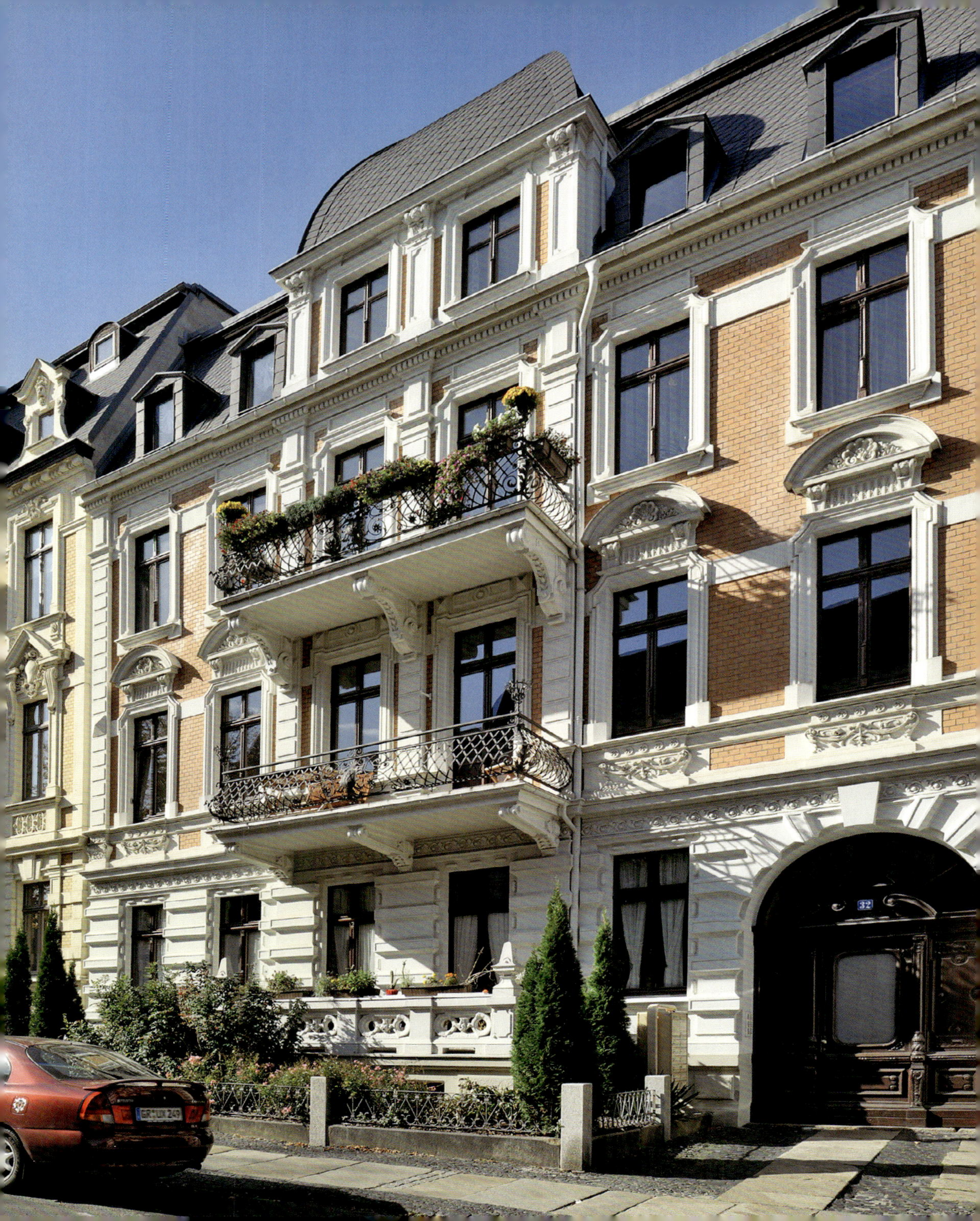
32

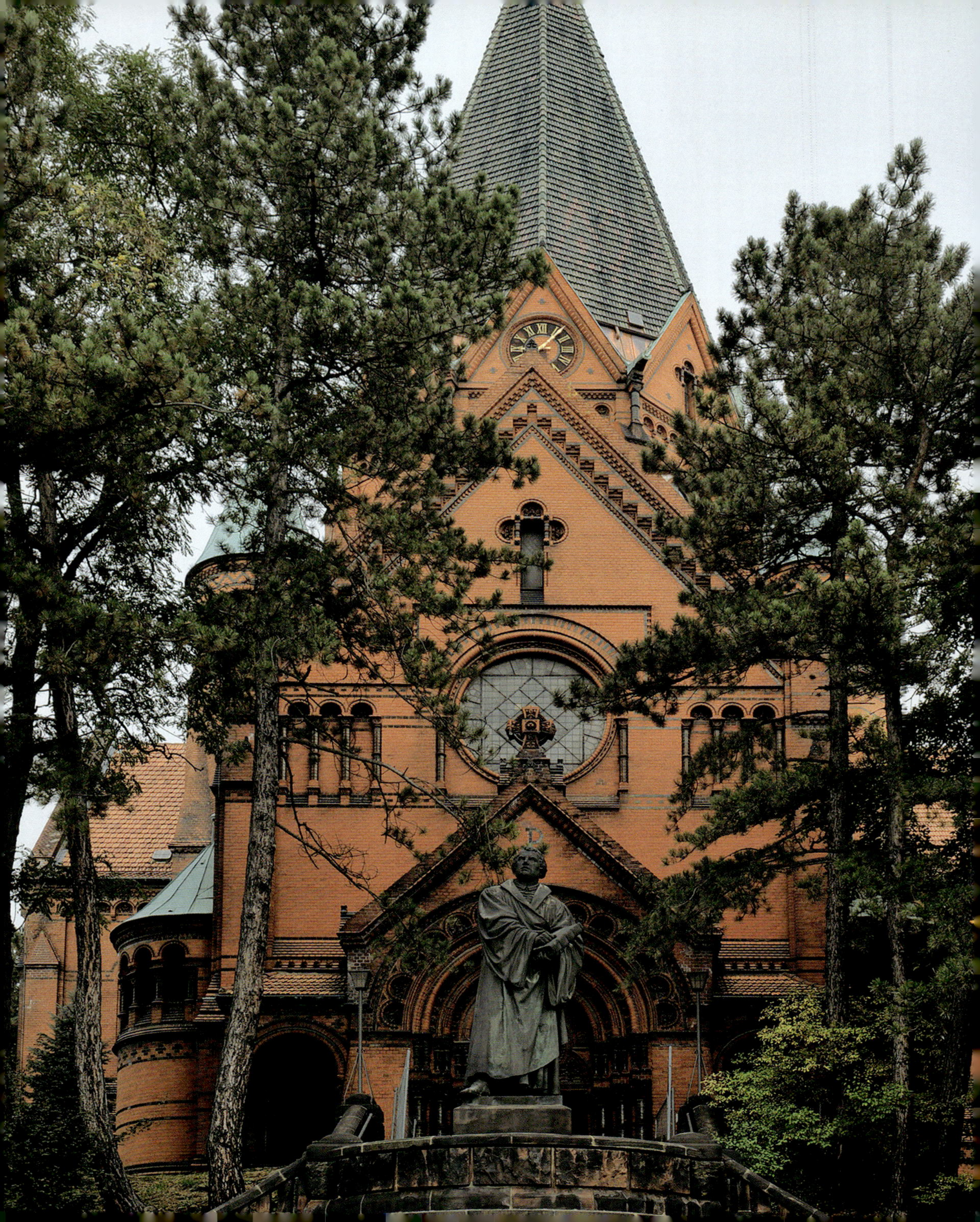

Südweststadt und Lutherplatz

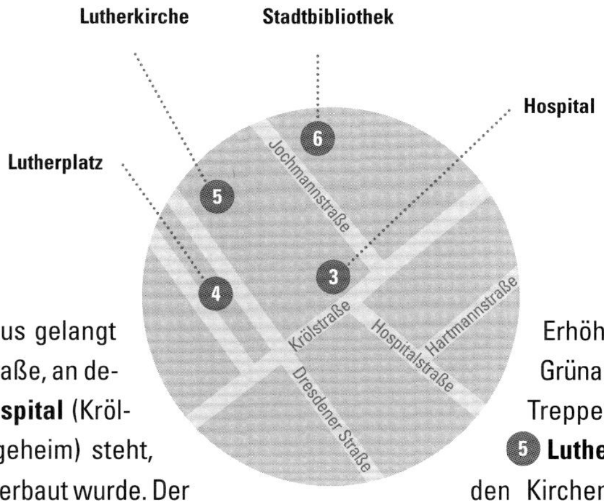

Vom Wilhelmsplatz aus gelangt man in die Hospitalstraße, an deren Ende das ③ **Hospital** (Krölstraße 46, jetzt Pflegeheim) steht, das von 1861 bis 1863 erbaut wurde. Der breite Bau besteht aus dem für die Bauten der öffentlichen Hand in Preußen jener Jahre typischen kargen Bruchsteinmauerwerk. Vor den flach geneigten Dächern stehen an der Front risalitartig hervortretende Flügel und ein übergiebelter Mittelrisalit mit den rundbogigen Fenstern des Kapellensaals.

Der ④ **Lutherplatz** gehört zu den besonders eindrucksvollen Platzanlagen des 19. Jahrhunderts in Görlitz. Er wurde 1896 angelegt; parallel zu der erhöhten Grünanlage verläuft an der Südseite eine Promenade. Die geschlossene Randbebauung des Platzes entstand um 1900.

links: Lutherkirche
neuromanischer Monumentalbau

Erhöht auf einem Felshügel der Grünanlage, über einer feierlichen Treppenanlage, erhebt sich die ⑤ **Lutherkirche,** 1898 bis 1901 von den Kirchenarchitekten Arno Eugen Fritsche (1858 – 1939) und Adolf Cornehls aus Elberfeld erbaut. Sie war der erste Neubau einer lutherischen Kirche in Görlitz, entworfen in einer Zeit der Grundsatzdiskussionen innerhalb der Evangelischen Kirche über die angemessene Raumform für den evangelischen Predigtgottesdienst und die dafür signifikante stilistische Form. Empfohlen wurde der auf den Prediger konzentrierte Zentralbau, der mit dem historischen Stil in eine stimmige Synthese zu bringen war, wobei die Gotik als katholischer Sakralstil abgelehnt wurde. Die Görlitzer Lutherkirche ist ein in Kreuzform angelegter Zentralbau mit Emporen in den Kreuzarmen und mit einer achteckigen, außen von einem Mittelturm überhöhten Vierungskuppel. Der Stil ist die als Nationalstil des neuen Kaiserreichs angesehene Romanik der deutschen Kaiserdome in

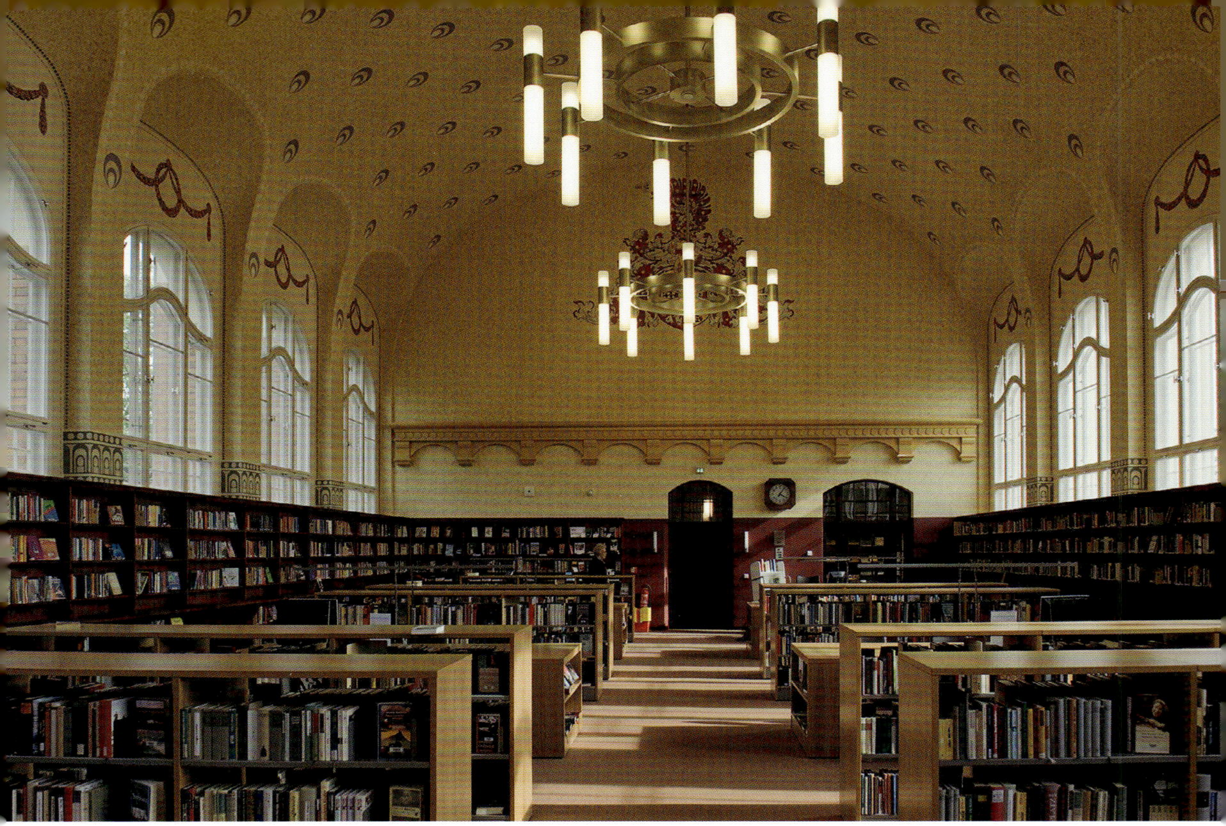

Innenansicht Stadtbibliothek

Speyer, Mainz und Worms – jedoch in der norddeutsch-preußischen Tradition des Backsteinbaus. Vor allem an dem monumentalen Hauptportal erscheinen die romanischen Formen mit allerlei fantasievollen Formen und mit farbigen Glasursteinen dekorativ übersteigert. Mit ihrer fast unverändert erhaltenen Ausstattung der Erbauungszeit – dem Altar aus Terrakotta, den Steinskulpturen der Evangelisten von dem Berliner Bildhauer Wilhelm Haverkamp, den 1906 entstandenen Wandmalereien von Oskar Popp und den sehr schönen Buntglasfenstern – stellt die Görlitzer Lutherkirche ein qualitätvolles Gesamtkunstwerk des späten Historismus, ein Baudenkmal von hohem Wert dar. Auf dem Treppenpodest vor dem Kirchenportal erhebt sich das 1904 aufgestellte Bronzedenkmal Martin Luthers, eine Wiederholung des 1868 errichteten Lutherdenkmals von Ernst Rietschel in Worms. Im Zweiten Weltkrieg wurde die Görlitzer Statue eingeschmolzen, der Neuguss wurde 1983 von einem westdeutschen Verein gestiftet.

Hinter der Lutherkirche in der Jochmannstraße stößt man auf die 6 **Stadtbibliothek** (Jochmannstraße 2/3), eine der seit dem späten 19. Jahrhundert entstehenden Volksbüchereien, gestiftet von dem Fabrikanten Otto Müller und 1901 bis 1907 gebaut von den Stadtbaudirektoren Hagedorn und Rieß. Der Bau ist eine verkleidete Stahlskelettkonstruktion mit sehr interessanter Fassade. Über einem ursprünglich in Arkaden geöffneten Erdgeschoss reihen sich die Fensterjoche in zwei Geschossen zwischen hohen, als Kolossalpilaster gestalteten Stützen; am rechten Ende über dem Eingang tritt ein erkerartiger Risalit hervor. Durch unterschiedliche Putzstrukturen werden tragende und füllende Elemente differenziert. Die dekorativen architektonischen Elemente sind originell und eigenständig, ihre Ornamente spielen auf historisches Formenvokabular nur noch an. Mit Jugendstil haben sie aber nichts zu tun. Die sehenswerte große Lesehalle im ersten Obergeschoss ist mit zwei Wandbildern ausgestattet, die die Görlitzer Bibliotheksgeschichte illustrieren.

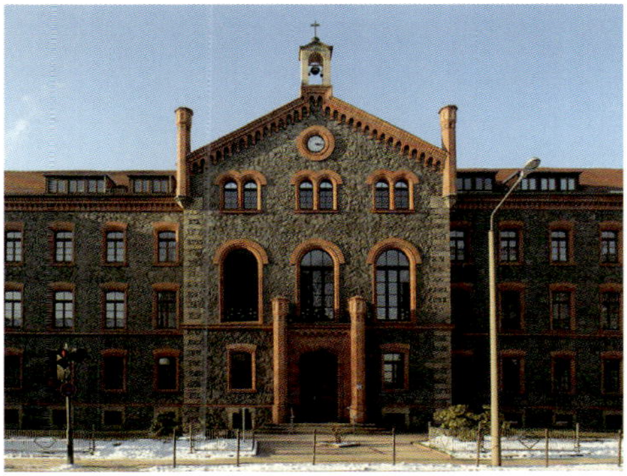

Hospital Krölstraße 46

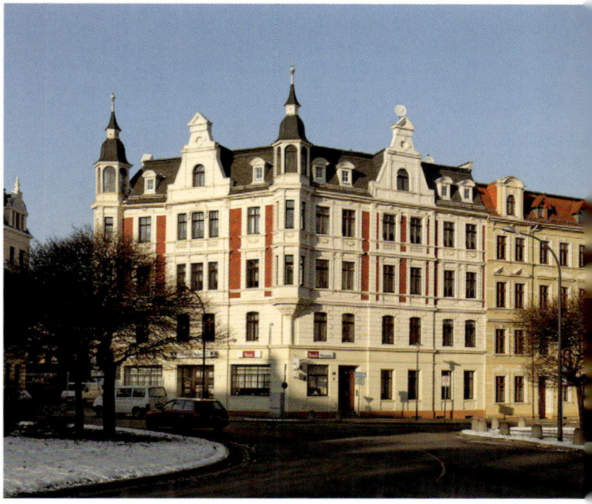

Brautwiesenplatz · runder sechsstrahliger Platz, umgeben von akzentuierenden Fassaden

Vom Lutherplatz kommt man in die **Landeskronstraße.** Sie bietet ein schönes Architekturensemble aus viergeschossigen Mietshäusern der Jahre 1890 bis 1900. In der Querstraße **Löbauer Straße Nr. 7** sind an der Fassade des 1891 erbauten, ehemaligen Geschäftshauses einer Firma für Fotografenbedarf die Büsten der Pioniere der Fotografie Joseph Nicephore Niepce, Louis Jacques Daguerre und Henry Fox Talbot zu sehen. Heute beherbergt dieses Haus ein Museum der Fotografie. Die Landeskronstraße endet am runden, sechsstrahligen **Brautwiesenplatz,** der im Bebauungsplan von 1871 konzipiert und dessen Bebauung 1899 abgeschlossen war. Einige der Häuser betonen die spitze Gebäudeecke zum Platz durch malerische Ecklösungen, zum Beispiel mit Erkern und Giebeln im Stil der »Deutschen Renaissance«.

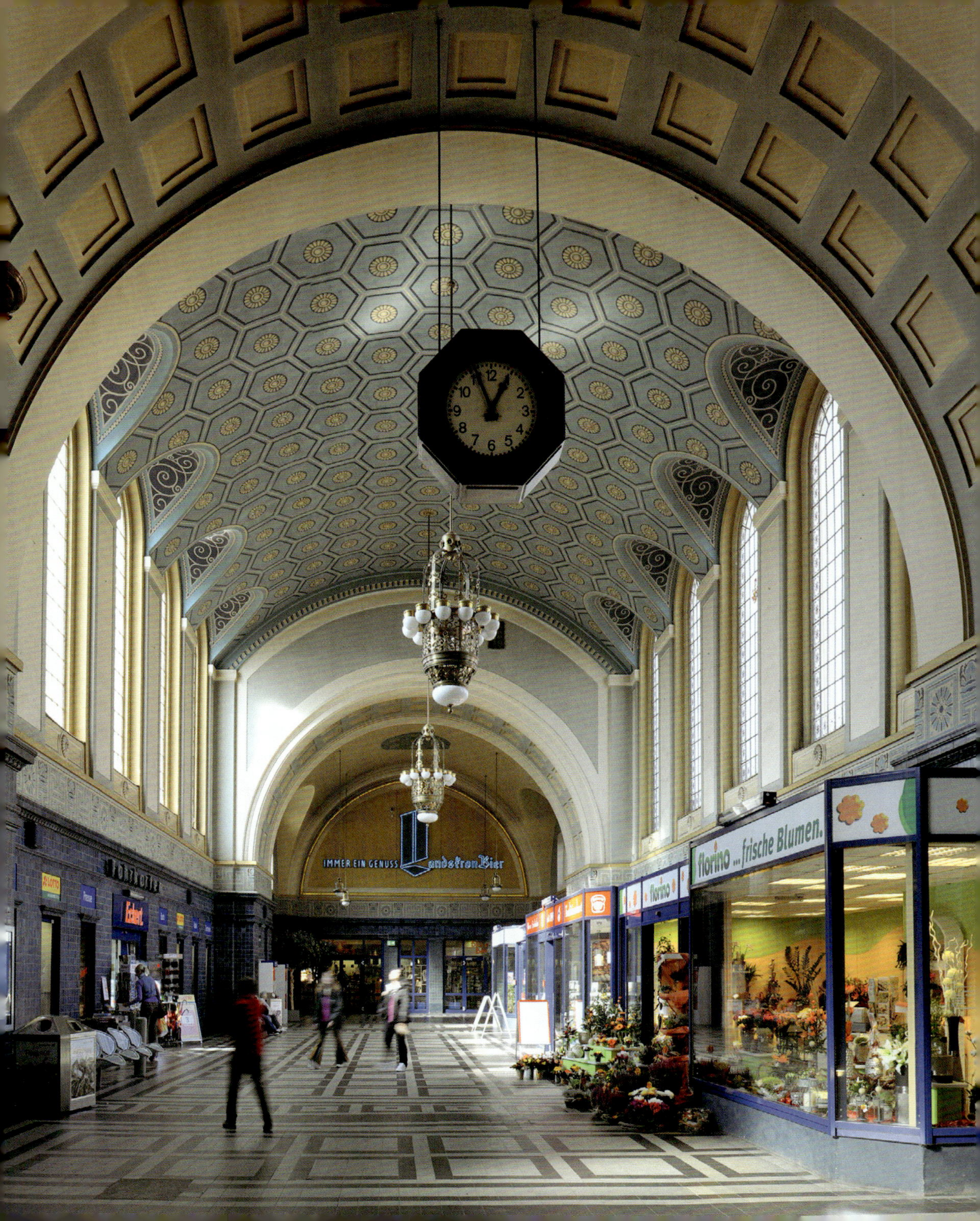
IMMER EIN GENUSS Landskron Bier
florino ...frische Blumen.
florino

Nördlich und südlich des Bahnhofs

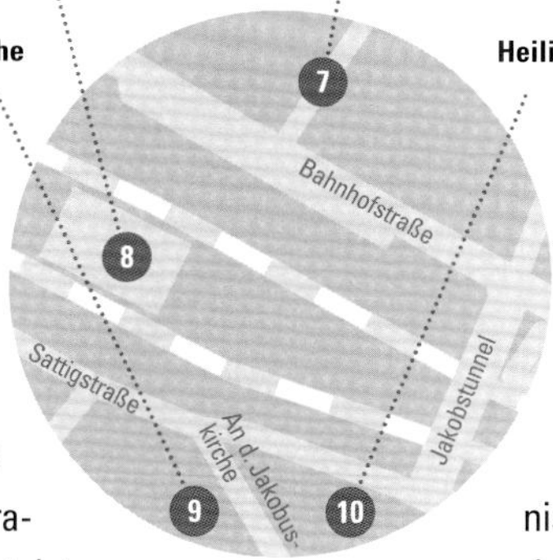

7 Berliner Straße

Die vom Postplatz ausgehende, vor dem Bahnhof endende Berliner Straße entwickelte sich seit 1883 zur Hauptgeschäfts- und Bankenstraße der Stadt. Sie beginnt am Postplatz mit der **Stadtsparkasse** (Berliner Straße 64), errichtet 1913 anstelle eines 1843 bis 1844 gebauten Krankenhauses. Die Fassade aus drei Achsen und einem seitlichen Eingangsrisalit hat eine fast gewalttätige Ästhetik, die sie vor allem der Wirkung des Materials verdankt. Die Formen sind groß und grob, die mächtigen, roh behauenen Quader erinnern an mittelalterliche Festungsarchitektur. Es ist dies der archaisierende Monumentalstil, der in den Jahren kurz vor dem Ersten Weltkrieg in Abkehr von der malerischen »Deutschen Renaissance«, dem als zu dekorativ, ja, als frivol kritisierten Jugendstil und in Antithese zum Neoklassizismus als kraftvoller Ausdruck des germanisch-deutschen Geistes proklamiert wurde. Das prominenteste Beispiel ist das 1913 vollendete Völkerschlachtdenkmal in Leipzig. Das Gebäude der **Commerzbank** (ehemals Löbauer Bank, Berliner Straße 53) wurde 1911 in einer modernen Skelett-Konstruktion errichtet. Die vertikale Stabgliederung ist derjenigen am ehemaligen Warenhaus »zum Strauß« verwandt. Man sah in ihr strukturell eine »moderne Gotik«, ebenfalls als Antithese zum gleichzeitigen Neoklassizismus. Auf den runden Pfeilern stehen muskulöse männliche Figuren, die die Kräfte der modernen Wirtschaftsform personifizieren sollen.

1889 gründete der Geschäftsmann Otto Straßburg an der Berliner Straße ein großes Textilkaufhaus mit Schaufenstern über drei Etagen. 1907–1908 ließ er es umbauen und durch den Block

links: Empfangshalle Bahnhof · dekoriert mit geometrischem Teppichmuster und hohen Rundbogenfenstern

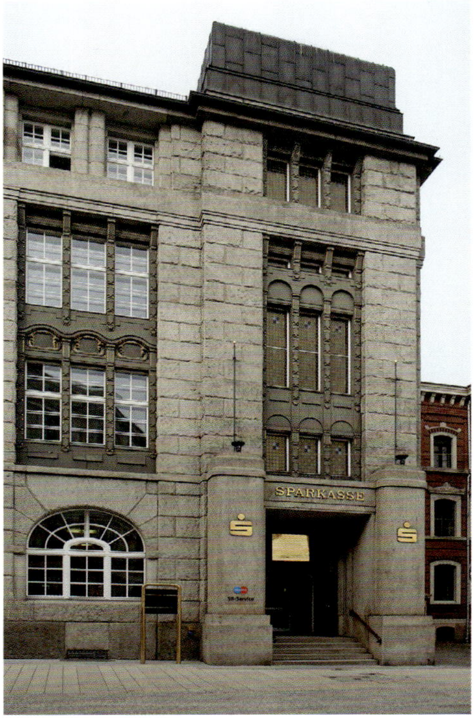

Sparkasse
reich gegliederter Eingangsrisalit

hindurch zur Jakobstraße zu einer großstädtischen Ladenpassage, der **Straßburg-Passage,** mit zweigeschossigen Lichthöfen erweitern. Nahezu unverfälscht erhalten, ist sie ein bedeutendes Beispiel kommerzieller Architektur des Jugendstils.

Eindrucksvoll ist der spitzwinklige Kopfbau zwischen Berliner Straße und Salomonstraße. In der Salomonstraße finden sich zudem viergeschossige

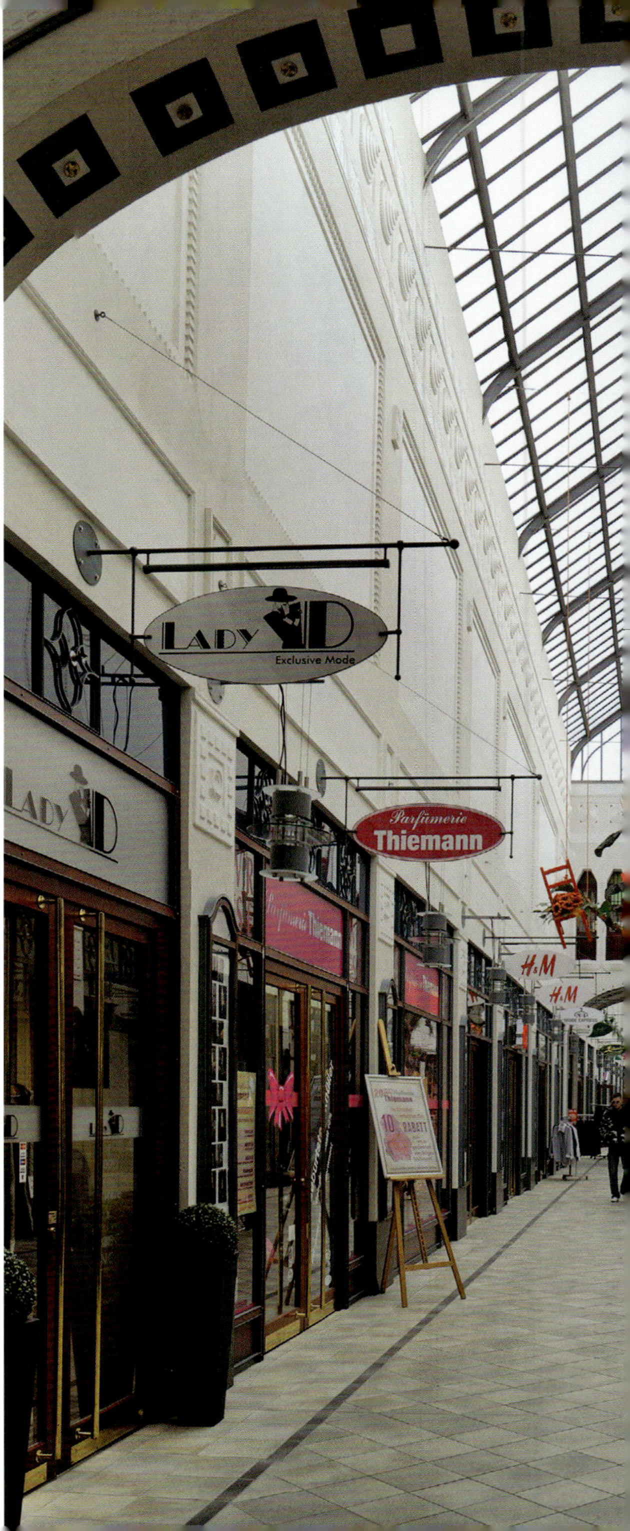

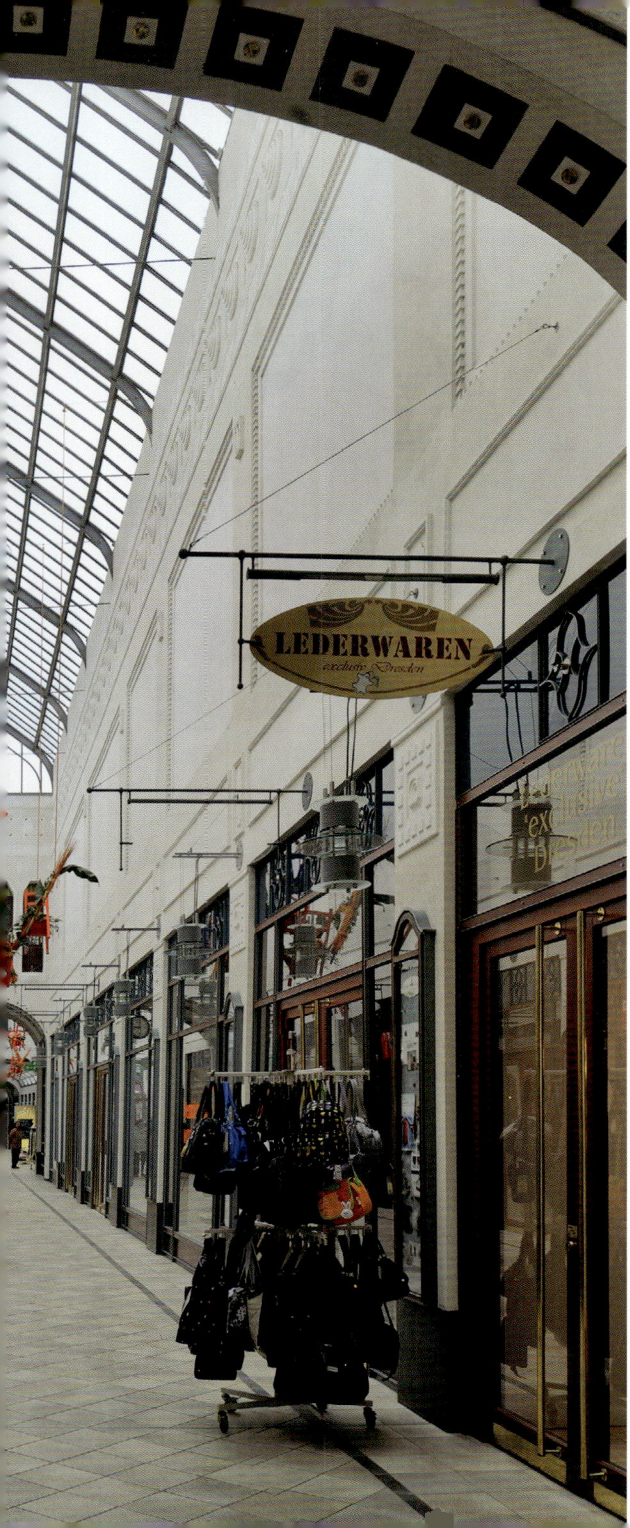

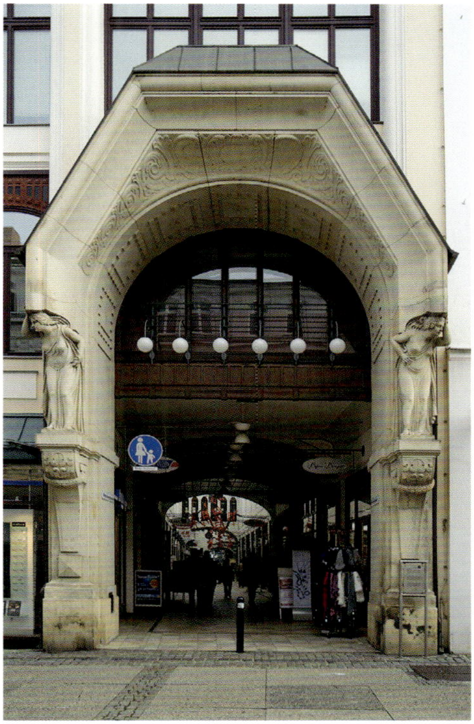

Straßburgpassage
Eingang von der Berliner Straße

Mietshäuser mit reich dekorierten Fassaden. Hervorzuheben ist das Haus **Salomonstraße 10 – 12**, erbaut 1899, in stark plastischem Jugendstil. Die Berliner Straße endet am Platz vor dem Hauptbahnhof mit ehemaligen Hotelbauten (Hohenzollernhof, Vier Jahreszeiten, Hotel Stadt Dresden, Fassade 1923 modernisiert).

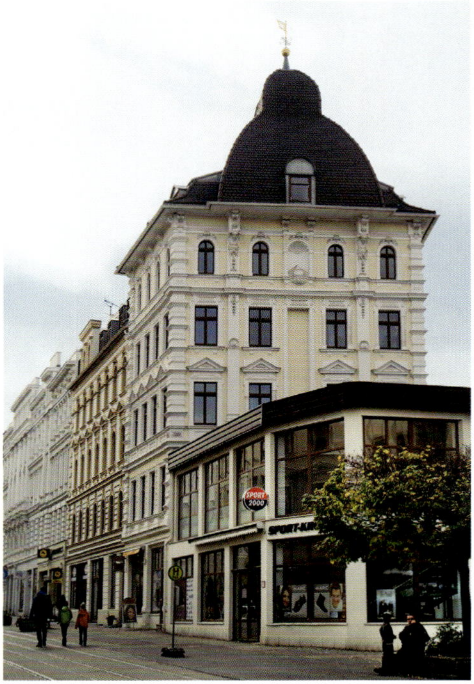

Eindrucksvoller Kopfbau
zwischen Berliner- und Salomonstraße

8 Bahnhof

Der 1847 aufgenommene Eisenbahnverkehr wurde ursprünglich von einer sächsischen und einer preußischen Bahn betrieben. Das damals errichtete Bahnhofsgebäude war sehr stattlich. Es lag niveaugleich mit Fahr- und Fußwegen in Insellage zwischen den Gleisen der beiden Strecken und endete in zwei burgartigen Signaltürmen. Zur Gewerbeausstellung 1905 erhielt der Bahnhof einen stadtseitigen Vorbau. 1913 bis 1917 wurde dies alles durch einen einheitlichen Neubau ersetzt, der kombiniert mit dem Bahnpostamt als eine lange Reihe individueller, aber aufeinander bezogener Bauten die Straße säumt. Architekt war der Regierungsbaumeister G. Eckert. Stilistisches Vorbild war der ruhige, vornehm zurückhaltende spätbarocke Klassizismus des späteren 18. Jahrhunderts, den man in Frankreich »Style Louis-Seize« nennt. Das harmonisch schöne Bahnhofsgebäude ist eine dreiteilige Anlage mit erhöhtem Mittelteil und einem Dachreiter als Uhrturm. Die hohen Rundbogenfenster zwischen Lisenen und die großen, bergenden Walmdächer verleihen ihm einen landschlossartigen Charakter. Kleine Vorhallen mit dorischen Säulen bilden die Eingänge. Die Empfangshalle ist von einer mit einem geometrischen Teppichmuster dekorierten Flachtonne zwischen kassettierten Bögen und mit Stichkappen über den hohen Rundbogenfenstern überspannt.

Hinter dem Bahnhof

Das Bahnhofsgebäude nach Süden verlassend, gelangt man auf die Sattigstraße. Seit 1866 wurden städtebauliche Planungen für die Gebiete südlich der Eisenbahnlinie und des Bahnhofs erarbeitet. Die Bebauung begann in der 1890er Jahren, teils mit Mietshäusern in geschlossener Straßenrandbebauung, teils mit Villen, nach dem Ersten Weltkrieg wurden Siedlungshäuser errichtet.

Das früheste Gebäude südlich des Bahnhofs ist das Haus **Sattigstraße 16,** 1867 bis 1870 als Verwaltungsgebäude mit Dienstwohnung der Königlich Niederschlesisch-Märkischen Eisenbahn gebaut – eine noble spätklassizistische Villa in Hanglage über einer repräsentativen Freitreppe.

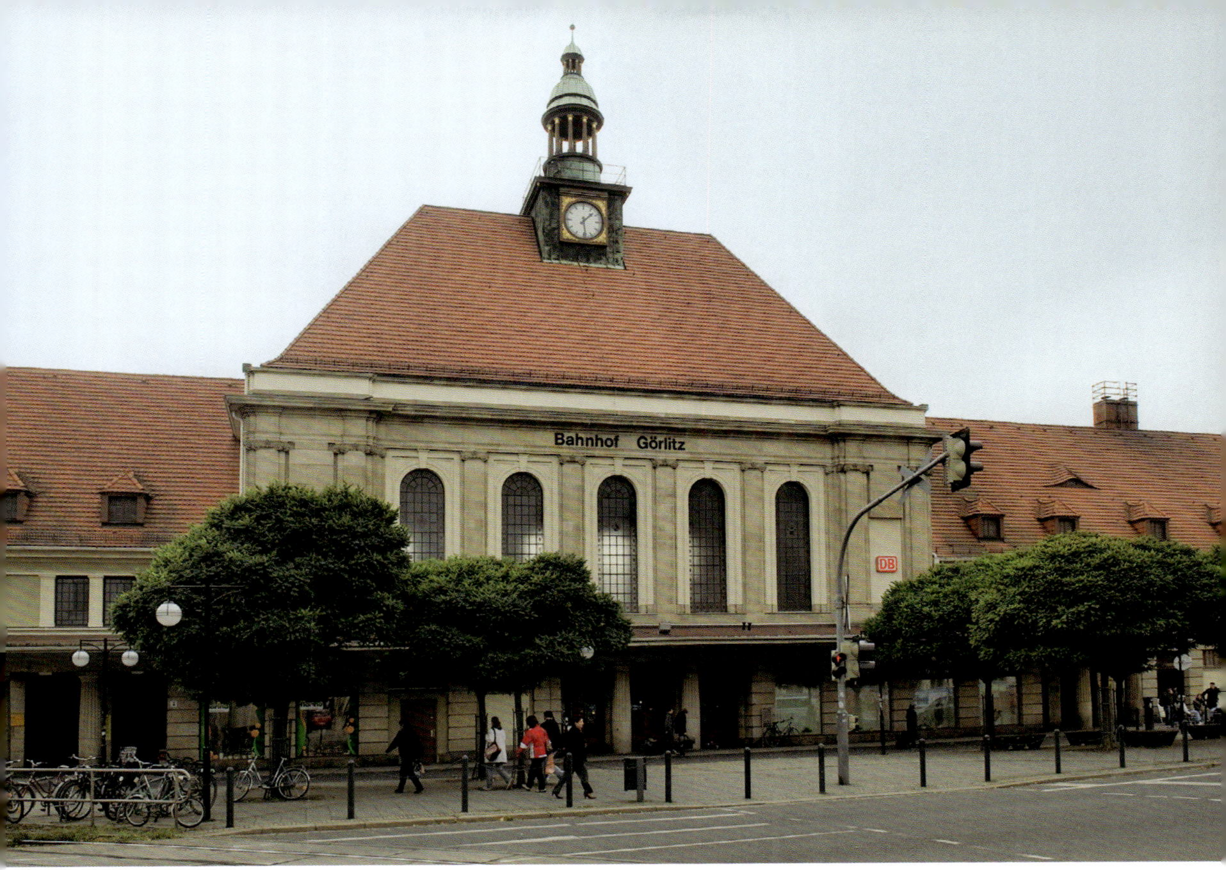

Außenfassade Bahnhofsgebäde

Das ansteigende Gelände wird bekrönt von der 9 **katholischen St. Jakobuskirche,** der Bischofskirche des 1994 gegründeten Bistums Görlitz – das kleinste in Deutschland, ehemals Teil des Erzbistums Breslau. Erbaut hat die Kirche 1897 bis 1899 der Breslauer Diözesanbaumeister Joseph Ebers (1845 – 1923). An der dreischiffigen Hallenkirche, die sich am Stil der norddeutschen Backsteingotik des frühen 14. Jahrhunderts orientiert, ist die komplizierte Choranlage besonders reizvoll: Die Seitenschiffe enden in polygonalen Apsiden, die der mittleren polygonalen Apsis schräg angesetzt sind; um diese herum verläuft ein Gang zwischen zwei wiederum polygonalen Kapellen. Vor allem von außen ist diese dichte Komposition aus Polygonen sehr wirkungsvoll. Das Äußere wird durch die spitzbogig gestuften Strebepfeiler und das lineare Maßwerk der Fenster vertikal rhythmisiert; die dichten Blendbogenfriese mit weißem Grund

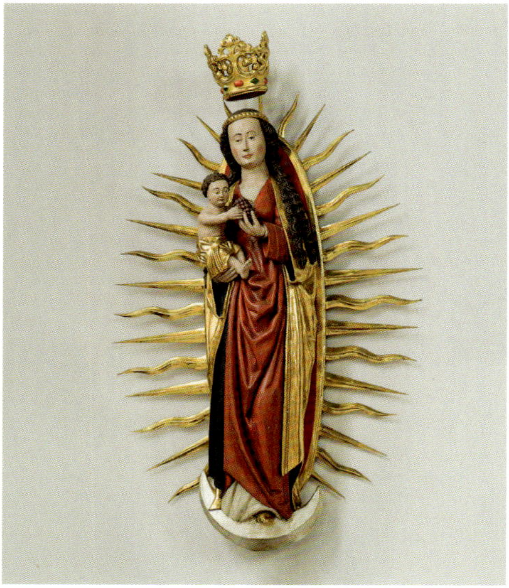

Jakobuskirche · Madonna im Strahlenkranz

setzen einen horizontalen Akzent. Dazu kommt der Farbkontrast der glasierten Ziegel. Reich gegliedert ist die Eingangsseite mit dem eingestuften Portal und dem großen, mit der Maßwerkrose über Blendarkaden gefüllten Bogen.

Die Kirche wurde durch Artilleriebeschuss bei Kriegsende 1945 beschädigt. Die Spitze des Turmes wurde danach vereinfacht wiederhergestellt und die ursprünglich über den Seitenschiffen an das Hauptdach angelehnten Zwerchgiebel wurden entfernt (eine Wiederherstellung ist geplant). Der ruhig-harmonische Innenraum der Hallenkirche wird vor allem von den mächtigen, profilierten Pfeilern bestimmt, die einfache Kreuzrippengewölbe tragen. Die große Orgelempore ist quer über alle drei Schiffe gespannt. Hier finden sich noch Reste der ornamentalen Wandmalereien, die ursprünglich alle Wände bedeckten. Von der originalen Ausstattung sind nur noch Teile erhalten, darunter der Hochaltar mit Tabernakel; außerdem gibt es eine spätgotische Jakobusfigur und eine Madonna im Strahlenkranz.

Gegenüber dem Eingang zum Gelände der Jakobuskirche steht die kleine Altlutherische **10** **Heilig-Geist-Kirche.** In der Altlutherischen Kirche sind die Gemeinden zusammengeschlossen, die 1817 die von König Friedrich Wilhelm III. dekretierte Union der lutherischen und der reformierten Gemeinden in Preußen nicht akzeptiert hatten. Die altlutherische Gemeinde in Görlitz nutzte ursprünglich die kleine, ehemalige Spitalkirche Heiliggeist aus dem 18. Jahrhundert, die neben der Altstadtbrücke auf der heute polnischen Seite stand, aber 1906 für den Neubau der Brücke abgerissen wurde. Der Ersatzbau an heutiger Stelle erfolgte 1905 bis 1906 nach einem Entwurf von Ernst Peschko, Lehrer an der Görlitzer Baugewerksschule. Der malerisch zusammengesetzte, niedrige Bau wird vor allem von der bergenden Wirkung des großen Daches bestimmt. Der grobe Putz mit den eingefügten Feldsteinen außen, die Holztonne mit den Querbalken im Inneren, die blau-gelbe Farbigkeit – all dies soll urtümlich und »nordisch« wirken; die vielen aus der Bibel und Kirchenliedern zitierenden Inschriften symbolisieren den auf Wort und Lied gründenden lutherischen Gottesdienst. Der etwas deplatziert wirkende barocke Altar stammt noch aus der alten Kirche.

Jakobuskirche · Blick in den Chor

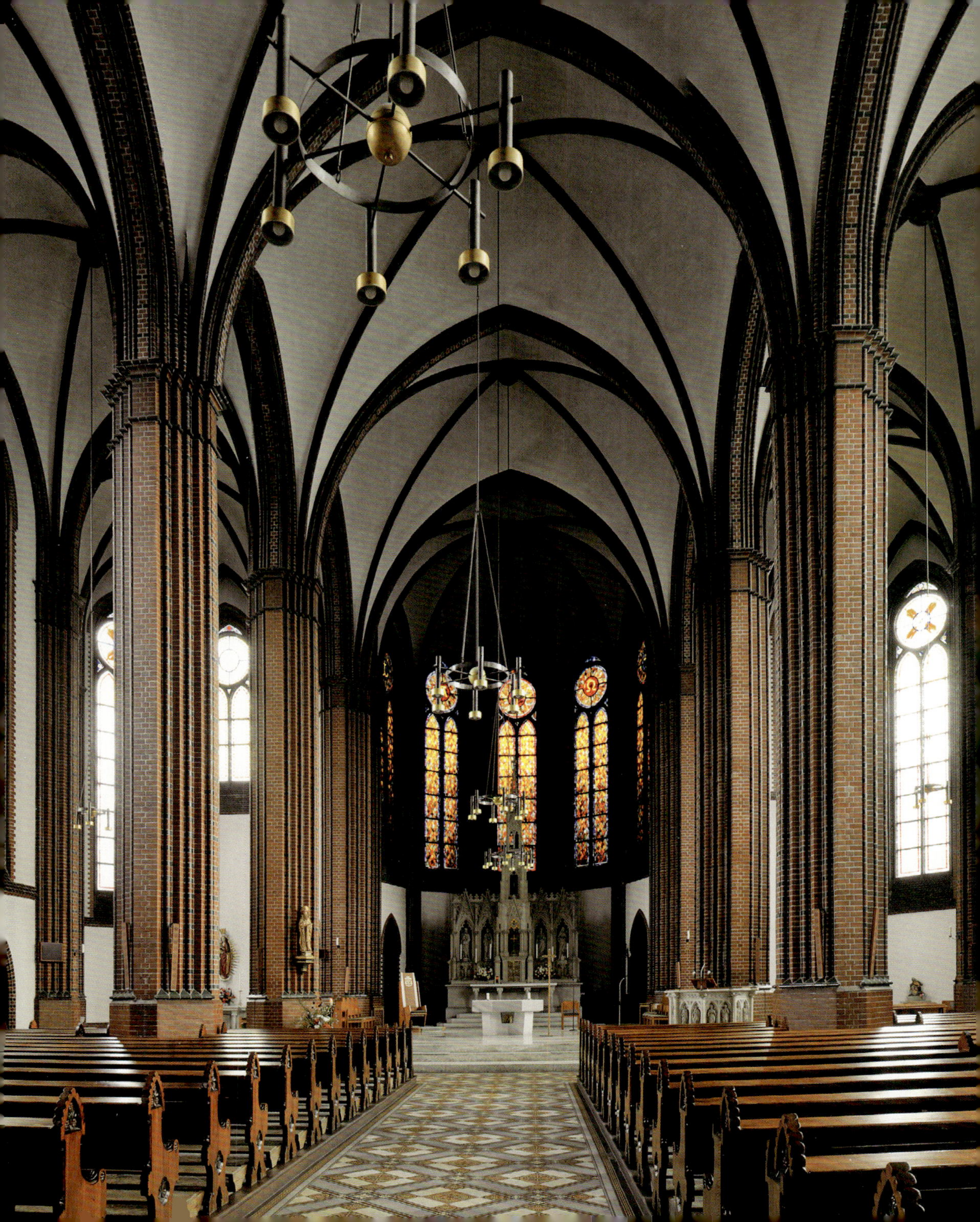

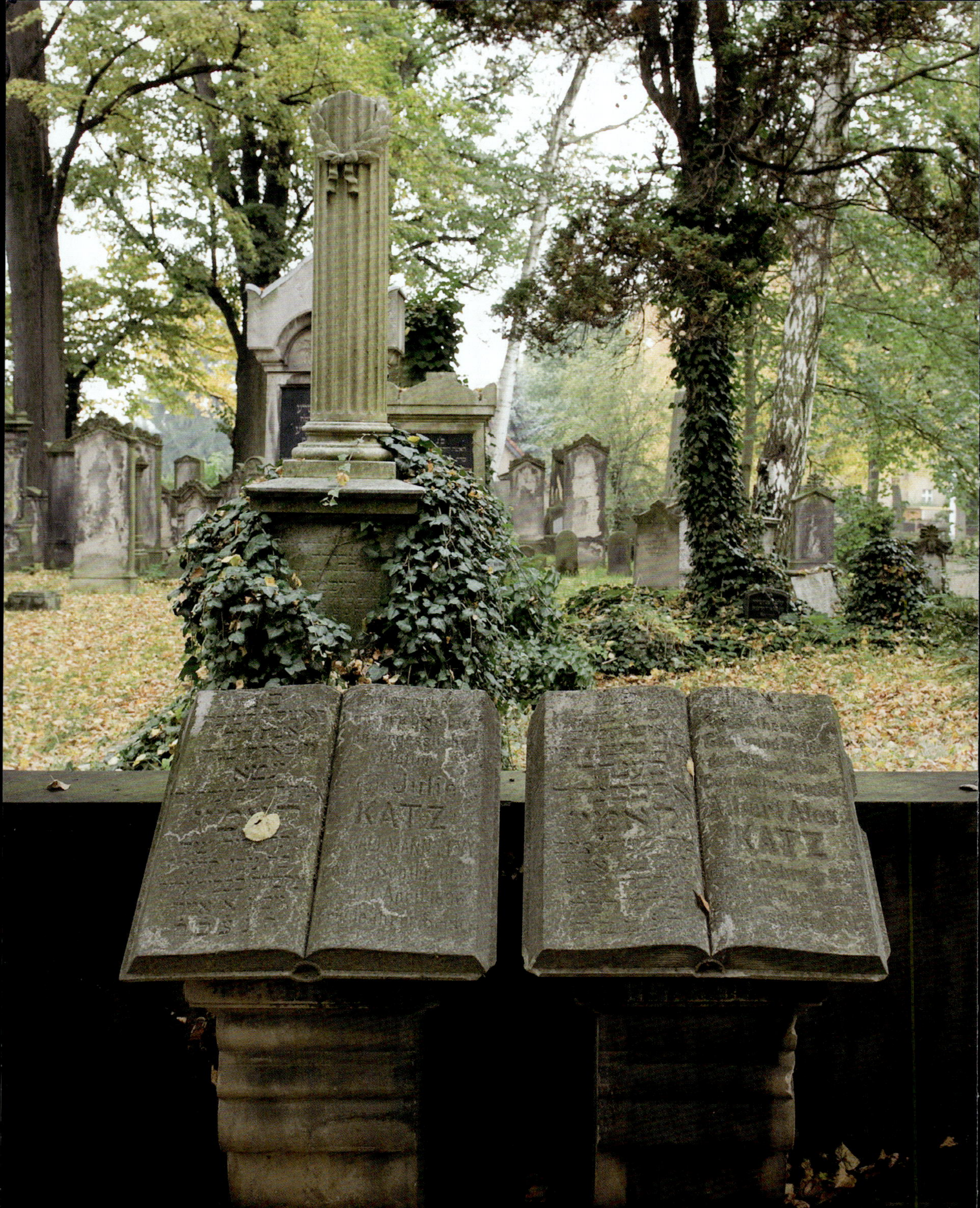
Julie
KATZ
KATZ

Entlang der Biesnitzer Straße

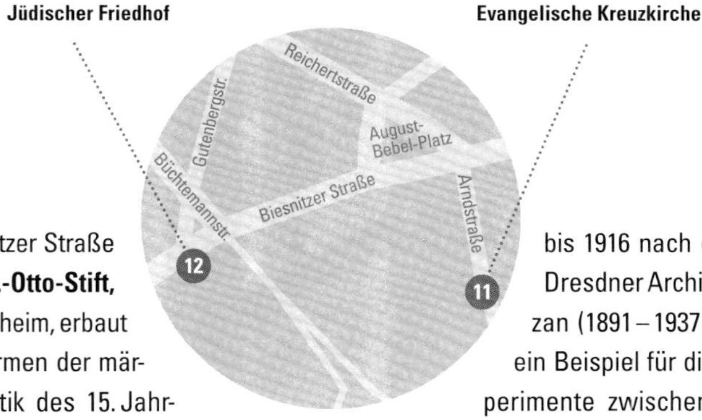

Am Beginn der Biesnitzer Straße (Nr. 94/95) steht das **St.-Otto-Stift,** ein katholisches Altersheim, erbaut 1904, mit einer die Formen der märkischen Backsteingotik des 15. Jahrhunderts variierenden Fassade. Daneben das evangelische Luisenstift, 1841 erbaut, klassizistisch, erweitert 1894.

Das Viertel um die **Biesnitzer Straße,** den **Sechsstädteplatz,** die **Kunnerwitzer Straße** hinab und den **August-Bebel-Platz** weist – auch in den Seitenstraßen – geschlossene Straßenrandbebauung aus bürgerlichen Mietshäusern mit oft recht aufwendig dekorierten Fassaden auf, die alle Varianten der Jahre um 1900 demonstrieren: späten Neubarock, eklektizistische Stilkombinationen und auch Jugendstil. Es lohnt sich, hier zu flanieren und die Details der Fassaden zu betrachten.
Vom August-Bebel-Platz durch die Arndt-Straße erreicht man die **11 Evangelische Kreuzkirche.** Nach einem Wettbewerb von 1910 wurde sie 1913 bis 1916 nach dem Entwurf des Dresdner Architekten Rudolf Bitzan (1891 – 1937) errichtet und ist ein Beispiel für die stilistischen Experimente zwischen Jugendstil und Expressionismus, ähnlich wie die gleichzeitigen Bauten der Sparkasse, der Commerzbank, des Bahnhofs und der Synagoge. In seiner äußeren Erscheinung zeigt sich der Bau in der typologischen Grundform einer Kirche mit Turm und Schiff. Seitlich angefügt und dem Kirchengebäude untergeordnet sind Pfarrhaus und Gemeindehaus. Zunächst fällt die Monumentalität des kubischen Gesamtaufbaus auf. Traditionelle Elemente von Sakralarchitektur verweisen auf die Funktion des Gebäudes und unterstreichen seinen religiösen Charakter: die Vorhalle mit kannelierten Säulen, die kreuzgangartigen Bogengänge, das große kreuzförmige Fenster am Turm, die an gotische Türme erinnernden, eng gestellten Rundpfeiler des Glockengeschosses mit dem Kupferhelm, die schlanken Fenster des Schiffes. Das Innere betritt man durch die ellipsenförmige Brauthalle, die mit abstrahierten Pflanzenmotiven in der bemalten Decke geschmückt ist.

links: Jüdischer Friedhof

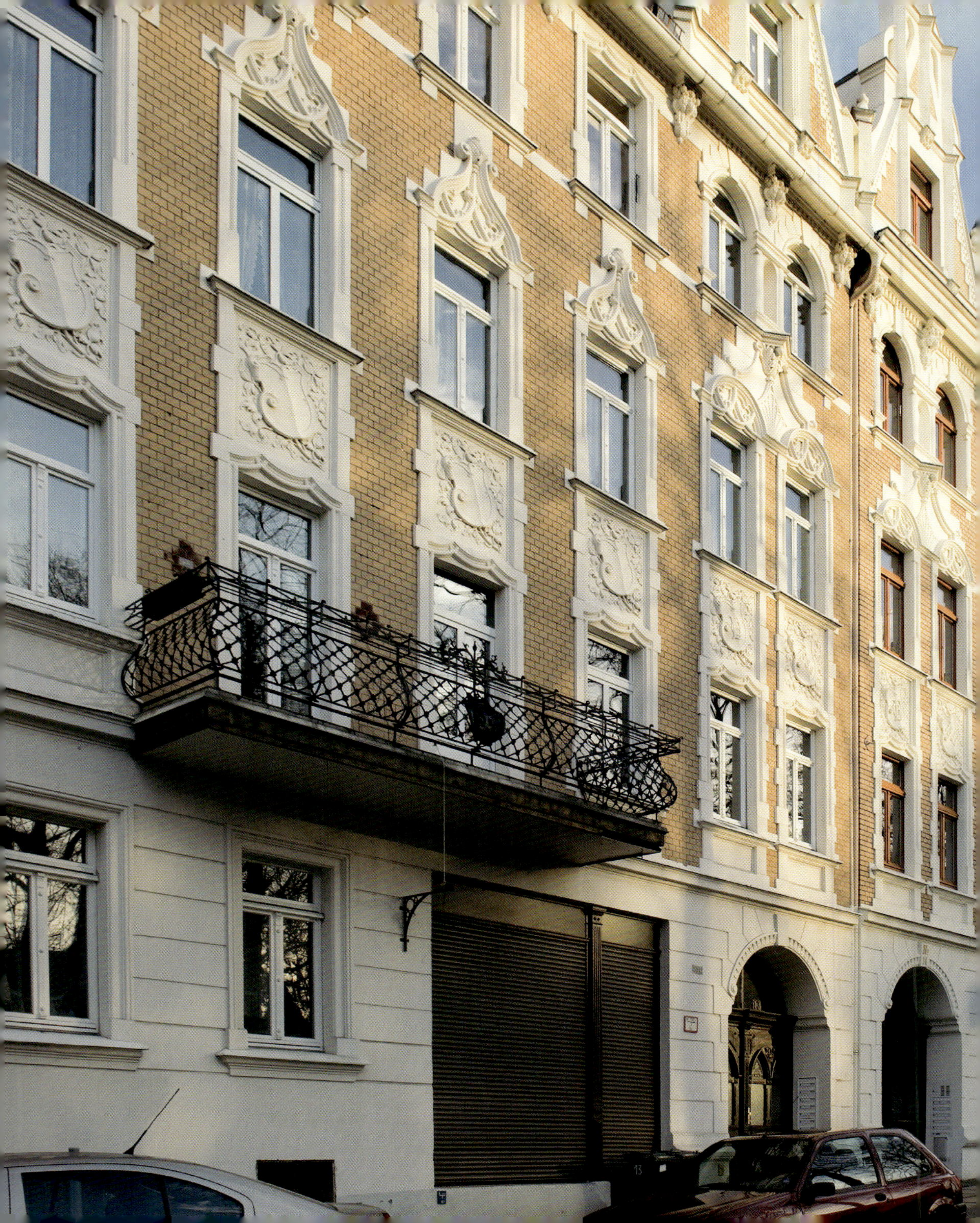

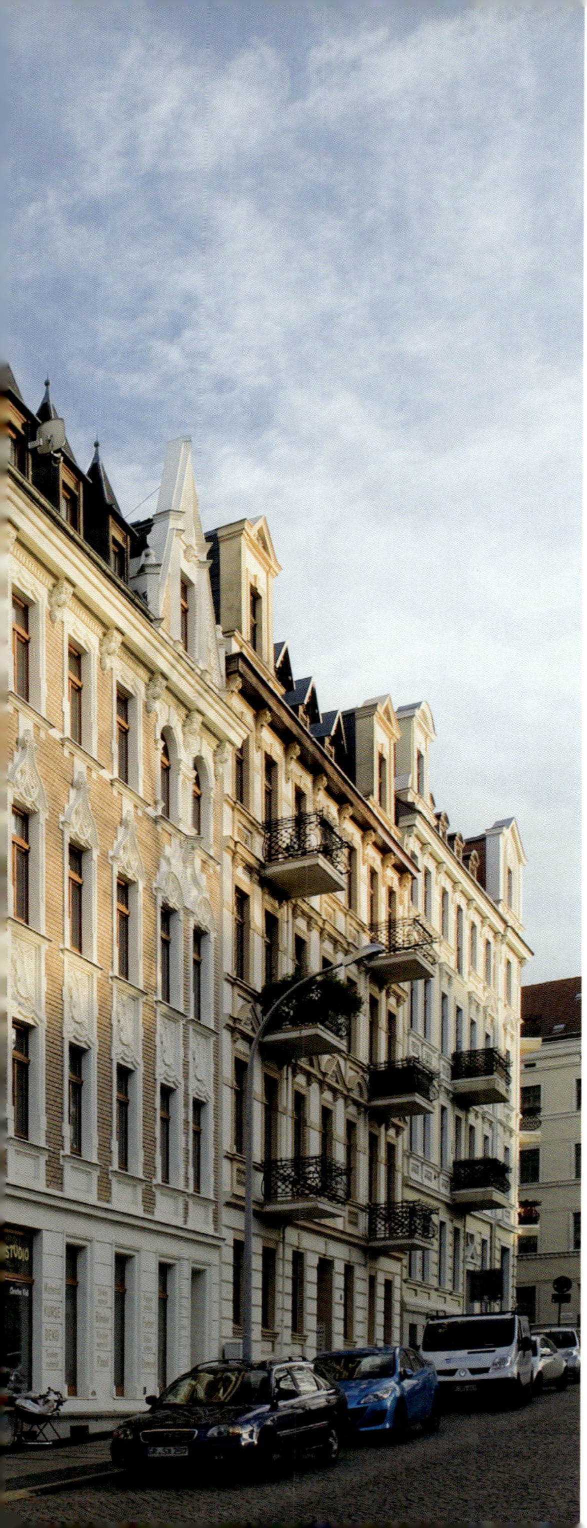

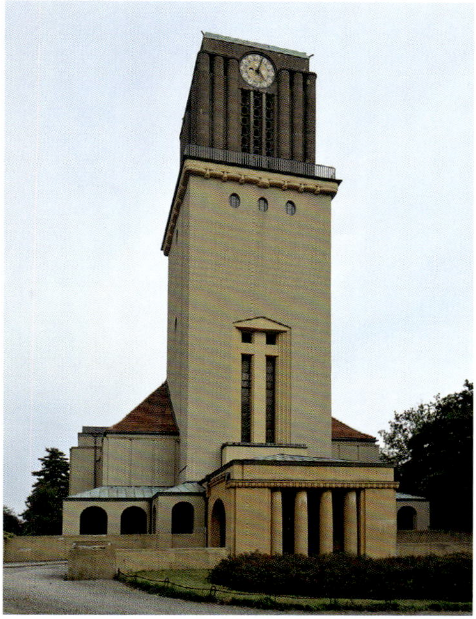

Evangelische Kreuzkirche

Der rechteckige Saal mit den tiefen Emporen und der Decke aus übereinandergeschobenen Scheiben hat eher die profanen Züge eines Auditoriums, während der halbkreisförmig von Säulen gerahmte Chor wieder sakral anmutet. Kunstgewerblich-ornamental wirken die Fensterverglasung, die dekorativen Beleuchtungskörper und der keramische Wanddekor. Im Glas der Eingangstüren sieht man das Eiserne Kreuz und den deutschen Adler mit Blitzen. – Man kann geteilter Meinung sein, ob die Kreuzkirche insgesamt eine künstlerisch überzeugende Lösung darstellt.

Kunnerwitzer Straße · Bürgerliche Mietshäuser
mit aufwendig dekorierten Fassaden

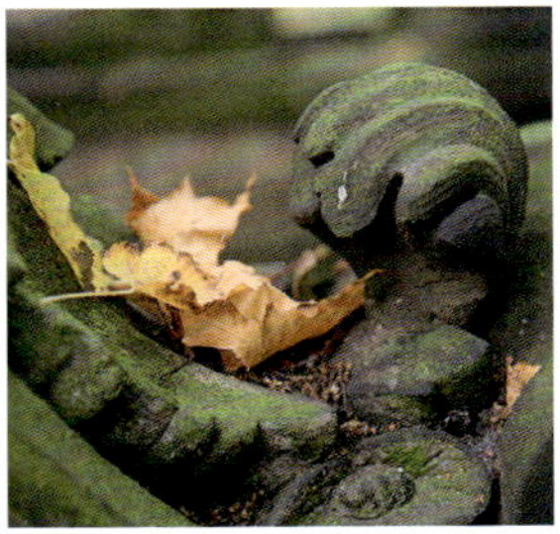

Zurück zur Biesnitzer Straße nach links gelangt man zum 12 **Jüdischen Friedhof** (Biesnitzer Straße 37). Er wurde um 1850 angelegt und 1860 erweitert. Die letzte Bestattung der jüdischen Gemeinde war 1942. Die meisten Grabsteine haben eine Stelenform, doch es gibt auch einige aufwendige Familiengrabstellen. Die Inschriften der älteren Steine sind nur hebräisch, die der späteren zweisprachig. Der Friedhof wurde zum Bestattungsplatz für 323 Zwangsarbeiter der von der WUMAG (Waggon- und Maschinenbau AG) betriebenen Außenstelle Biesnitzer Grund des Konzentrationslagers Groß-Rosen. 1951 wurde ein Ehrenmal errichtet. Der von einer Mauer umgebene Friedhof, neben dem sich die Feierhalle befindet, ist heute ein idyllischer Ort des schmerzlichen Gedenkens und Nachdenkens.

Auf der anderen Seite der Biesnitzer Straße kommt man in die Büchtemannstraße. Dort steht an der Ecke zur Melanchthonstraße die **Melanchthonschule,** 1902 bis 1903 von August Kämpffer erbaut – ein sehr repräsentativer und künstlerisch gekonnter Bau, aus Backstein mit Sandsteingliederung und -schmuck im Stil der »Deutschen Renaissance«.

rechts: Jüdischer Friedhof

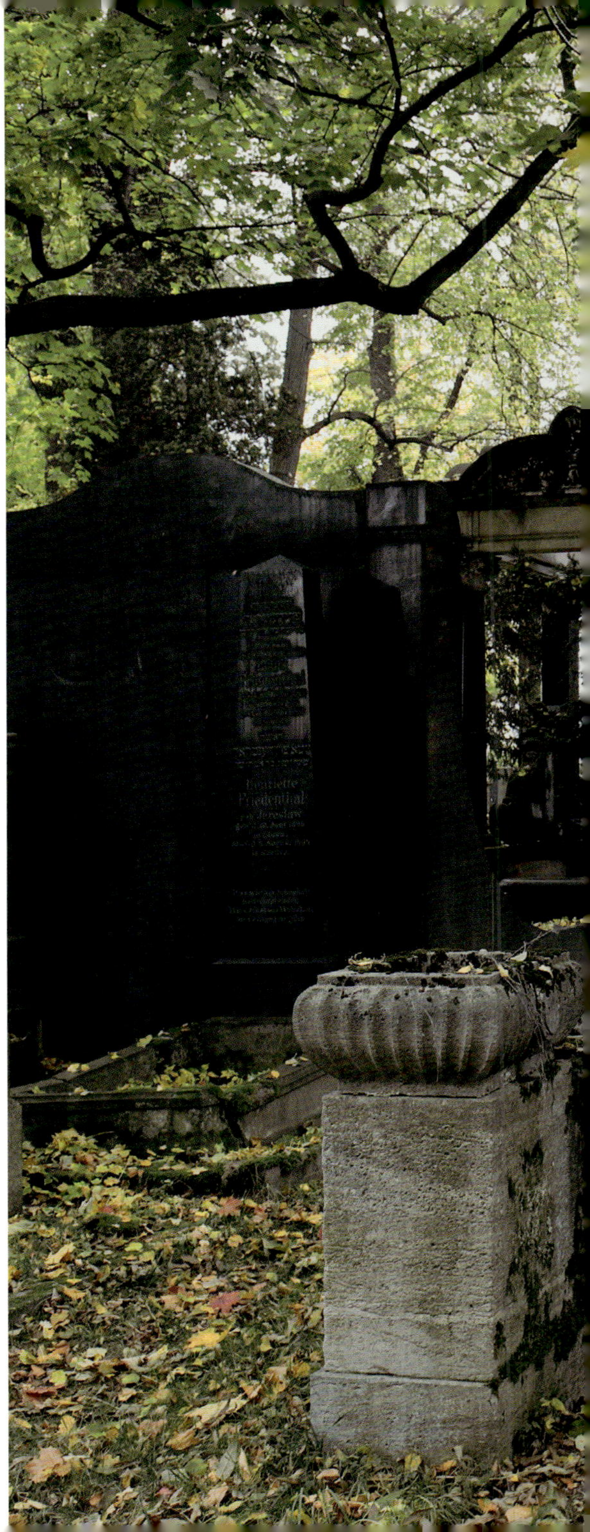

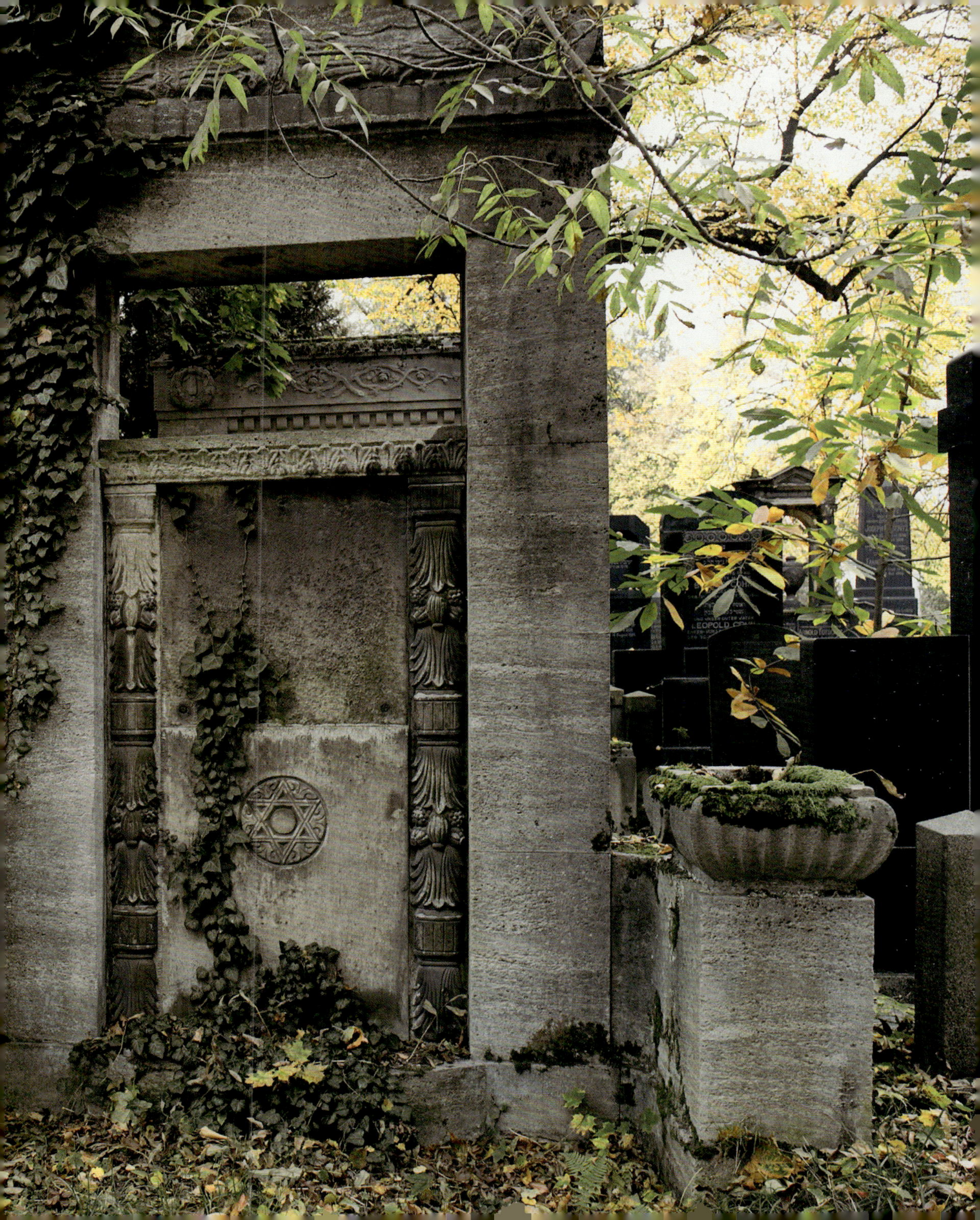

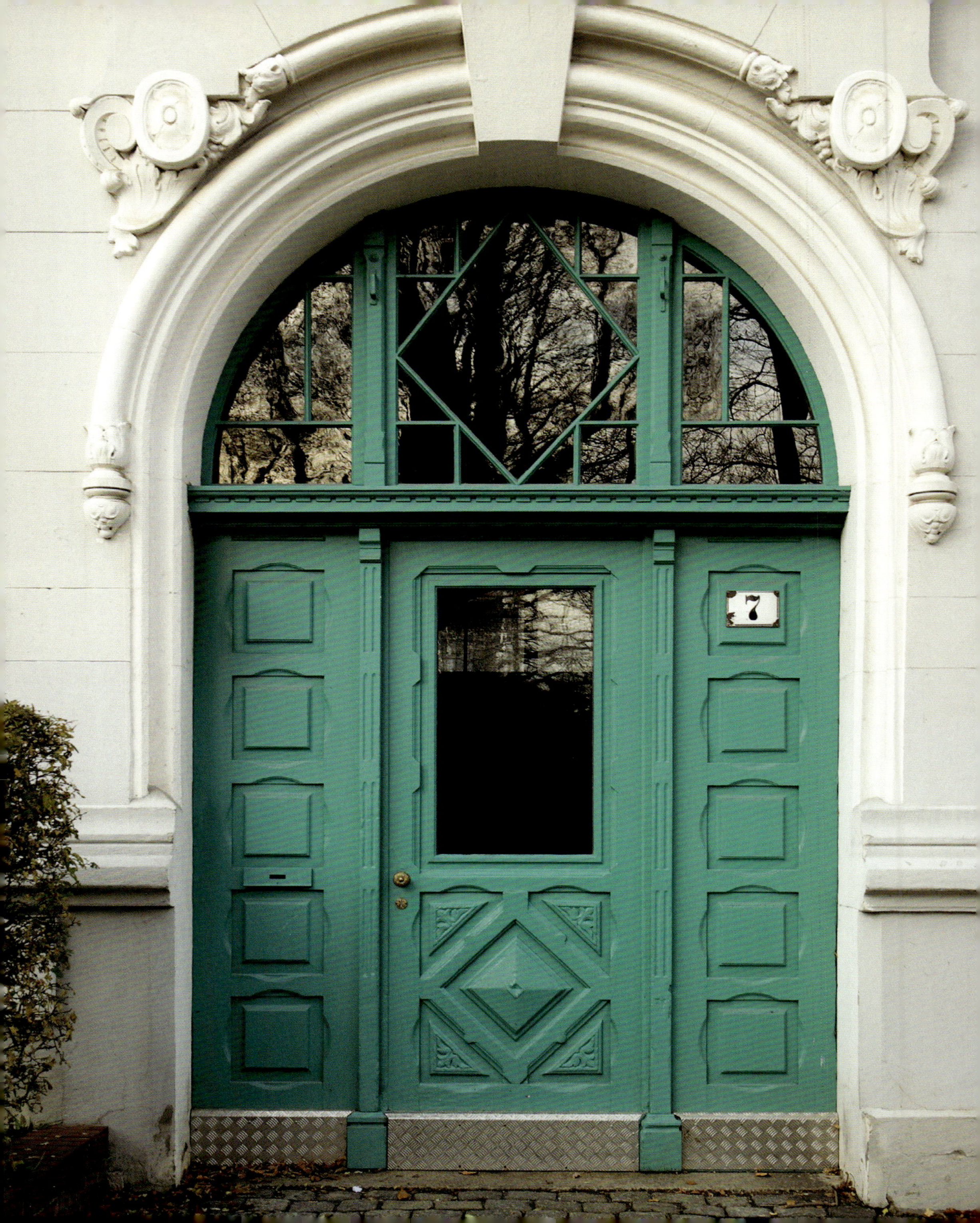
7

Östliche Südstadt

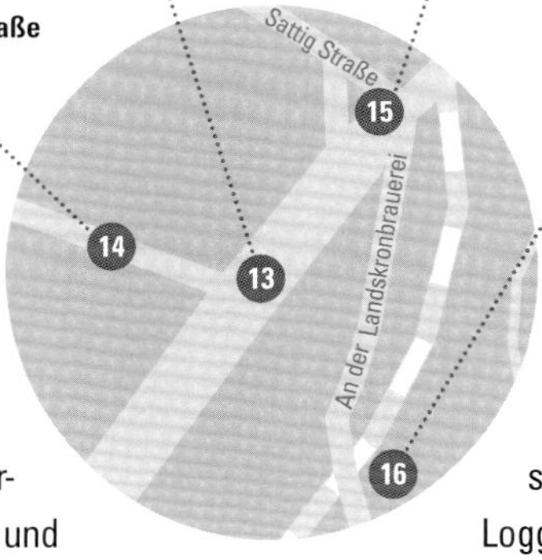

In der 13 **Goethestraße**, nach 1868 als Teil einer niemals realisierten südlichen Ringstraße angelegt, befinden sich einige bemerkenswerte Villen. Die bedeutendste und größte ist die **Goethestraße 17.** Bauherr war der jüdische Eisenwarengroßhändler Martin Ephraim (geb. 1860, 1944 im Konzentrationslager Theresienstadt umgekommen), einer der großzügigsten Spender der Stadt. So stiftete er zum Beispiel den Gründungsfonds für die Ruhmeshalle, deren Architekt Hugo Behr auch die Villa 1907 bis 1909 baute. Ephraim verkaufte das Haus schon 1921. Die Villa, 1935 in Wohnungen unterteilt, wird seit 1974 als Jugendherberge genutzt. Über einem durch Terrassen gärtnerisch gestalteten Hang thront das große Gebäude, überragt von einem Turm. Die Villa Ephraim ist ein hervorragendes Beispiel des malerischen, antiklassischen Villenstils um die Jahrhundertwende. Hier herrscht eine Ästhetik der Vielfalt: Das Ganze erscheint zusammengesetzt aus unterschiedlichsten architektonischen Elementen – Giebel, Erker, Loggien –, es finden sich gerade Flächen und runde Bauteile, der Baukörper wirkt asymmetrisch und unregelmäßig, es gibt keine Hauptansicht. Die unterschiedlichen Materialien und Oberflächenbehandlungen (glatter Putz, rauer Putz, Quader, ornamentierte Flächen, Fachwerk) verstärken diesen Eindruck. Im Inneren ist vor allem die hohe, durch zwei Geschosse reichende Treppenhalle mit (unvollständig erhaltenen) farbigen Fenstern eindrucksvoll.

Die Villa **Goethestraße 5,** erbaut 1897, ist ein früheres Beispiel des malerischen Villentypus und greift beinahe wörtlich zu Stilformen und Bauelementen (z. B. Giebel, Eckerker) der »Deutschen Renaissance« des 17. Jahrhunderts. Das Haus wurde nachträglich auf der Rückseite erweitert. Die Häuser **Goethestraße 1 – 4** sind schöne Beispiele des sich in Materialkombination von Ziegelmauern und Sandsteindekorationen auf die niederländische

links: Carl-von-Ossietzky-Straße

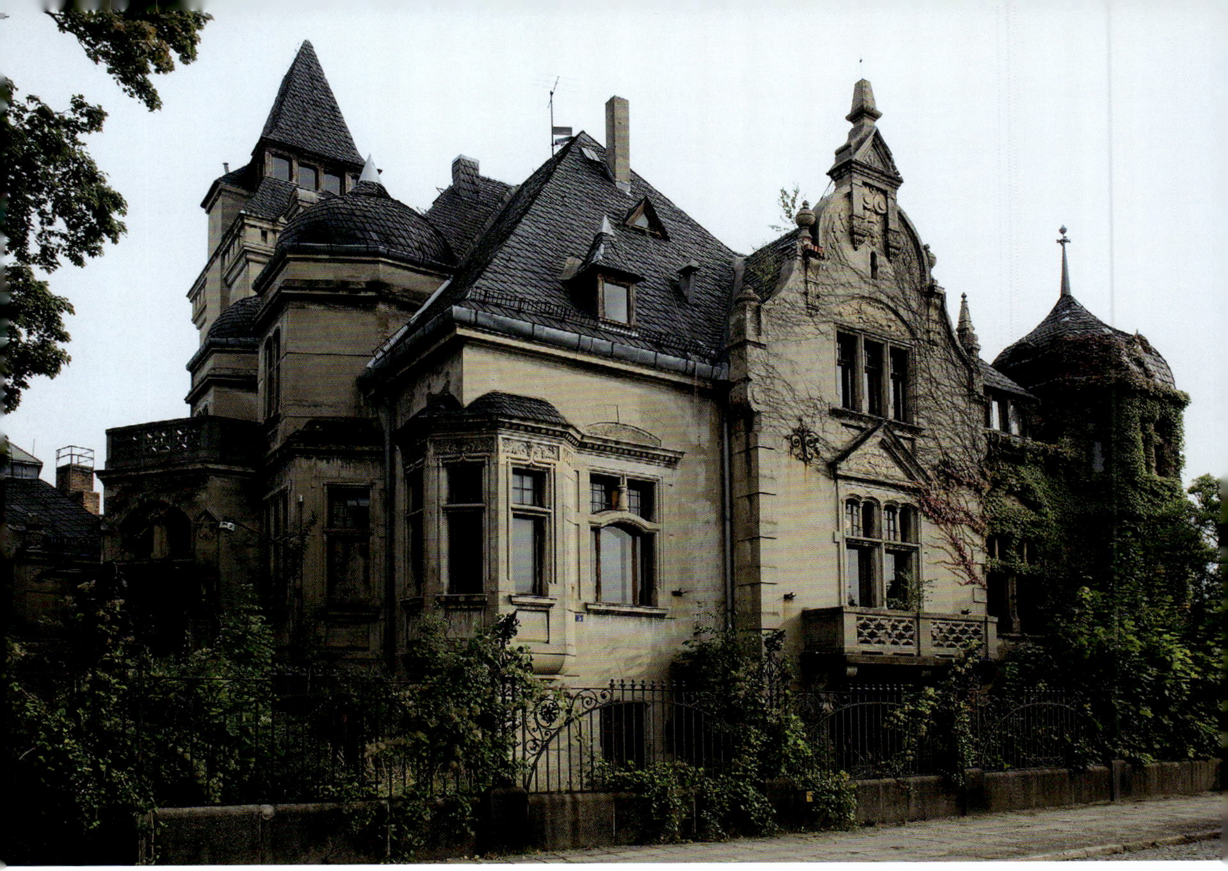

Goethestraße 5
Malerische Villa im Verfall

und norddeutsche Renaissance beziehenden Stils. In der 14 **Carl-von-Ossietzky-Straße** lassen sich, zum Beispiel an den Häusern Nr. 1–9, schöne und fantasievolle Beispiele aller möglichen Stilvarianten des späten, eklektizistischen Historismus und des Jugendstils um 1900 finden. Das **Berufliche Schulzentrum,** ursprünglich Reformgymnasium und Oberrealschule (Carl-von-Ossietzky-Straße 13, Ecke Lessingstraße), zeigt, zu welchen baukünstlerisch qualitätvollen, auf der Höhe der Zeit stehenden Leistungen ein Stadtbauamt, hier unter Stadtbaurat Heinrich Küster (1870–1956), in den Jahren vor dem Ersten Weltkrieg fähig war. Die beiden identischen, im rechten Winkel zueinander stehenden Flügel, dreigeschossig, mit vortretenden, um ein viertes Geschoss erhöhten Seitenrisaliten, sind durch einen gemeinsamen Eingangsbau verbunden. Dieser stellt sich, gleichsam wie mit ausgebreiteten Armen, diagonal über Eck vor die beiden Flügel. Nur zweigeschossig, mit einladenden, von Doppelsäulen getragenen Arkaden und einer Pilastergliederung im Obergeschoss unter einem Pyramidendach, von einem belvedereartigen Uhrtürmchen überhöht, erinnert dies an ein klassizistisches Gartenpalais. Das einheitliche Ziegelmaterial schließt den ganzen vielteiligen Komplex harmonisch zusammen. Noch eindrucksvoller ist der rückwärts sich anschließende Bau der Aula und Turnhalle: eine Betonkonstruktion, die ein gewaltiges, geschwungenes Mansarddach hinaufschiebt; vor der Schmalseite befindet sich eine den Giebelumriss etwas niedriger wiederholende, gegenläufige, sich durch aufsteigende Bogenfolgen nach außen zeigende Treppenanlage.

Von der Lessingstraße nach rechts in die Sattigstraße einbiegend, sieht man an deren Ende an der Kreuzung zur Goethestraße das 1902 von Robert Toberentz geschaffene 15 **Goethedenkmal:** Auf einem hohen Sockel steht die Büste des Dichters über einem geschwungen eingefassten Becken.

Bei einem Abstecher in die Blockhausstraße, über die Eisenbahn und rechts zum **Neißeviadukt** trifft man auf das **Blockhaus.** Die 1857 erbaute militärische Anlage wurde als Schutz des Neißeviadukts bald überflüssig und zu einem Ausflugslokal umgebaut. Etwas weiter hat man von oben den Blick auf den Eisenbahnviadukt: ein imponierendes ingenieurtechnisches Denkmal aus der Frühzeit des Eisenbahnwesens, im Auftrag der Niederschlesisch-Märkischen Eisenbahngesellschaft 1844 bis 1847 erbaut von dem Bauunternehmer Gustav Kießler.

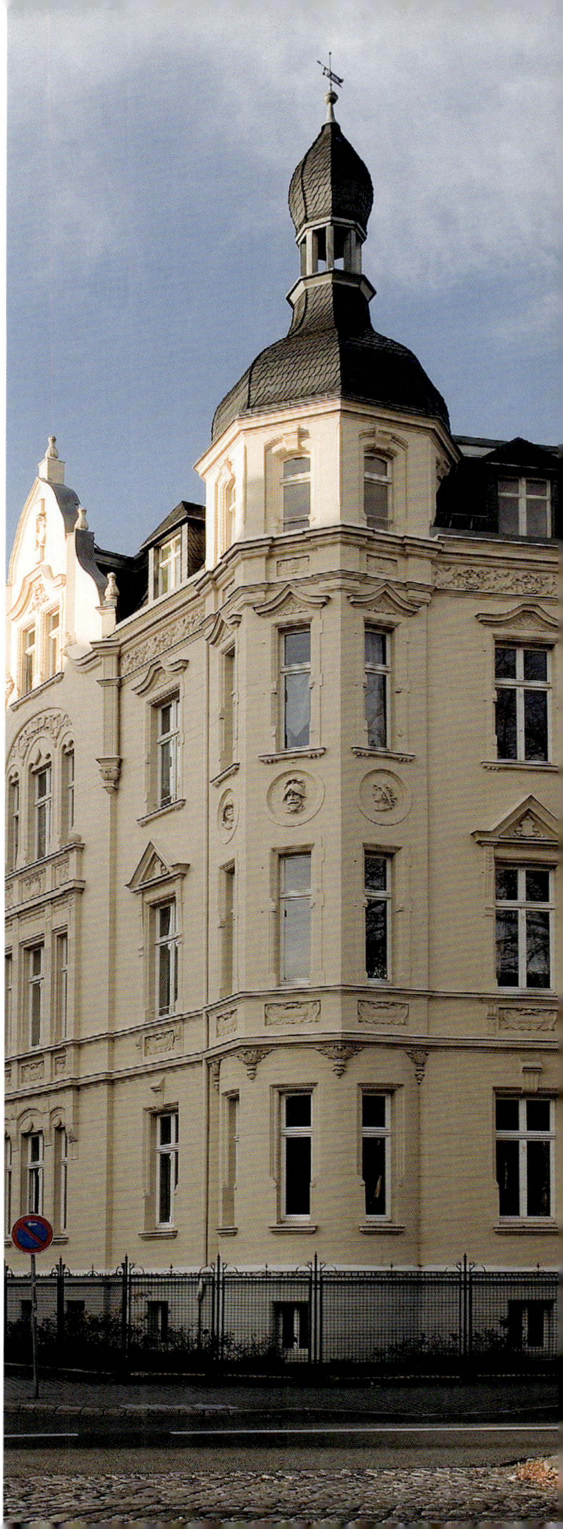

rechts: Carl-von Ossietzky-Straße

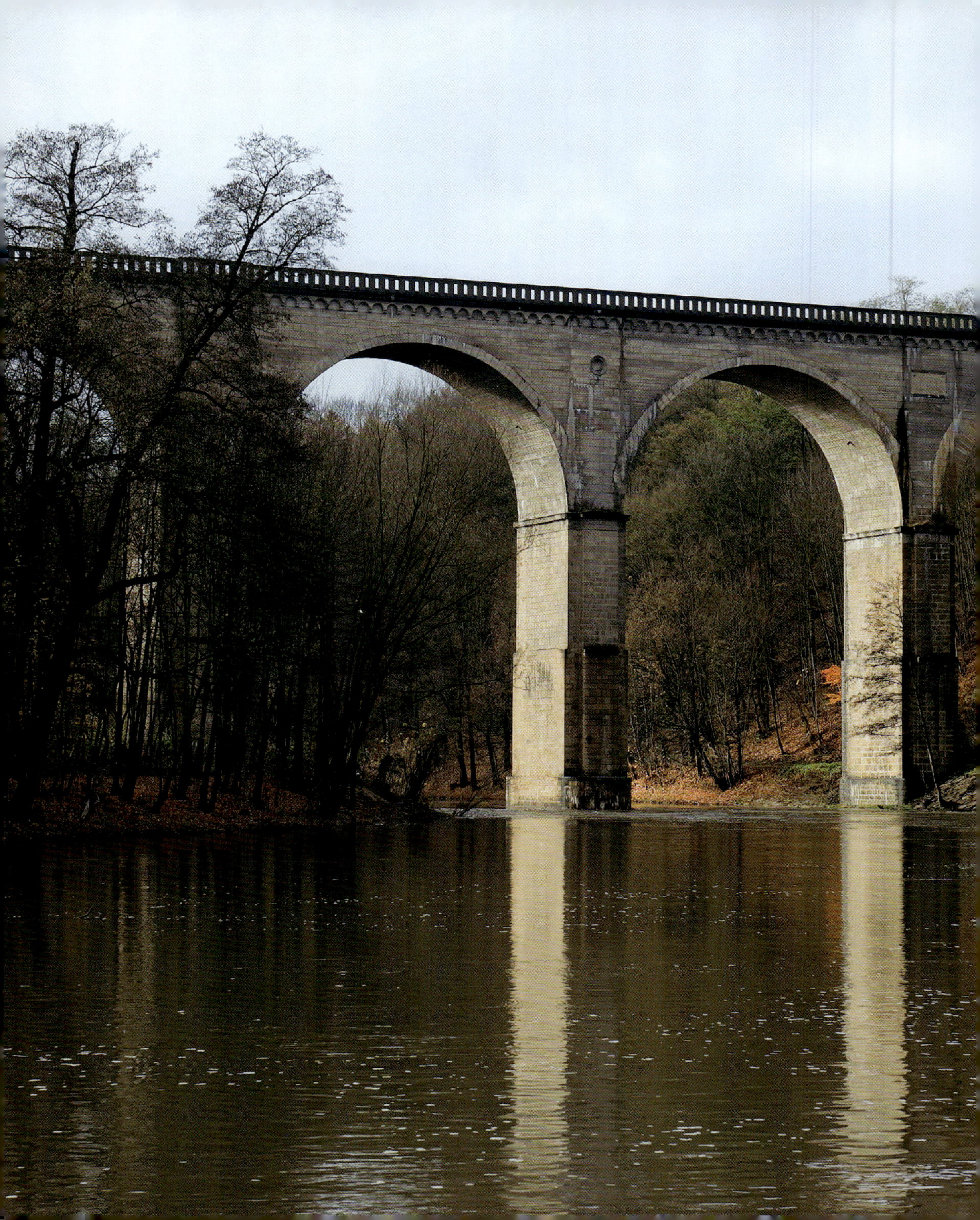

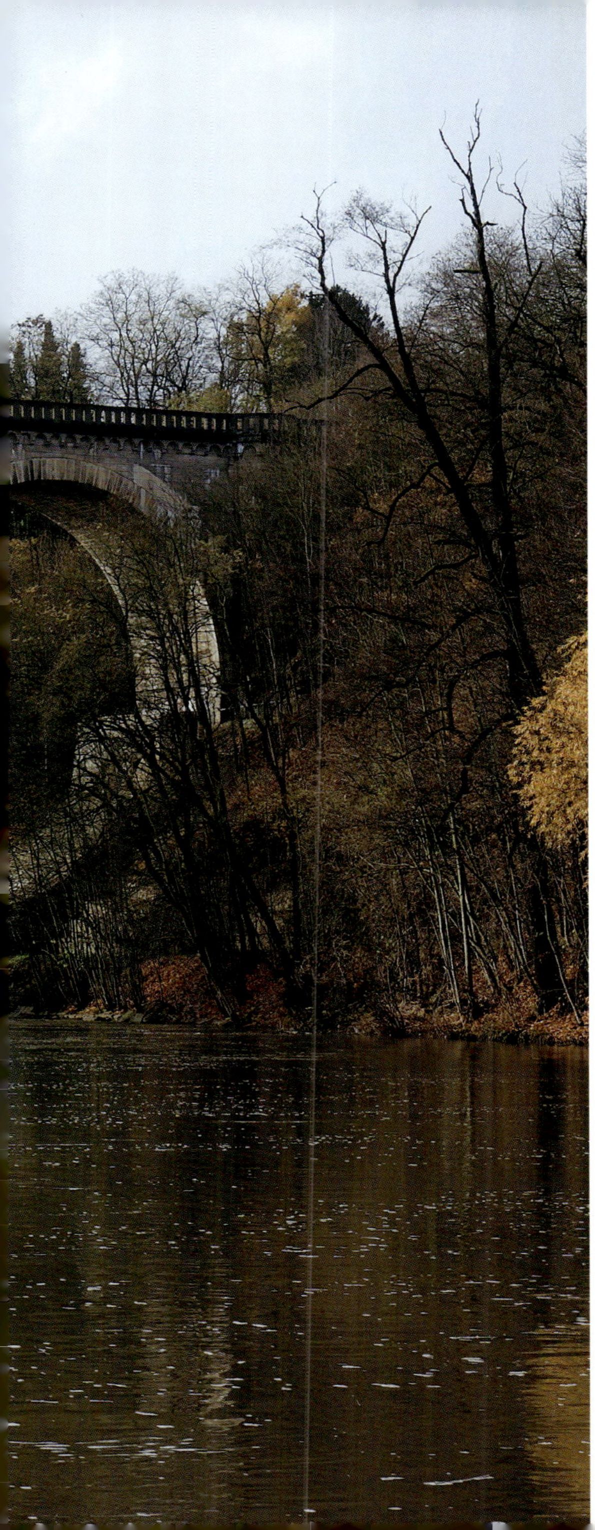

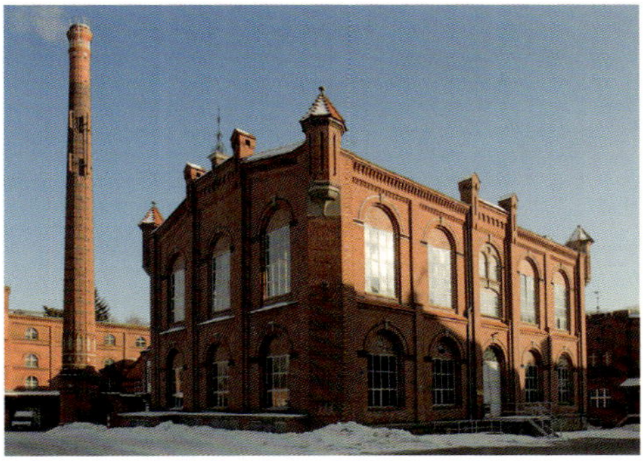

Landskronbrauerei

Die Brücke besteht aus Granitquadern aus den Königshainer Bergen, ist 475 Meter lang und hat 32 Bögen, der Mittelpfeiler ragt 35 Meter über den Wasserspiegel. Am 8. Mai 1945 wurde sie von der Wehrmacht gesprengt, 1955 bis 1957 wieder aufgebaut. Zurück zum Anfang der Goethestraße gelangt man links in die Straße zur 16 **Landskronbrauerei.** Diese wurde 1869 gegründet, um 1900 entstand auf ihrem Gelände ein Konglomerat von Verwaltungs- und Fabrikationsgebäuden aus unverputztem Backstein, die älteren in sparsam historisierendem Stil. Die Gärungskeller sind 18 Meter tief in den Hang gegraben. Unmittelbar auf die Brauerei folgt der weitläufige, romantische Landschaftspark auf und um den **»Weinberg«.** 1873 bis 1889 angelegt, wird er heute als Freizeitpark mit Parkeisenbahn genutzt. Auf dem Weinberg steht das 1889 gebaute Weinberghaus: Sein Aussichtsturm wurde im Rahmen der Industrie- und Gewerbeausstellung 1885 auf dem Lutherplatz errichtet und um 1900 neben das Weinberghaus versetzt.

Neißeviadukt

Umgebung

ENTDECKUNGEN AUS ALLEN JAHRHUNDERTEN

Ein über tausend Jahre alter Burgwall, eine vor 20 Jahren versetzte Barockkirche, Bauten des Klassizismus und der klassischen Moderne, pittoreske Laubenhäuser, eine anspruchsvolle barocke Schlossanlage – sowohl in den Randgebieten von Görlitz und Zgorzelec als auch in der Umgebung beider Städte finden sich interessante Baudenkmäler.

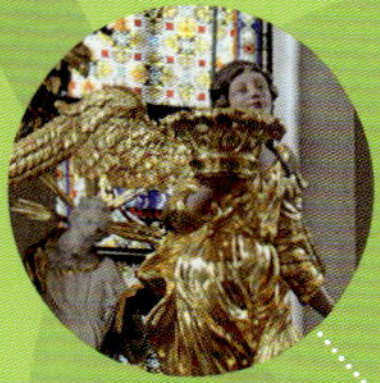

>>> Seite 169
RUND UM GÖRLITZ

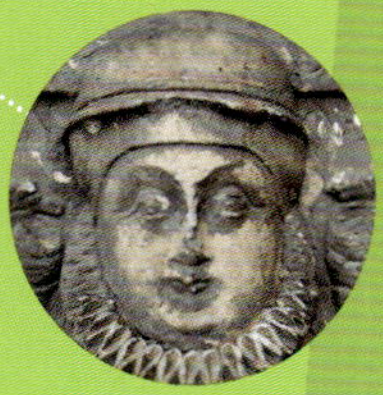

>>> Seite 175
RUND UM ZGORZELEC

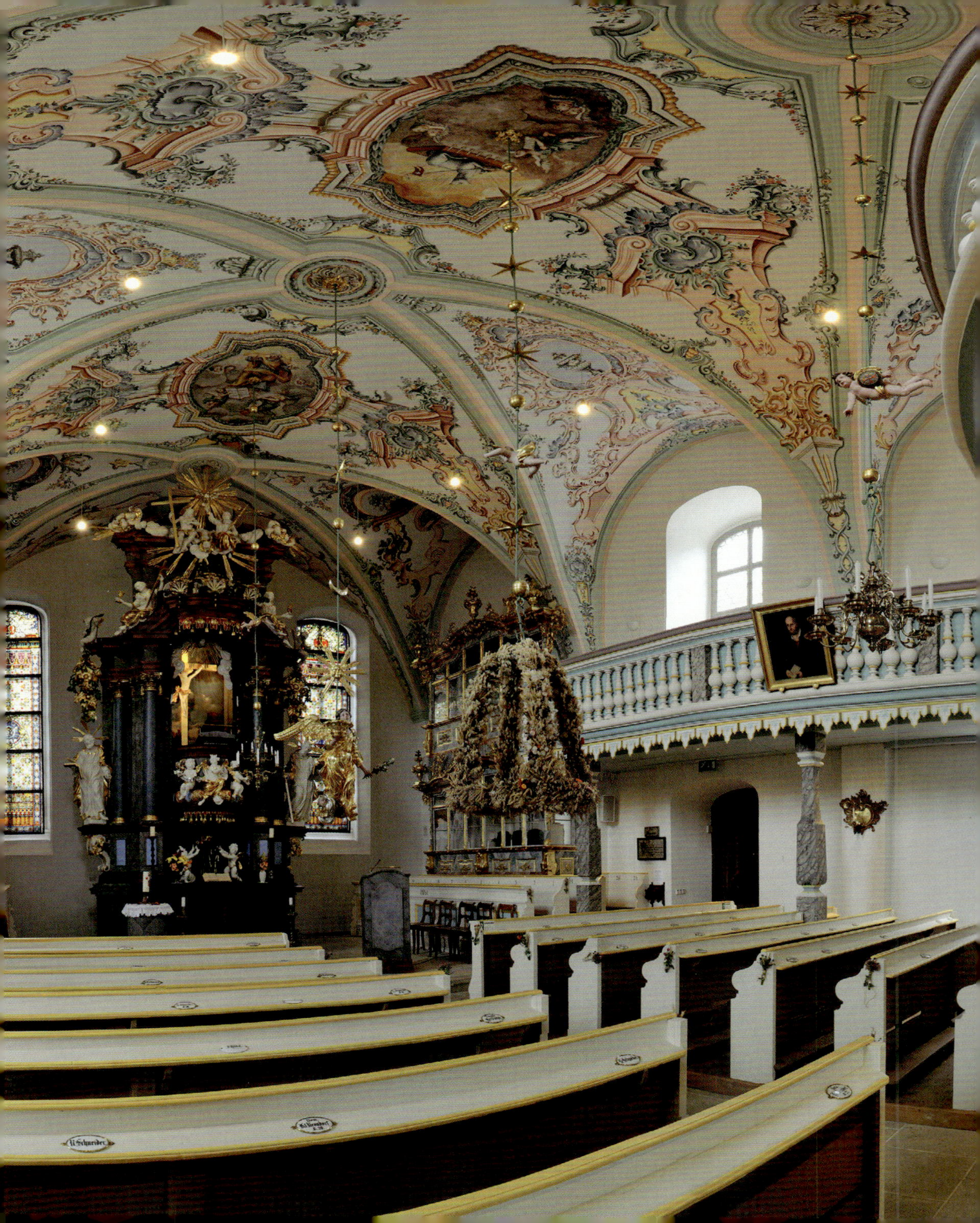

Rund um Görlitz

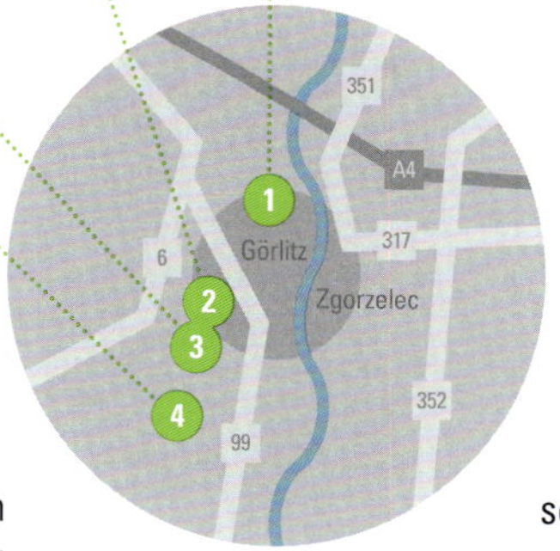

Die Evangelische Hoffnungskirche in 1 **Görlitz-Königshufen** ist ein 1988 bis 1998 errichteter kopierender Nachbau der für den Braunkohleabbau abgerissenen Pfarrkirche von Deutsch-Ossig im Süden von Görlitz. Als Pfarrkirche des Plattenbauviertels aus DDR-Zeit genutzt, wurde sie um den Anbau eines neuen Gemeindezentrums erweitert. Der originale Bau – ein einschiffiger gotischer Putzbau mit geradem Abschluss war von 1715 bis 1718 von Johann Jakob Samhammer barockisiert worden. Der Haupteingang mit Sprenggiebel ist 1717 datiert. Seitlich neben dem Eingang ist ein Turm in das Schiff eingestellt, dessen oberer oktogonaler Teil mit geschweifter Haube 1755 vollendet wurde. Der Außenbereich der Kirche ist von einer Mauer umschlossen, die – mit dem hierher translozierten Tor – an den Friedhof in Deutsch-Ossig erinnert. Einige der schönsten Grabsteine aus dem 18. Jahrhundert wurden hierher gebracht. Der Nachbau geschah vor allem, um die bedeutende Innenausstattung zu retten, und zwar nicht museal, sondern in ihrem historischen räumlichen Zusammenhang. Das Langhaus erstreckt sich über vier gewölbte Joche. Der Raum ist auf drei Seiten von Emporen umzogen. Die reiche Bemalung der Gewölbe von 1764 – teils im Original übertragen, teils kopiert – zeigt illusionistische Architekturelemente und symbolische Darstellungen von Bibelstellen. Der hölzerne Kanzelaltar wurde 1716 bis 1717 von Caspar Gottlob von Rodewitz geschaffen. Der Kanzelkorb ist von einem Tabernakel mit je zwei gestaffelten Säulen zu beiden Seiten und geschweiftem Giebel, umrankt von Frucht- und Blütengehängen, gerahmt. Auf dem Altartisch unter der Kanzel weisen zwei Engel auf die Gesetzestafeln Mosis und ein Kruzifix (als Erfüller des Gesetzes). Am Kanzelkorb sind drei Putten, die mittlere (wie Moses mit Hörnern ausgestattet?) hält ein Schriftblatt mit der Inschrift

links: Görlitz-Königshufen, Hoffnungskirche

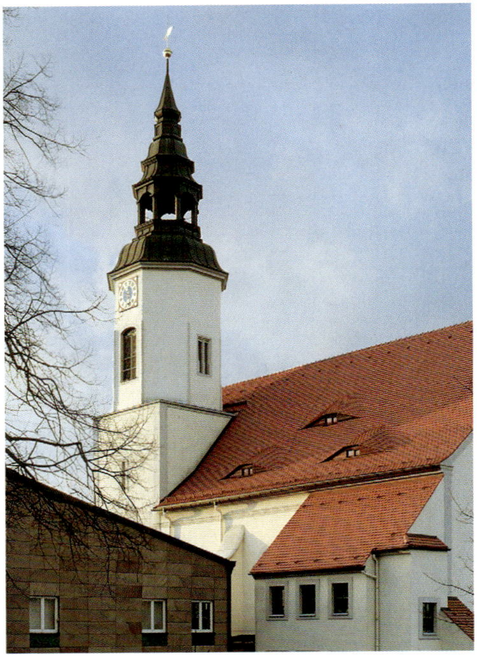

Evangelische Hoffnungskirche · oktogonaler Aufbau mit geschweifter Haube

»Das ist das wahrhaftige Wort Gottes«, die seitlichen Putten tragen Kelch und Schriftband (Sinnbilder für die beiden protestantischen Sakramente Taufe und Abendmahl). Zu Seiten der Säulen stehen die Erzapostel Petrus und Paulus. Auf der Rückseite der Kanzel steht das Kruzifix unter Wolken und von einem Engelskopf ausgehenden goldenen Strahlen vor dem Hintergrund einer gemalten Landschaft mit einer Stadtansicht (Golgatha und Jerusalem). Auf dem Giebel der Altararchitektur erscheinen die allegorischen Figuren von Glaube und Liebe, darüber die Heilige Dreieinigkeit – die Taube des Heiligen Geistes in einem goldenen Strahlenbündel. Mitten im Raum schwebt der goldgewandete Taufengel unter der strahlenden Sonne herab. In der einen Hand hält er einen silbernen Lilienzweig, in der anderen ein prachtvolles kleines Taufbecken. Er stammt ebenfalls von Rodewitz (datiert 1717). In dessen Werkstatt wurde 1718 der in der Nordostecke stehende Beichtstuhl mit gemalter Marmorierung und zwei auf dem Gesims sitzenden Engeln gefertigt. An beiden Seitenwänden befinden sich 1766 eingebaute, zweigeschossige Patronatslogen, reich geschnitzt in schönstem Rokoko mit geschwungenen Profilen und Rocaillen. Innen sind die Logen mit Stuckdecken und Kachelöfen ausgestattet. Der Orgelprospekt zeigt ebenfalls Rokoko-Ornamentik und enstand 1772 bis 1774. Fremd wirken in diesem Ensemble aus Barock und Rokoko die beiden in Breslau gefertigten farbigen Glasfenster von 1891.

In **Görlitz-Klingewalde,** 1949 eingemeindet, ist das **Schloss** (Klingewalder Dorfstraße 38–40, heute Teil der Hochschule Görlitz-Zittau) sehenswert: ein zweigeschossiges neugotisches Herrenhaus, das ältere Teile einbezieht, neun Achsen hat und mit einem Zinnenkranz und einem Mittelrisalit mit Staffelgiebel versehen ist.

Die **Pfarrkirche in Ludwigsdorf** ist eine kleine, aber eindrucksvolle romanische Dorfkirche, gebaut wohl um 1200. Am Ende des einschiffigen Langhauses steht ein Chorturm (ein in der Lausitz ungewöhnlicher Bautyp) mit Satteldach und Apsis. Der verputzte Bruchsteinbau weist eine Eckquaderung auf. Das Langhaus erhielt um 1540 Netzgewölbe auf eingestellten Strebepfeilern, das Chor-

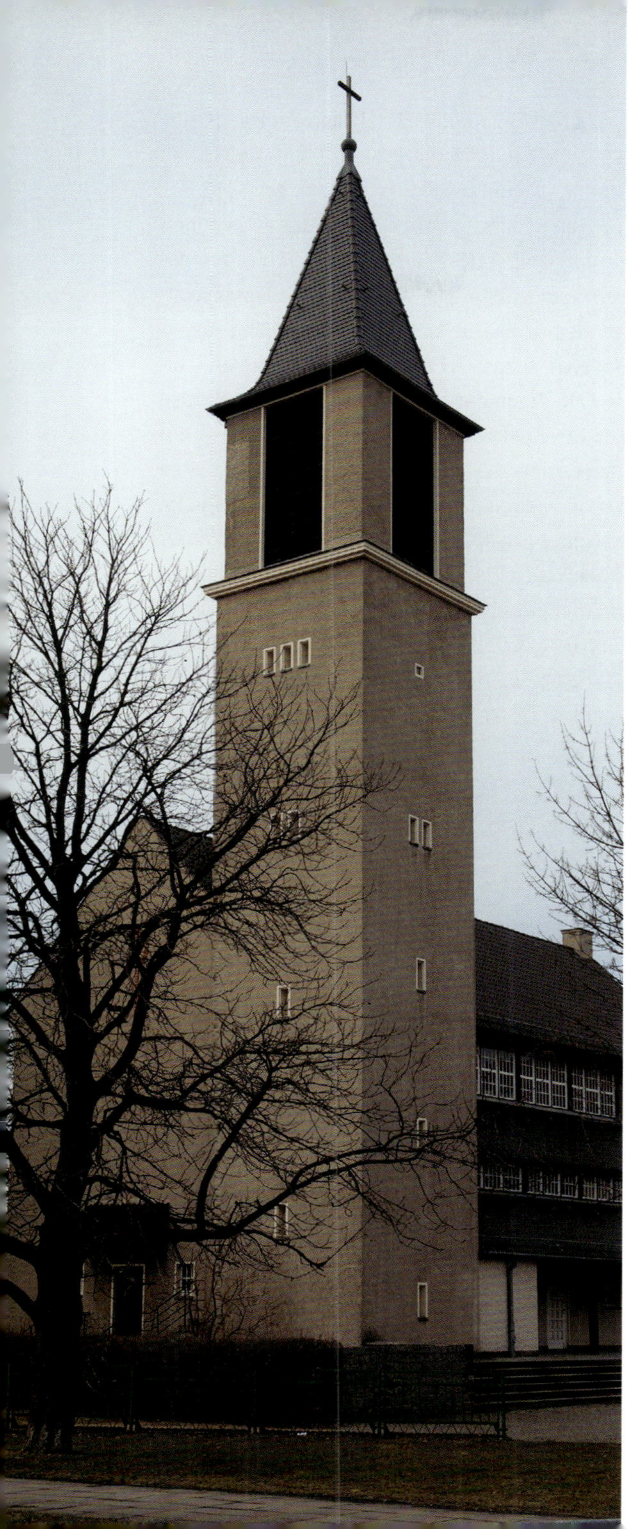

gewölbe besitzt Kreuzrippen. Auf der hölzernen Kanzel finden sich die farbig gefassten Figuren von Moses und den Evangelisten aus der Mitte des 17. Jahrhunderts. In der südlichen Langhauswand sitzt ein fragmentarisches, frühgotisches Portal, an der Nordseite befindet sich die Frombergsche Gruft aus der ersten Hälfte des 18. Jahrhunderts.

Die Christuskirche in 2 Görlitz-Rauschwalde (Diesterwegplatz) wurde 1937 bis 1938 von Otto Bartning (1883–1959) erbaut, einem der bedeutendsten deutschen Architekten der Klassischen Moderne, besonders auch auf dem Gebiet des Kirchenbaus. Nachdem seine kühnen, innovativen Kirchenbauten (Gustav-Adolf-Kirche in Berlin) nach der Machtergreifung des Nationalsozialismus angefeindet wurden, entwarf er hier in einem eher konservativen Geist, das heißt ohne den Anspruch, dem Kirchenbau neue typologische Formen zu geben und ohne eine moderne Materialästhetik. Der rechteckige Bau hat ein großes Satteldach und ein Seitenschiff mit paralleler Vorhalle. Der vierkantige Turm mit spitzem Helm steht wie ein Campanile an der Ecke. Der schlichte Innenraum unter einer emporgeknickten Holzdecke ist hell verputzt, das Seitenschiff gefüllt mit einer dunklen, hölzernen Empore unter einem Fensterband. Der Altar steht vor einem schmalen, hohen, tabernakelartigen Risalit mit eingetieftem Rundbogen und schmalem Fenster.

Evangelische Kirche Rauschwalde
Turm an der Westseite

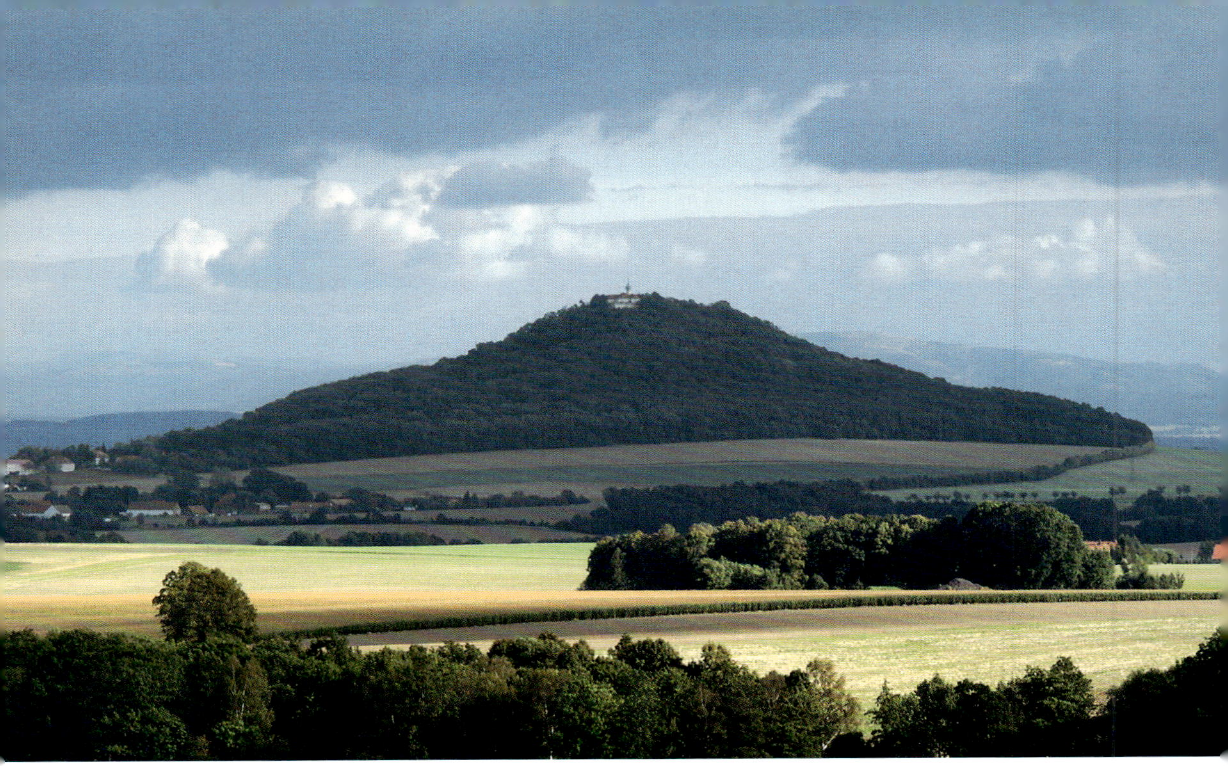

Landeskrone

Südwestlich von Görlitz überragt der weithin sichtbare Basaltkegel der **3 Landeskrone** mit 420 Metern Höhe die Stadt um 220 Meter. Er ist vulkanischen Ursprungs. Reste einer um 900 zu datierenden slawischen Burganlage zwischen den Gipfeln sowie am Südhang zeugen von früher Nutzung, vielleicht sogar von einer fast frühstädtischen Siedlung. Der Geschichtsschreiber Thietmar von Merseburg erwähnt 1018 die Eroberung einer »magna urbs Businc« durch böhmische Truppen. Diese »urbs« ist wohl mit der Befestigungsanlage zu identifizieren.

Im Mittelalter befand sich auf der Kuppe eine Adelsburg, die um 1440 in den Besitz der Stadt Görlitz überging und von ihr restlos geschleift wurde. 1796 wurde auf dem Gipfel ein heute noch bestehender, steinerner Aussichtsturm, 1863 eine burgartige Berggaststätte ebenfalls mit Turm errichtet. Diese brannte 1946 ab und wurde 1951 durch einen Neubau ersetzt.

1901 wurde in unmittelbarer Nähe der Bismarckturm gebaut. Er ist eines der vielen über ganz Deutschland verbreiteten Erinnerungszeichen für den legendären Reichsgründer (meist Türme oder Säulen), deren Errichtung auf den Aufruf des nationalistisch gesinnten Vereins Deutscher Studenten, der Vereinigung studentischer Corps, Burschenschaften und Landsmannschaften 1899, ein Jahr nach Bismarcks Tod, zurückgehen. Den Wettbewerb gewann der damals noch junge, später prominente Architekt Wilhelm Kreis (1873–1955) mit seinem Entwurf »Götterdämmerung«, nach dem auch der Turm auf der Landeskrone gebaut wurde. Das Denkmal sollte urtümlich, kraftvoll-mächtig, unzerstörbar und archaisch, unklassisch, also »germanisch« wirken. Aus groben Granitquadern gefügt, tragen vier um einen eckigen Kern gelegte, zyklopische Säulen eine auskragende Platte mit einem Block darauf, auf dem an patriotischen Feiertagen weit ins Land hinaus sichtbare Feuer entzündet wurden.

Die **Pfarrkirche in 4 Kunnerwitz** entstand 1836 bis 1839 nach Entwürfen aus dem damals unter Karl Friedrich Schinkel stehenden preußischen Oberlandbauamt. Sie stellt sich als kastenförmiger Baukörper mit eingezogenem, flach geschlossenem Chor und spitzbehelmtem Turm in der Mitte der Eingangsseite dar. Kleine Türmchen stehen über den Ecken, sie sind auf der Eingangsseite durch einen Mauerzug mit Blendbögen mit dem Turm verbunden, um das Dach zu verdecken. Das Innere war ursprünglich dreischiffig mit zwischen die Pfeiler eingehängten Emporen in den Seitenschiffen und offenem Dachstuhl. Durch die 1977 bis 1981 auf Höhe der unteren Emporen eingezogene Zwischendecke ist der Raumeindruck verloren gegangen. Der architektonische »Rundbogenstil« soll auf frühchristliche Bauten verweisen, verwendet aber auch romanische Formen. Zum Kirchenbau gehören auch das Pfarrhaus im Süden und die Kantorei mit Schulhaus im Norden.

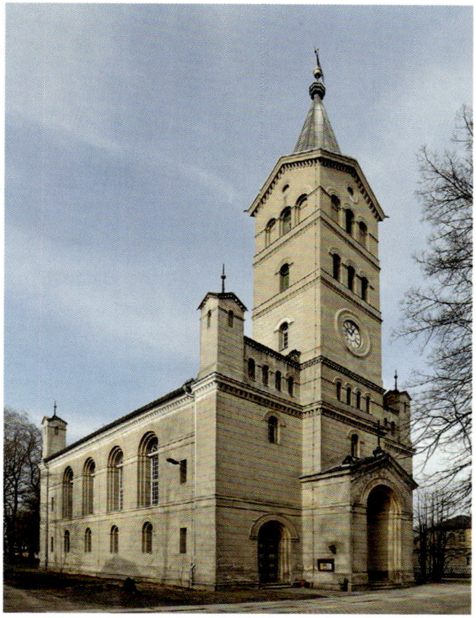

Kirche Kunnerwitz · im »Rundbogenstil«, entstanden unter Schinkels Bauverwaltung

Der einschiffige Bau der **Auferstehungskirche in Görlitz-Weinhübel (bis 1936 Leschwitz)** mit eingezogenem Chor aus verputztem Feldstein stammt in ihrer äußeren Erscheinung aus der Mitte des 15. Jahrhunderts. Auf dem steilen Dach sitzt frontal ein Dachreiter. Im Langhaus finden sich Tonnengewölbe mit Stichkappen, die Emporen stammen aus dem 17. und 18. Jahrhundert. Die Taufe ist von 1675, der reich geschnitzte Altar mit gemalter Kreuzigung – in seinem Charakter etwas bäuerlich – stammt von Jacob Riese und entstand 1683 bis 1693. Am Korb der Kanzel ist die Allegorie des Glaubens (entstanden um 1725/30) dargestellt.

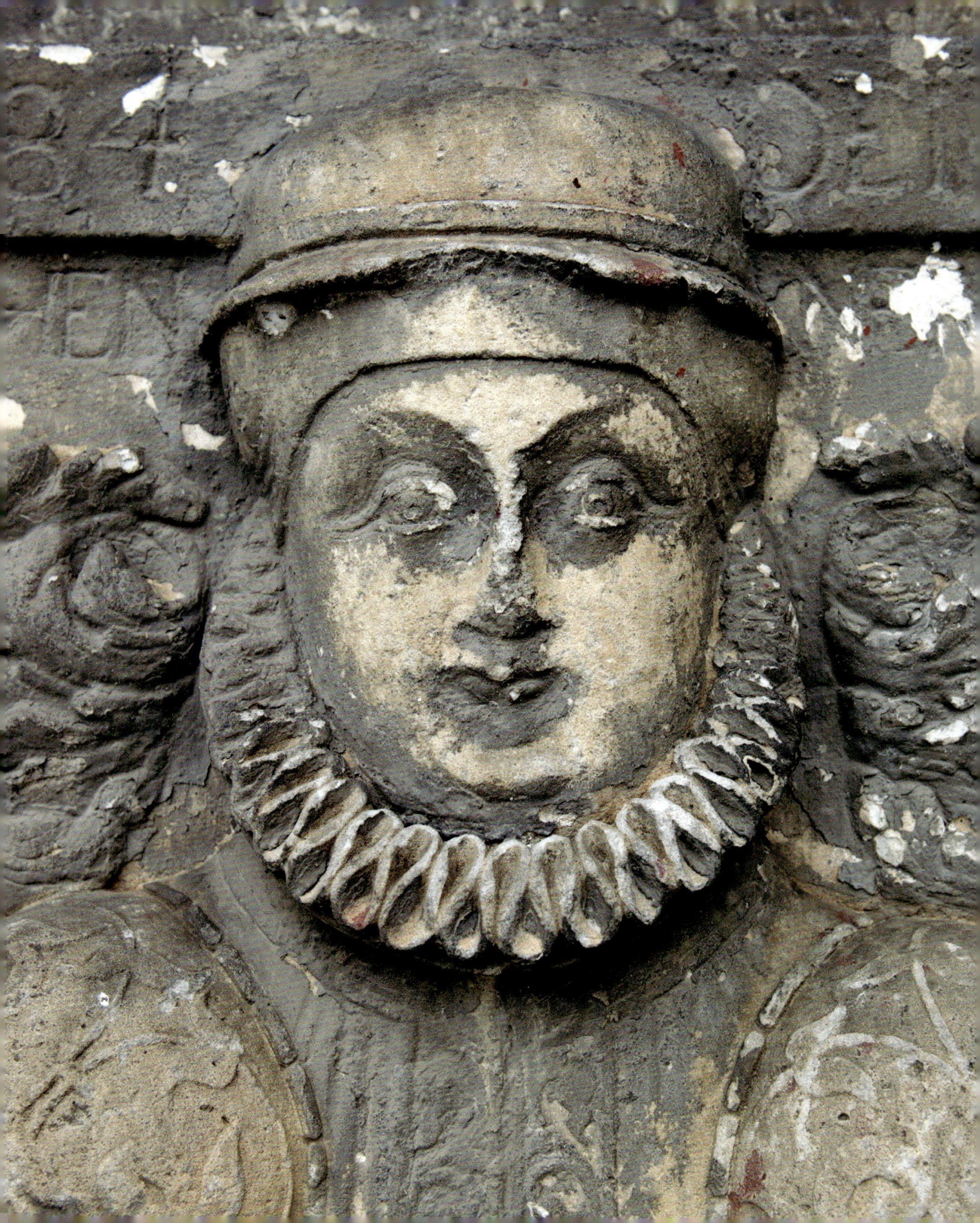

Rund um Zgorzelec

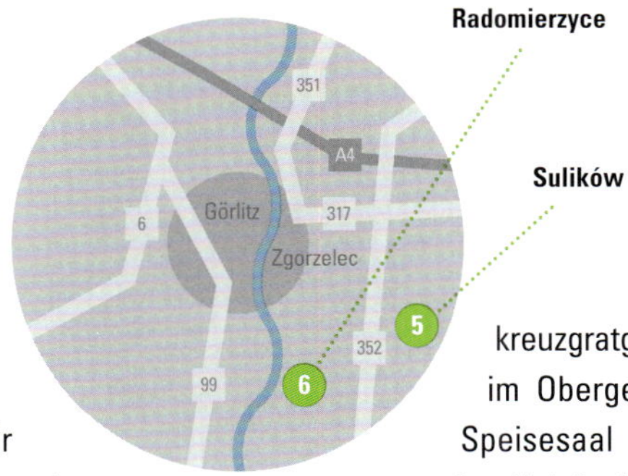

In **Lasów/Lissa steht ein sehenswertes Gutshaus.** Der Renaissancebau wurde vor 1590 für Kaspar II. von Fürstenau errichtet und 1593 von ihm erweitert. Weitere Umbauten fanden um 1670 für die Familie von Nostitz-Landskron und um 1710 für die Görlitzer Handelsherrenfamilie Straphinus statt. Das Gebäude besteht aus zwei zweigeschossigen Flügeln mit Walmdächern. Der Hauptflügel ist der älteste Teil (vor 1590), im rechten Winkel der Seitenflügel stammt von 1593. Der Treppenturm wurde um 1980 abgerissen. Die steinernen Fensterrahmen sind noch aus dem 16. Jahrhundert, vom Umbau um 1670 haben sich die Fassadengliederung mit rustizierten Lisenen und das Hauptportal mit ionischen Säulen, gesprengten Doppelgiebeln und dem Wappen der Familie von Nostitz erhalten. Das Gebäude besitzt ein kreuzgratgewölbtes Erdgeschoss, im Obergeschoss gibt es einen Speisesaal mit Musikempore, bemalter Holzflachdecke und Kamin. Hier sind das Wappen der Familie Straphinus und Rokokoschmuck aus der ersten Hälfte des 18. Jahrhunderts zu sehen. Die **gotische Kirche** des hl. Franziskus von Assisi in **Jerzmanki/Hermsdorf** ist erstmals 1346 erwähnt, aber wohl schon um 1260 erbaut und war ursprünglich dem hl. Laurentius geweiht. Sie ist eine für eine Dorfkirche ungewöhnlich reich gestaltete Saalkirche mit zweijochigem Langhaus, Rechteckchor und einem Turm mit oktogonalem Aufsatz und Spitzhelm über dem westlichen Chorjoch (vgl. Ludwigsdorf). Außen gibt es frühgotische Bauplastik, das Südportal hat gedrehte Säulchen. Im Vorchor werden die kräftigen Rippen eines Kreuzgewölbes von Säulchen mit Laubkapitellen getragen. Das Langhaus mit Netzgewölben stammt vom Anfang des 16. Jahrhunderts, das spätgotische Sakramentshaus aus dem 15. Jahrhundert. Auf dem manieristisch ge-

links: Radomierzyce/Radmeritz
Grabmal am Grufthaus

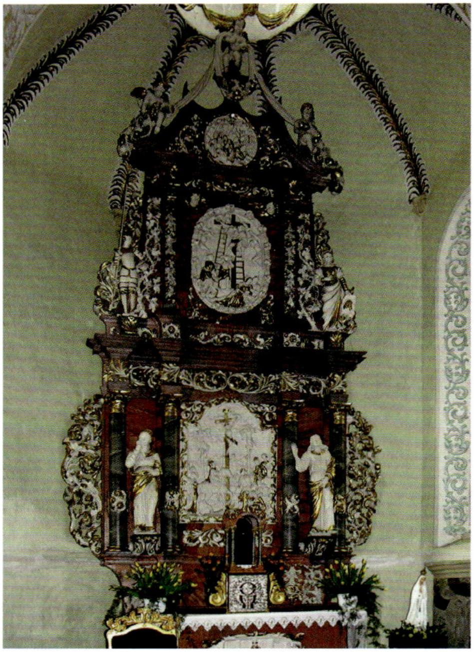

Kirche Sulików
barocker Hochaltar

schnitzten Altaraufsatz von 1617 ist eine Figur des sitzenden »Christus in der Rast« aus der Mitte des 18. Jahrhunderts zu sehen.

In **Kożlice/Köslitz** befindet sich der **Militärfriedhof** des ehemaligen Kriegsgefangenen-Stammlagers VIIIa, das kurz nach Kriegsbeginn im September 1939 in der Nähe eines Wehrmachts-Truppenübungsplatzes südlich von Görlitz-Moys (heute Ujazd) angelegt worden war und bis zum 7. Mai 1945 bestand. In dem Lager waren seit 1940 belgische, französische und jugoslawische, später auch russische, britische und amerikanische Kriegsgefangene inhaftiert – zuletzt etwa 47 000, insgesamt über die Kriegsjahre etwa 120 000. Der berühmteste Gefangene war der französische Komponist Oliver Messiaen (1908 – 1992), der hier sein »Quatuor pour la fin du temps« (Quartett vom Ende der Zeit) komponierte und am 15. Januar 1941 mit Erlaubnis des deutschen Lagerkommandanten, der selbst Musiker war, vor 400 Gefangenen uraufführte. Das Lager wurde 1946 bis 1948 abgerissen. An der Łużycka-Straße steht ein Gedenkstein.

Die katholische (ehem. evang.) **Kirche zur hl. Kreuzerhöhung** in 5 **Sulików/Schönberg O.L.** ist eine Saalkirche aus dem 13./14. Jahrhundert. Sie wurde durch die Protestanten 1597 erweitert, nach Brand 1688 wieder aufgebaut und barockisiert, nochmals verändert 1750. Das dreijochige Langhaus mit stuckierter Stichkappentonne wurde nach 1688 errichtet. An den einjochigen Chor mit frühgotischem Kreuzrippengewölbe auf kegelförmigen Konsolen schließt sich eine polygonale Apsis (1648 – 1650 entstanden) an, die von einem polygonalen Dach mit Laterne bekrönt wird. An der Nordseite des Chores über der Vorhalle befand sich früher eine üppig geschnitzte Patronatsloge (von 1597, nach 1945 entfernt). Der quadratische Westturm entstand nach 1688, wurde 1750 und 1888 modernisiert und mit einem oktogonalen Aufsatz und einem einfach durchbrochenen, kuppelartigen Helm versehen. Im Westen befindet sich ein barockes Steinportal mit abgeflachtem Bogen. Die reiche barocke Ausstattung – der Hauptaltar mit Kruzifix, Maria, Barbara und Johannes dem Evangelisten, zwei Seitenaltäre, eine Kanzel – wurde nach 1688 geschaffen.

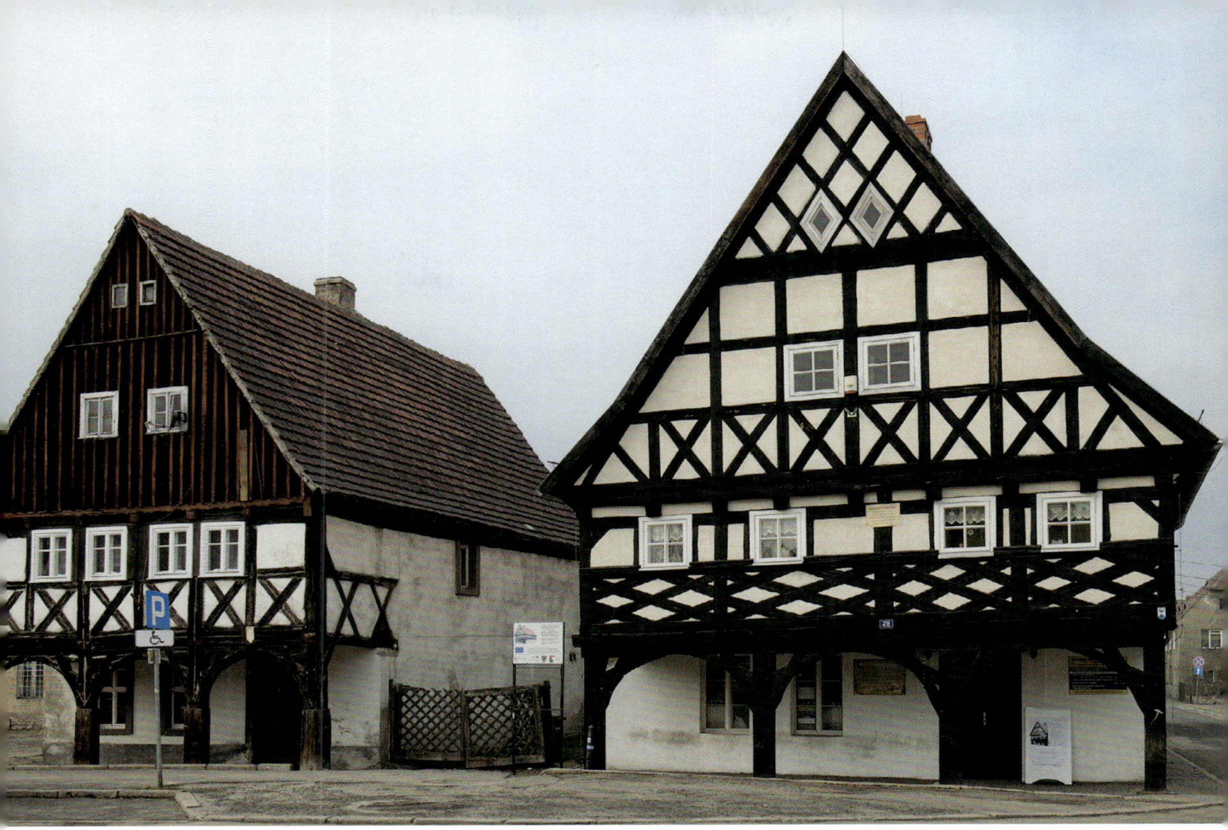

Laubenhäuser in Sulików
Giebelseiten zum Marktplatz

Am Marktplatz (Rynek) stehen noch zwei der nach dem Brand 1688 entstandenen, zweigeschossigen, giebelständigen **Laubenhäuser**; jeweils mit Untergeschossen aus Stein, Stützen aus Holz und Obergeschossen in Fachwerk. Die übrigen wurden nach 1945 abgerissen.

Den modern-sachlichen, jetzt in schlechtem Zustand befindlichen **Bahnhof** schuf 1927 der Breslauer Architekt Adolf Rading (1888 – 1957), zeitweiliger Kompagnon von Hans Scharoun und seit 1936 Stadtarchitekt von Haifa.

Wenig nördlich von Sulików, im Dorf **Studniska-Dolne** (Nieder-Schönbrunn), bestand früher zusammen mit Studniska-Górne (Ober-Schönbrunn) eine große Grundherrschaft der alten schlesischen Adelsfamilie von Schindel und Dromsdorf (zuletzt Grafen Finck von Finckenstein). Das repräsentative Schloss mit Park aus der Mitte des 19. Jahrhunderts wurde nach 1945 abgerissen. Erhalten sind nur Reste der Gutsanlage.

6 **Radomierzyce/Radmeritz** liegt etwa 10 Kilometer südlich von Zgorzelec. Es ist auch von Görlitz-Hagenwerder südlich von Görlitz über eine Neißebrücke zu erreichen ist.

Das **Stift Joachimstein (Pałac Radomierzyce)** ist eine höchst anspruchsvolle barocke Schlossanlage. Bauherr war der Grundherr Joachim Sigismund von Ziegler und Klipphausen (1660–1734), dessen Familie sich im 17. Jahrhundert hier niedergelassen hatte. Er war seit 1696 Kammerherr Augusts des Starken und sehr begütert. 1713 bis 1722 ließ er sich anstelle eines alten Wasserschlosses ein neues Schloss wohl nach Entwurf des sächsischen Oberlandbaumeisters Johann Friedrich Karcher errichten. Ob auch Matthäus Daniel Pöppelmann, wie vermutet, beteiligt war, ist nicht zu belegen. Die innere Ausgestaltung geschah 1723 bis 1728 unter Mitwirkung des Landbaumeisters Johann Christoph Knöffel und der Bildhauer Johann Christian Kirchner (Skulpturen für Treppenhaus und Park), Caspar Gottlob von Rodewitz und des Görlitzer Bildhauers Hennig Christoph Schröder. Joachim von Ziegler, unverheiratet und kinderlos, bestimmte, dass das neue Schloss nach seinem Tod als Freies Weltadeliges Evangelisches Fräuleinstift – mit dem umfangreichen Grundbesitz als Stiftungskapital – dienen sollte. Zwölf unverheiratete und ohne eigene Schuld in Armut geratene

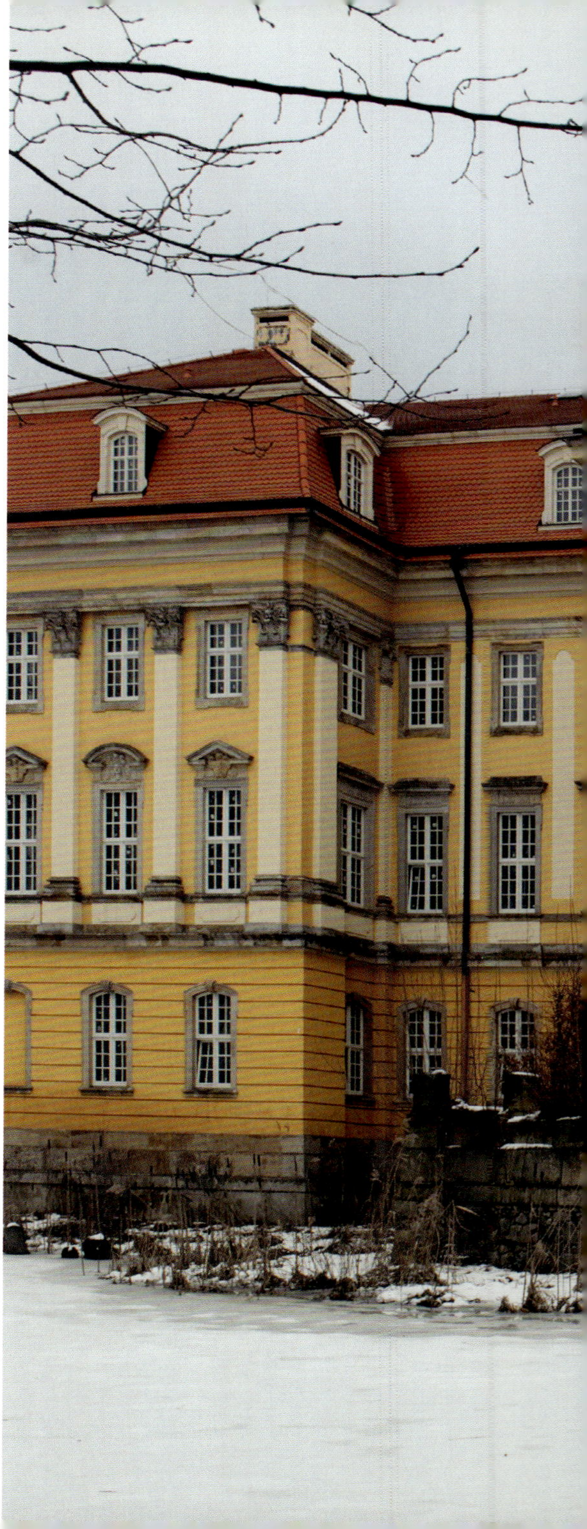

rechts: Radmeritz
Kolassalgliederung der Schlossfassade mit über zwei Geschosse reichenden Pilastern

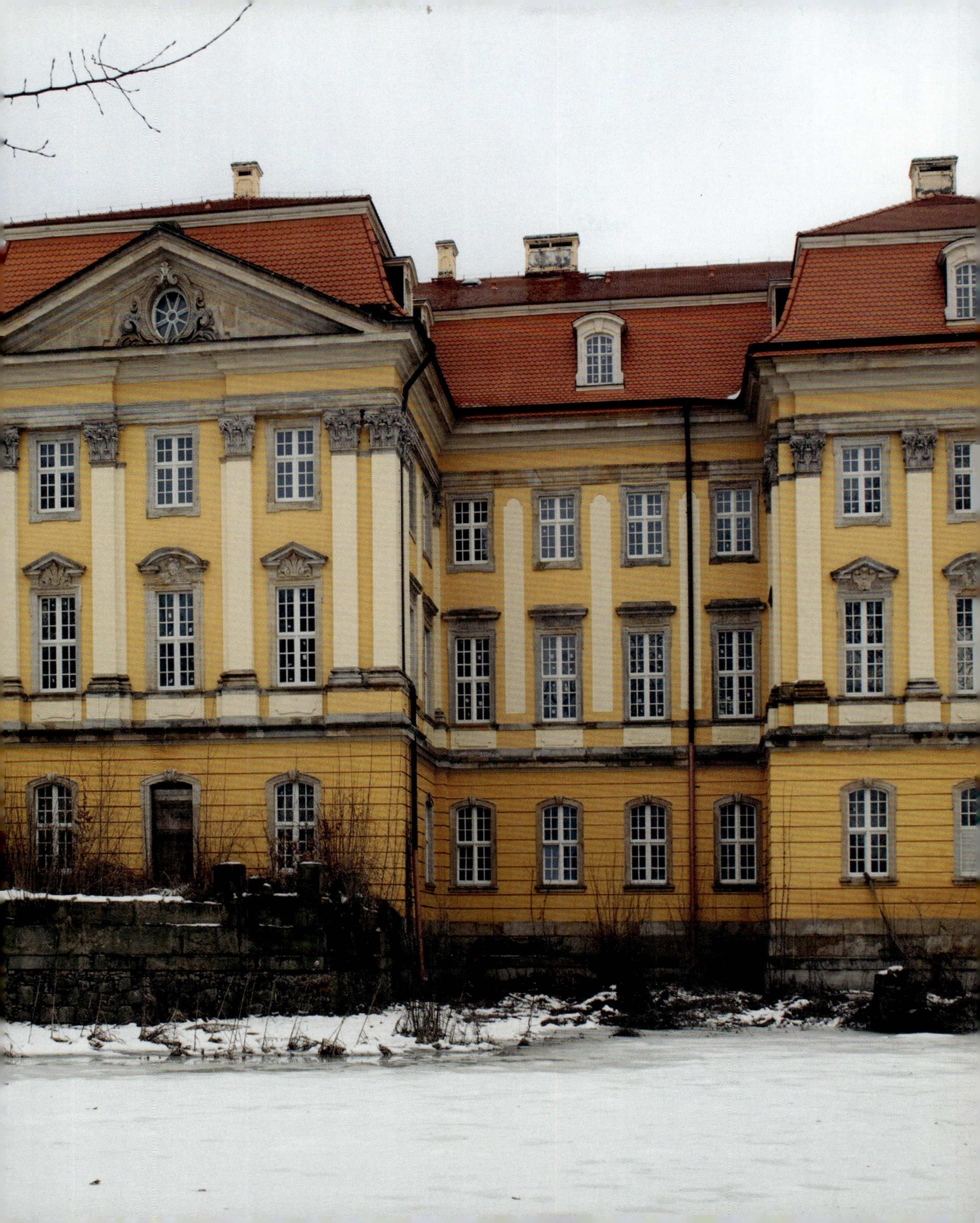

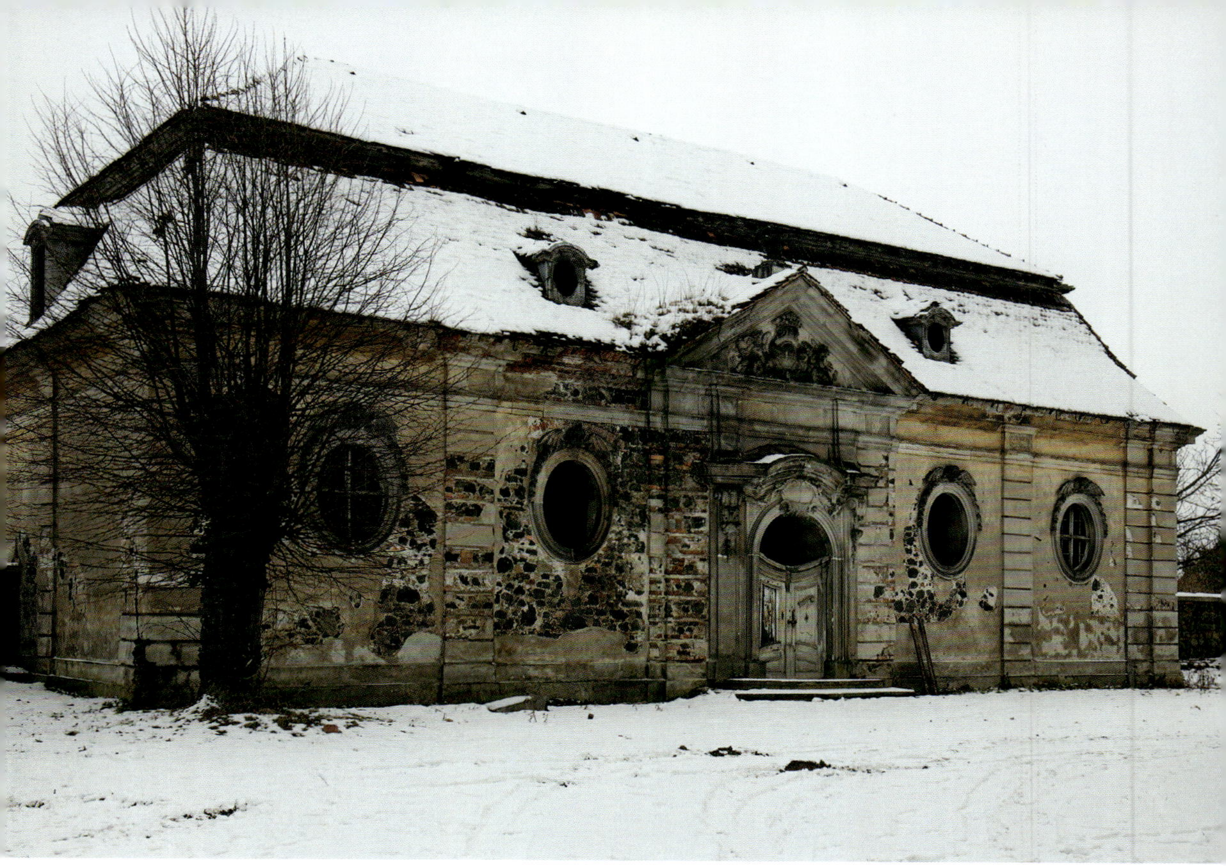

Grufthaus · Eingangsseite mit Ovalfenstern

adelige Damen sollten hier leben. Das Stift bestand bis 1945. Bei der Grenzziehung 1815 war das Anwesen geteilt worden, das Schloss blieb bei Sachsen, der Grundbesitz wurde preußisch.

Die adeligen Fräulein lebten in einer sehr feudalen Umgebung. Die Anlage bildet ein Rechteck, vollständig umgeben von einem Wasserkanal und einem äußeren, baumgesäumten Damm. Das Schloss liegt entfernt von der Zugangsbrücke und dem Tor am Rand des Terrains hinter einem geometrischen Gartenparterre. Es handelt sich um einen klassischen barocken Schlossbau: dreigeschossig, mit Mansardwalmdach; die Vorderseite formt mit Flügeln einen Ehrenhof, an der Rückseite treten Mittel- und Seitenrisalite hervor. Kolossalpilaster, an den Risaliten plastisch, dazwischen nur im Putz, bilden über dem horizontal genuteten Sockelgeschoss die streng-gleichförmige Gliederung. Am Eingangsrisalit befindet sich das Balkonportal auf schräg gestellten Pilastern; die Fensterrahmen haben Ohrenschmuck. Im Erdgeschoss hinter dem kreuzgratgewölbten, zentralen Vestibül (die Figuren von Johann Christian Kirchner jetzt in der Burg Tzschocha/Czocha und in Schloss Leopoldshain/Łagów) führt die dreiläufige, repräsentative Treppenanlage hinauf zum hohen, zweigeschossigen, prachtvollen Großen Saal (auch Weißer Saal genannt) mit einer Wandgliederung aus kolossalen Pilastern mit Kompositkapitellen. An der Decke war ursprünglich eine Darstellung der Apotheose der Klugheit. Vier repräsentative Gesellschaftszimmer schlossen sich an. Im zweiten Obergeschoss waren die Zimmer der Stiftsfräulein. Zwei symmetrisch platzierte Pavillons stehen seitlich neben den Schlossflügeln, der östliche das Kavaliershaus für Gäste, der westliche der Gartenpavillon. Auf der Nordseite der Anlage gibt es vier rechtwinklig zueinander gestellte Nebengebäude. 1945 wurde das Schloss ausgeplündert und stand danach lange ungenutzt. Das Äußere wurde 2003 von einem Investor wiederhergestellt, die Innenarchitektur ist noch immer schlecht erhalten, das bewegliche Inventar ging verloren.

Die ehemals evangelische **Kirche** ist ein Neubau nach dem Brand von 1686: eine Saalkirche mit rechteckigem Langhaus und polygonalem Chor. Innen findet sich Stuck vom Ende des 18. Jahrhunderts, die Ausstattung stammt vom Anfang des 18. Jahrhunderts.

Östlich der Kirche steht das von Joachim Sigismund von Ziegler gestiftete barocke **Grufthaus** für die Stiftsfräulein. 1733 wahrscheinlich von Karcher errichtet, ist es ein fünfjochiger Rechteckbau mit Ovalfenstern in Stuckrahmen, die Vanitasmotive enthalten, übergiebeltem Eingangsrisalit und Mansardwalmdach. Das Innere ist zweischiffig mit Kreuzgratgewölbe auf quadratischen Pfeilern und Pilastern mit üppigen Kompositkapitellen. Neben dem Grufthaus ist das figürliche Grabmal des Ritters von Lossow (gest. 1313), das älteste in der Oberlausitz, eingemauert.

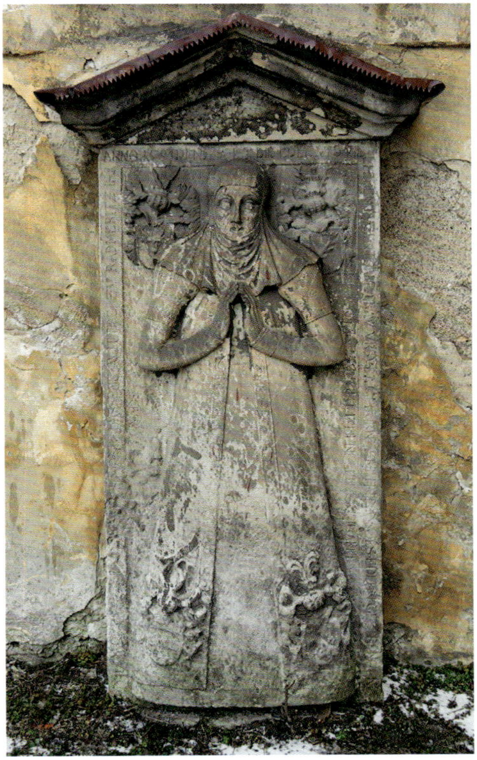

Grabmal am Grufthaus

NACHWORT DES VERFASSERS

Dieser Band wendet sich an ein breites, kulturinteressiertes Publikum, an die Görlitzer ebenso wie an Touristen, die diese schöne, kunstgeschichtlich wie historisch höchst interessante Stadt und ihre nahe Umgebung besser als nur oberflächlich für sich entdecken wollen. Der Verfasser konnte die vielfältigen sachlichen Informationen aus der lokalen Literatur entnehmen:

Richard Jecht: Geschichte der Stadt Görlitz, Görlitz 1926; derselbe: Topographie der Stadt Görlitz, Görlitz 1934; dem vielfach aufgelegten Klassiker von Ernst Heinz Lemper: Görlitz, zuletzt Görlitz 2001; Andreas Bednarek: Die städtebauliche Entwicklung von Görlitz im 19. Jahrhundert, Görlitz 1991; Frank Vater: Görlitz. Eine Stadt mit vielen Gesichtern, Görlitz o. J.; Georg Dehio: Handbuch der Deutschen Kunstdenkmäler, Sachsen I, Regierungsbezirk Dresden. Bearbeitet von Barbara Bechter, Wiebke Fastenrath und anderen, Deutscher Kunstverlag 1996; Stefan Bürger und Marius Winzeler: Die Stadtkirche St. Peter und Paul in Görlitz, Architektur und Kunst, Dößel 2006; und manche kleinere Schriften.

Für viele wertvolle Hinweise, Anregungen und Korrekturen dankt der Verfasser Herrn Dr. Jasper von Richthofen, Direktor des Kulturhistorischen Museums Görlitz, sowie dessen wissenschaftlichen Mitarbeitern Frau Dipl.-phil. Ines Anders und Herrn Kai Wenzel M. A., darüber hinaus der Lektorin des Sandstein-Verlags, Frau Dipl.-phil. Christine Jäger für die intensive inhaltliche Zusammenarbeit und Frau Michaela Klaus, selbst eine Görlitzerin, für die schöne Gestaltung des Buches.

An dieser Stelle soll auch die große Leistung gewürdigt werden, das historische Görlitz aus dem Verfall zu retten und wiederherzustellen. Maßgeblichen Anteil daran hat der ehemalige Leiter der Unteren Denkmalschutzbehörde Michael Vogel.

Jürgen Paul
Dresden, im März 2011

JÜRGEN PAUL

- Geboren 1935 in Dresden, aufgewachsen nach 1945 in Freiburg im Breisgau
- Studium der Kunstgeschichte in Freiburg, München, Berlin (FU) und Florenz, Italien
- Promotion 1963, Wissenschaftlicher Assistent an der Universität Köln, Forschungsstipendium an der Columbia University in New York, Assistant Professor an der University of Toronto, Kanada
- Habilitation 1973, Professor für Architektur- und Stadtbaugeschichte an der TU Braunschweig 1973 – 1978
- Professor für Kunstgeschichte an der Universität Tübingen 1978 – 1993
- Ordinarius für Kunstgeschichte an der TU Dresden 1993 – 2001
- Publikationen zur Architekturgeschichte vom Mittelalter bis zur Gegenwart, zur christlichen Ikonografie und zur Kunsttheorie
- Mitglied der Sächsischen Akademie der Künste

FRANK HÖHLER

- Geboren 1955 in Magdeborn bei Leipzig
- Ausbildung zum Dipl.-Ing. für Nachrichtenwesen, Teilfernstudium Fotografie an der HGD Leipzig, Museumsfotograf
- Freier Fotograf in Dresden, besonderes Interesse für Musik- und Architekturfotografie
- Mitglied der Deutschen Gesellschaft für Fotografie (DGPh)

IMPRESSUM

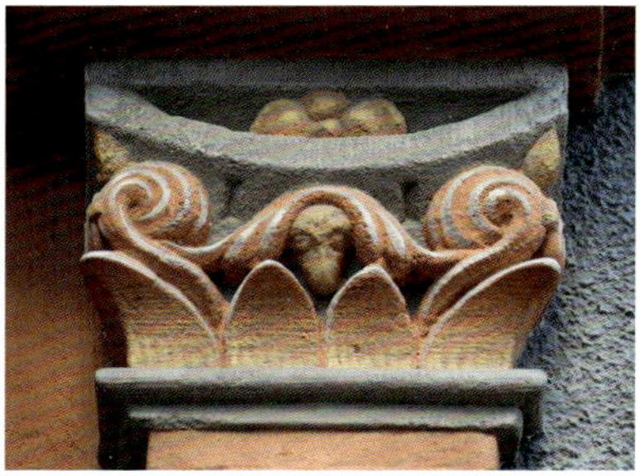

- Kulturhistorisches Museum Görlitz: S. 15 (Foto: Anders), 16, 19, 97
- Schlesisches Museum zu Görlitz (Foto: Stekovics): S. 42
- Senckenberg Museum für Naturkunde Görlitz: S. 106
- Muzeum Łużyckie Zgorzelec S. 57
- Sächsische Landes- und Universitätsbibliothek Dresden/Deutsche Fotothek: S. 13, 89
- Oberlausitzer Sechsstädtebund- und Handwerkermuseum, Stadtmuseum Löbau: S. 14
- Ratsarchiv Görlitz: S. 15
- Kai Wenzel: S. 176
- Peter Hennig, Zittau: S. 172
- Ausgangsmaterial der Karten: TeleAtlas N.V., Gent (BEL)., PTV GmbH, DDS Digital Data Services GmbH, Karlsruhe 2011, www.maps-on-demand.com
- Karte hintere Umschlagsklappe: Sandstein Verlag

Frontispiz:
Untermarkt · Rathaus und Stadtwaage

Fotografien
Frank Höhler

Lektorat
Christine Jäger, Sandstein Verlag

Satz und Reprografie
Wolf-Dietrich Hoffmann, Jana Neumann, Sandstein Verlag

Gestaltung
Michaela Klaus, Sandstein Verlag

Druck und Verarbeitung
Offizin Andersen Nexö Leipzig

Die Deutsche Nationalbibliothek verzeichnet diese Publikation in der Deutschen Nationalbibliografie; detaillierte bibliografische Daten sind im Internet über http://dnb.ddb.de abrufbar.

www.sandstein-verlag.de
ISBN 978-3-942422-35-2